Carl-Auer-Systeme

*Unseren Eltern,
Sándor und Marieam Varga von Kibéd,
Fritz und Lieselotte Sparrer
gewidmet*

Ganz im Gegenteil

Matthias Varga von Kibéd und Insa Sparrer

Tetralemmaarbeit und andere
Grundformen Systemischer
Strukturaufstellungen –
für Querdenker und solche,
die es werden wollen

Mit Illustrationen von

Zweite, korrigierte Auflage, 2000

Über alle Rechte der deutschen Ausgabe verfügt Carl-Auer-Systeme
Verlag und Verlagsbuchhandlung GmbH; Heidelberg
Fotomechanische Wiedergabe nur mit Genehmigung des Verlages
Satz u. Grafik: Drißner-Design u. DTP, Meßstetten
Umschlaggestaltung: WSP Design, Heidelberg
Printed in Germany 2000
Druck und Bindung: Druckerei Kösel, Kempten

Zweite, korrigierte Auflage, 2000

Die Deutsche Bibliothek - CIP-Einheitsaufnahme

Ein Titeldatensatz für diese Publikation ist bei
Der Deutschen Bibliothek erhältlich.

Eine frühere, wesentlich kürzere Version dieses Textes erschien 1995 als Publikation von Matthias Varga von Kibéd unter dem Titel *Ganz im Gegenteil ... Querdenken als Quelle der Veränderung* in der Reihe Edition (Nr. 9) der Unternehmensgruppe GC Graphic-Consult GmbH, München.

I. Inhalt

Vorwort von Heinz von Foerster ... 9
Vorwort von Arist von Schlippe ... 12
Vor-Worte von Norbert Loth ... 16
Einleitung ... 18

Teil I: Einige Querdenkübungen als Vorspeise ... 23
I.1 Eine Geschichte ... 23
I.2 Einige Querdenkerprinzipien, von denen Sie sich als Begrüßungstrunk provozieren lassen können ... 24
I.3 Wo lassen Sie querdenken? ... 24
I.4 Eine erste geschichtete Querdenkübung ... 25
I.5 Die Metaquerdenker ... 34
I.6 Querdenken als Veränderungsressource ... 35

Teil II: Zugänge zum Querdenken: Problemaufstellung und Aufstellung des ausgeblendeten Themas ... 39
II.1 Von der schweren Arbeit, die wir schon geleistet haben, bis es ein Problem geben kann, und von den freiwerdenden Kräften, wenn wir die Frage durch Querdenken neu sehen ... 39
II.2 Die Problemaufstellung: Ein Experiment zur Identifikation und Modulation einer Problemstruktur ... 45
II.3 Aufstellungen mit Personengruppen ... 57
II.4 Kleiner Exkurs über die verschiedenen Perspektiven in Aufstellungen ... 59
II.5 Die Aufstellung des ausgeblendeten Themas ... 66
II.6 Von der Wichtigkeit des Entrollens in der Systemischen Strukturaufstellungsarbeit ... 72

Teil III: Über den kreativen Umgang mit Gegensätzen: Die Tetralemmaaufstellung ... 75
III.1 Schubkastendenken, Querdenken und das Tetralemma ... 75
III.2 Querdenkertraining: Zwei Tetralemmaexperimente zur Modulation von Denkgewohnheiten ... 93
III.3 Exkurs: Was sind Systemische Strukturaufstellungen? ... 97
III.4 Exkurs: Über die Kategorien der bei Aufstellungen auftretenden Körperempfindungen und Wahrnehmungen ... 100
III.5 Exkurs: Kategorien der Symbole bei Aufstellungen ... 106

Teil IV: Fünf Arten der grundlegenden Veränderung – und was Querdenken dazu beitragen kann ... 109
IV.1 Sensibler radikaler Wandel ... 109
IV.2 Lösungsorientierte Fragen ... 110
IV.3 Das Tetralemma des radikalen Wandels ... 116
IV.4 Ein Experiment zur Entdeckung geeigneter Formen des sensiblen radikalen Wandels ... 127

Teil V: Die Glaubenspolaritätenaufstellung: Wie Sie Ihre Ressourcen zugänglich machen und Ihre Überzeugungen überprüfen können ... 131
V.1 Die Grundlagen der Glaubenspolaritätenaufstellung ... 131
V.2 Die Teile einer Glaubenspolaritätenaufstellung ... 132
V.3 Eine Übung zur Glaubenspolaritätenaufstellung ... 135
V.4 Feste und freie Glaubenspolaritätenaufstellung ... 137
V.5 Die Verwendung von Händen als Repräsentanten ... 137
V.6 Die Überprüfung der Überzeugungen im Aufstellungsprozeß ... 138
V.7 Glaubenspolaritätenaufstellungen mit freiem Element ... 138

Teil VI: Die Idee der versehentlichen Aufstellung ... 139
VI.1 Zur Natürlichkeit des Aufstellungsverfahrens – oder: Es ist gar nicht so leicht, *nicht* aufzustellen ... 139
VI.2 Einige Bedingungen, die das Auftreten versehentlicher Aufstellungen begünstigen ... 140
VI.3 Die Konfliktaufstellung als Lösung eines durch eine versehentliche Aufstellung entstandenen Konflikts ... 142

Teil VII: Kleine Typologie der Querdenker ... 145
VII.1 Der Querdenker im engeren Sinne ... 145
VII.2 Der Diagonaldenker ... 145

VII.3 Der Kreuzundquerdenker ... 146
VII.4 Der lineare und der nichtlineare Denker ... 147
VII.5 Der labyrinthische Denker ... 148
VII.6 Querdenken höherer Ordnung: Spiralige und tetralemmatische Denker ... 149
VII.7 Wie gerade der Querdenker einen geraden Weg hat ... 150

Nachklang I: Wie wir Lösungen finden, statt sie zu suchen ... 151

Nachklang II: Drei kostbare Ressourcen ... 155

Teil VIII: Anhang ... 157
VIII.1 Übersicht über die verschiedenen Systemischen Strukturaufstellungen ... 157
VIII.2 Zur Grammatik der Systemischen Strukturaufstellungen ... 163
VIII.3 Metaprinzipien und Grundannahmen der Systemischen Strukturaufstellungen ... 165
VIII.4 Allgemeine systemtheoretische Motivation der Metaprinzipien und Grundannahmen ... 167
VIII.5 Zur Grammatik der Anordnungen von Repräsentanten im weiteren Sinne ... 171
VIII.6 Grundkategorien der Interventionsformen bei Systemischen Strukturaufstellungen ... 180
VIII.7 Grundkategorien der bei der Systemischen Strukturaufstellungsarbeit verwendeten Symbole ... 181
VIII.8 Wahrnehmungen und Wahrnehmungsformen bei Systemischen Strukturaufstellungen ... 188
VIII.9 Phasen einer Systemischen Strukturaufstellung ... 193
VIII.10 Gesten und rituelle Sätze in der Prozeßarbeit bei Systemischen Strukturaufstellungen ... 196

„Stammbaum" der wichtigsten Einflüsse auf die Entwicklung der Systemischen Strukturaufstellungen ... 205
Liste der für die Systemische Strukturaufstellungsarbeit (SySt) angewandten Fachtermini, Schemata und Kategorisierungen ... 209
Ein paar Worte zum Abschluß ... 212
Literatur ... 215
Über die Autoren ... 221

Vorwort von Heinz von Foerster

Ganz im Gegenteil! *Ganz im Gegenteil* ist nicht ein Gegen-Teilen, es ist ein Mit-Teilen, ja ich würde sagen, es ist ein Er-Teilen von Fähigkeiten, die es dem Empfänger möglich machen, die zahlreichen Zauberformeln dieser außerordentlichen Sammlung unfehlbar wirken zu lassen. Die mechanische Vorrichtung dieses Programms ist ein Zauberstab, den die Verfasser „Querdenken" nennen. Man berührt mit diesem Stab gewisse Aussagen, die im Volksmund „Probleme" genannt werden, und, *presto!*, sie sind verschwunden. In der Umgangssprache spricht man dann von „Lösungen".

Schließt man sich einer Wortbildung an, die einen Lehrbereich gewisser Fachrichtungen mit der Nachsilbe „-ik" charakterisiert, wie Physik, Mathematik, Rhetorik etc., dann fällt die vorliegende Abhandlung in den Bereich der „Problemik".

Ganz im Gegenteil, höre ich die Verfasser mir zurufen, „wenn schon, dann muß es hier ‚Heuristik' heißen!" Das kommt von *heureka!*, „Ich hab's gefunden!", nach dem Ausruf von Archimedes, der, in seiner Badewanne sitzend, das berühmte „Archimedische Prinzip" erfand.[1]

Aus meinem Mißgriff kann man sehen, daß ich noch nicht bis Nachklang I dieses Werks vorgedrungen war: „Wie wir Lösungen finden, statt sie zu suchen".

Wie geht man da vor?
Wie läßt sich die Problemstruktur verstehen?
„Wer hat das Problem?"

---

[1] „Ein in eine Flüssigkeit getauchter Körper verliert an Gewicht, das gleich dem der verdrängten Flüssigkeit ist."

„Ist es Ihr eigenes Anliegen?"
„Spielen fremde Aufträge eine Rolle?"
Etc.
Oder vielleicht: „*Wer* ist das Problem?"

Wenn man die Problemstruktur gesehen hat, bedient man sich des Zauberstabs „Querdenken", der das Problem auf den Kopf stellt, es von links nach rechts kippt, es vielleicht von innen nach außen stülpt oder fragt: „Wodurch können wir besonders zuverlässig erreichen, daß das Problem nicht gelöst wird?"

Zunächst glaubt man, nicht recht gehört zu haben: Das ist ja verrückt! Aber erst wenn das Problem aus seiner alten Stellung verrückt wird, kann man es anders, in der Form seiner Lösung, sehen.

Wie die Verfasser schon zu Beginn feststellen, sind solche Verrückungen gefährlich. So habe ich das selbst einmal feststellen können:

Bei Freunden kam einmal der kleine Sohn erst eine Stunde später, tränenüberströmt, von der Schule nach Hause. „Was gab's?" – „Ich mußte eine Stunde lang in der Ecke stehen!" – „Ja warum?" – „Die Lehrerin hat gesagt, ich sei frech!" – „Ja wieso?" – „Sie hat gefragt: ,Wieviel ist 2 mal 3?' Ich habe aufgezeigt. ,Also wieviel?' Ich sagte: ,3 mal 2'. Alle haben gelacht, und ich mußte in die Ecke."

Ich hörte diese Trauerbotschaft und meinte, seine Antwort wäre ganz richtig, aber könnte er sie auch beweisen? Er nahm ein Stück Papier, machte darauf zwei Reihen mit je drei Punkten:

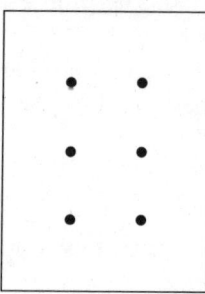

„Das ist 2 mal 3", sagte er, drehte das Blatt um 90°.

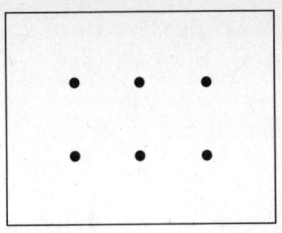

„Das ist 3 mal 2."

Aber die Lehrerin wußte offenbar nicht um die Bedeutung des kommutativen Gesetzes der Multiplikation.

Als Kinder tragen wir alle diesen gefährlichen Zauberstab des Querdenkens mit uns, daher nimmt man ihn uns in der Schule weg.

Ganz im Gegenteil gibt uns die Möglichkeit, mit Spaß, mit Vergnügen, mit Überraschung diese Fähigkeiten wieder zu erlernen.

Mit Recht warnen die Verfasser schon ganz am Anfang: „Man lese diesen Text auf eigene Verantwortung."

Ich tat es und kann mit bestem Gewissen jedem empfehlen, dieses Risiko einzugehen: Hier kann man nur gewinnen.

Heinz von Foerster
Pescadero, Californien, September 1999

Vorwort von Arist von Schlippe

In diesem Buch geht es um „systemisches Querdenken" mit Hilfe einer bestimmten Methode: der systemischen Aufstellungsarbeit. Mit Hilfe dieser vorwiegend *nichtsprachlichen* Methode können wir lernen, die *sprachlichen* „Gebäude" zu betrachten, mit denen Menschen in ihren sozialen Systemen miteinander das „gebaut" haben, was ihnen anschließend als scheinbar objektive Wirklichkeit begegnet. Und wir lernen, die Qualität dieser Gebäude einzuschätzen, zu erkennen, woraus sie „bestehen":

> *gedicht*
> *um ein gedicht zu machen*
> *habe ich nichts*
> *eine ganze sprache*
> *ein ganzes erinnern*
> *ein ganzes leben*
> *um ein gedicht zu machen*
> *habe ich nichts*

Wie Ernst Jandl in seinem Gedicht verdeutlicht, haben wir es im menschlichen Leben – und damit auch in sozialen Systemen – „mit nichts" zu tun. Unsere Gedankengebäude, sie bestehen aus nichts. Unsere Sprache, unsere Worte, sie sind allenfalls erkennbar als winzige Unterschiede in Schallwellen. *Wir* sind es, die ihnen Bedeutung beimessen. Wenn wir dies tun, dann kann dieses Nichts eine unglaubliche Kraft entwickeln. Sprache kann sehr machtvoll sein, obwohl sie doch „nur" aus „Nichts" besteht. Und natürlich ist ein Mensch nicht allein mit seiner Sprache. Menschen erzählen sich selbst und gegenseitig unablässig, wie die Welt ist, und halten sie damit stabil: „Menschen sind unverbesserliche und geschickte Geschichtenerzähler, und sie haben die Angewohnheit, zu den Geschichten zu werden, die sie erzählen. Durch Wiederholung verfestigen sich Geschichten zu Wirklichkeiten, und manchmal halten sie die GeschichtenerzählerInnen innerhalb der Grenzen gefangen, die sie selbst erzeugen halfen."[1] So können die von Menschen in Sprache gemeinsam erstellten Gebäude zu Gefängnissen werden. Systemisch zu denken heißt dann, „quer" zu denken, heißt, in diesen Gebäuden, mit denen wir sprachlich scheinbar harte Wirklichkeiten von dem erzeugt haben, was uns dann als „Problem", „Störung" oder gar „Krankheit" erscheint, neue, manchmal auch ungewöhnliche Fenster zu (er)finden, und Menschen dazu anzuregen, diese zu öffnen.

Ohne die Eigenart des menschlichen Denkens, mittels der Sprache soziales Leben zu gestalten und fortzuentwickeln, sind keine Errungenschaften der Menschheit denkbar. Doch die Dynamik des

WAS DEUTSCHLAND BRAUCHT, SIND QUERDENKER!

Denkens – und damit immer auch des Erlebens – ist zwiespältig. Sie kann beweglich sein, kann uns lebendig sein lassen, lachen, spielen lassen und eine Welt erzeugen voller Möglichkeiten, voller Kraft und voller Energie. Und sie kann uns erstarren lassen in einer von

---

1 Efran, J., K. Heffner u. R. Lukens (1992): Sprache, Struktur und Wandel. Dortmund (Modernes Lernen), S. 115.

unserem Denken erzeugten Welt, in der „immer das gleiche" passiert, in der uns jeden Tag neu „derselbe Trott" begegnet, in der die „Möglichkeit des Andersseins" verlorengegangen ist. Im Querdenken schließen sich die Möglichkeiten da wieder auf, wo Beschreibungen sich „festgefahren" haben, so daß wieder Kreativität sprudeln kann.

Querdenken wurde von Matthias Varga von Kibéd einmal als „Quelle der Veränderung" bezeichnet.[2] Mir gefällt die Metapher. Vielleicht geht es mit unserem Denken ja ähnlich wie mit dem Wasser. Vielleicht fließt es überall hinein, wo eine Lücke ist, „umspült" es unser Bewußtsein im Alltag in jedem Moment, und vielleicht kann es unter bestimmten Kontextbedingungen wie Eis erstarren, gefrieren, hart werden, kantig und lebensverneinend. Die Aufgabe von Therapeuten ist es dann, das Denken wieder ins Fließen zu bringen, das, was „gefroren" ist, aufzutauen, die Quelle wieder zugänglich zu machen. Wärme wäre dann eine gute Rahmenbedingung dafür, daß wieder etwas fließt – und ist nicht auch Wärme, verbunden mit Wertschätzung und Achtung, eine schulenunabhängig geforderte Rahmenbedingung für therapeutische Veränderung?

In diesem Buch schreiben zwei Autoren, die sich in Philosophie, Beratung und Therapie gleichermaßen gut auskennen. Ich schätze beide persönlich, weil sie Qualitäten von menschlicher Wärme, von Brillanz des Denkens und von Kreativität in sich vereinen. Sie lehren, sich mit der Hilfe des Denkens aus den Fallen des Denkens zu befreien, mit Hilfe der Sprache den Fallen der Sprache zu entkommen. Zu einer wirklichen Kunst wird dies dann, wenn es gelingt, nicht beim Denken stehenzubleiben und „kopflastig" zu werden, sondern die Analyse mit lebendiger Erfahrung zu verbinden. Genau dies bietet dieses Buch, vor allem über die gelungene Verbindung von Querdenken und der von Insa Sparrer und Matthias Varga von Kibéd (weiter)entwickelten systemischen Aufstellungsarbeit. Die Verwirrung, die sich aus dem Sprung zwischen den Positionen *das Eine, das Andere, Beides* und *Keines von Beiden* ergibt, öffnet einen inneren Raum für Veränderung. Neue Perspektiven gewinnt man, indem man seinen Platz verändert, ihn anders ansieht und anders fühlt. Und noch etwas anderes wird an den Strukturaufstellungen deutlich: Querdenken braucht nicht unbedingt Worte, zumindest

---

[2] Im Titel der Erstausgabe, von der dieses Buch eine erweiterte Fassung ist.

nicht unbedingt viele: Manchmal sind es gerade die wort-losen Veränderungen einer Position oder die sparsamen wenigen Worte eines ritualisierten Satzes, die unsere Geschichten entscheidend verändern, weil sie ihnen ein neues Bild hinzufügen.

Seien Sie also bitte vorsichtig mit diesem Buch: Wenn Sie sich darauf einlassen, mit neuen Bildern zu spielen, werden Sie vielleicht nach der Lektüre verlernt haben, „geradeaus" zu denken. Möglicherweise wird das Leben damit schwieriger, denn zwischen „Entweder" und „Oder" können sich ganz neue Räume von Möglichkeiten öffnen – doch vielleicht kommt man dann auch zur „fünften Position", und es stellt sich heraus: „Und auch das ist es nicht." Oh je! Doch einen Trost gibt es in jedem Fall: Quer zu denken macht einfach mehr Spaß!

Arist von Schlippe
Osnabrück, September 1999

Vor-Worte von Norbert Loth

Veränderungs-, Wandlungs- und Heilungsprozesse verlaufen in manchen Phasen verwirrend, chaotisch, verdeckt, verborgen und unbewußt. Das Geheimnis der Lösung hat sich noch nicht offenbart, strahlt aber vielleicht schon eine verführerische Anziehungskraft auf alle Lösungsbeteiligten aus.

Im Lösungskontext ist „Querdenken" eine menschliche Ressource, die neue Standpunkte und Perspektiven eröffnen kann. Vertrauen zum „Querdenken" ist möglich auf der Grundlage von persönlicher innerer Sicherheit, von Freiheit, Mut, Witz und spielerischer, kreativer Neugier.

In manchen Fällen ist es sicher gut, zumindest Menschen zu erkennen und, noch besser, zu kennen, die diese Fähigkeiten besitzen und die wir dann mit einbeziehen in eigene Wandlungsprozesse. Notwendige Lösungsressourcen nur in sich selbst zu suchen ist eine Einengung der Möglichkeiten. Wenn Menschen sich miteinander verbinden, ganze Systeme vernetzen, um Probleme der Zukunft erfolgreich zu lösen, sind qualitative Entwicklungssprünge eher möglich. Denn alleine, ohne Impulse von außen oder anderen, wird die Öffnung zur Lösung oft eine übermäßige Kraftanstrengung.

Manchmal sind es die eigenen Widerstände in uns, die diese Öffnung erschweren oder fast unmöglich machen. Und erst durch andere Menschen, von außen, kann es hilfreich sein, fast wie von selbst, Durchbrüche, Veränderungen, Wandlungen, Lösungen und Heilung zu erleben, die für den einzelnen nicht vorstellbar waren – es sei denn, der innere „Querdenker", den dieses Buch anspricht, ist schon erstarkt. So verstehe ich auch, daß durch neue Standpunkte und Perspektiven Lösungen gefunden werden, die das Vertrauen in die eigenen Kompetenzen stärken, und die Einbettung in eine Lösungsgemeinschaft wiederentdeckt wird.

Ich wünsche Ihnen, liebe Leserin und lieber Leser, daß Sie es beim Lesen dieses Buches „geschehen lassen", daß ein anderer Worte, Gedankenstrukturen und -abläufe denkt und Sie sie einfach auf sich wirken und so neue Möglichkeiten der persönlichen Wirklichkeit entstehen lassen ...

Norbert Loth
München, September 1999

Einleitung

In diesem Buch werden verschiedene ungewöhnliche Wege zu kreativen Lösungen gezeigt und mit Hilfe von Aufgaben eingeübt. Lösungen durchkreuzen unsere gewohnten Denkmuster, erfordern Flexibilität und erweitern unseren Blick. Lernen, Problemlösen, kreative Veränderung und Entwicklung sind so gesehen sehr ähnliche Prozesse, die alle den momentanen Kontext erweitern. Lösungsorientiertes Denken erfordert im Prinzip nicht, daß wir das Problem kennen, denn selbst „die Lösung des Problems des Lebens merkt man am Verschwinden dieses Problems" (*Tractatus* 6.521, Wittgenstein 1984a). Aber es erfordert sehr wohl, daß wir die Prämissen unseres Denkens überprüfen und in Frage stellen. Dadurch gewinnen wir neue Freiheiten, anders zu denken, zu Gewohntem quer zu denken und ganz neue Wege zu beschreiten.

In Teil I und VII dieses Buches lernen Sie verschiedene Formen des Querdenkens kennen, die helfen, alte Denkgewohnheiten zu durchbrechen und neue Ideen zu säen. Teil I ist keine Voraussetzung für die folgenden Teile.

In Teil II stellen wir Ihnen eine von uns entwickelte Aufstellungsform, die Problemaufstellung, vor, die Sie in einer Übung auf sich selbst anwenden können. Diese Aufstellungsform gehört zu den Systemischen Strukturaufstellungen, die wir in Anlehnung an Methoden der Familientherapie entwickelt haben, zur Anwendung insbesondere auf außerfamiliäre Systeme.

Das Aufstellungsverfahren ist wahrscheinlich vielen von Ihnen durch die Familienaufstellungen von Bert Hellinger bekannt, der auch uns den Zugang zu dieser Form, Einsichten zu gewinnen und Verhaltensmuster zu ändern, eröffnet hat. Die Systemischen Strukturaufstellungen unterscheiden sich davon durch folgende Merkmale:

- Mit Systemischen Strukturaufstellungen werden in der Regel außerfamiliäre Systeme dargestellt.
- Sie laufen gleichzeitig auf verschiedenen Resonanzebenen ab. So können z. B. bei einer Problemaufstellung gleichzeitig die Resonanzebenen
  - Problemsystem,
  - Arbeitsbereich,
  - familiärer Kontext

  angesprochen werden. Es wird also gleichzeitig auf verschiedenen Ebenen gearbeitet, wobei nur die von den KlientInnen präsentierte Problemebene offensichtlich ist. Die anderen Ebenen können mitschwingen, werden aber meist nicht direkt benannt, sondern dem Unbewußten der KlientInnen anvertraut.
- Deutungen werden vermieden, und Mehrdeutigkeit wird zugelassen, damit der Aufsteller selbst seine Interpretationsebene wählt.
- Es ist wichtiger, *daß* ein Prozeß stattfindet, als die Deutung zu haben, *zwischen wem* er stattfindet (Primat der Prozeßarbeit). So ist es aus der Sicht der Autoren z. B. relevanter, daß ein symbolischer Gegenstand zurückgegeben wird, als daß die Repräsentanten realen Teilen oder Personen explizit zugeordnet werden.
- Veränderung geschieht durch Erfahrung, nicht durch Deutung. Das Erleben des Aufstellungsprozesses, nicht die dabei gewonnene deskriptive Information führt zu einer Veränderung. Es geht hier um ein verändertes Wie-Wissen durch Erfahrung, während eine gelungene Deutung eher einem vermehrten Was-Wissen entspräche.
- Die Systemischen Strukturaufstellungen können daher eher als ein hypnosystemisches Konzept aufgefaßt werden. So wird z. B. der Widerstand als kooperatives Signal des Klienten (der Klientin) gesehen [1] und nicht als etwas, das man bekämpfen muß. Deswegen wird auch dem Konzept des Pacing mehr Rechnung getragen als bei üblichen Formen des Familienstellens nach Hellinger.

---

[1] Gunther Schmidt (vom Milton Erickson Institut, Heidelberg) charakterisiert Widerstand als „kostbares Kommunikationsangebot des Klienten zur kooperativen Umgestaltung des therapeutischen Kontexts".

In Teil III und IV lernen Sie eine weitere Systemische Strukturaufstellung, die Tetralemmaaufstellung, kennen, in der die allgemeine Struktur von Entscheidungs- und Entwicklungsprozessen Ausdruck findet. Mit dieser Aufstellungsart ist es möglich, den nächsten Schritt in einem Problemlöseprozeß zu finden. Anhand einer Übung können Sie diesen Prozeß auf ein eigenes Anliegen anwenden.

Abschnitt IV.2 beschreibt eine besonders nützliche Form der Selbstbefragung, die ausgeblendete Lösungen zum Vorschein bringt und Hinweise gibt, wie diese im Alltagsleben umgesetzt werden können. Diese Methode geht zurück auf das lösungsfokussierte Interview von Steve de Shazer, Insoo Kim Berg und ihrem Team am Brief Family Therapy Center Milwaukee, eine ungewöhnlich effektive und subtile Beratungsform, deren Feinheiten jedoch aufgrund ihrer scheinbaren Einfachheit häufig unbemerkt bleiben.

In Teil V lernen Sie die Glaubenspolaritätenaufstellung kennen, die unserer Erfahrung nach ein höchst wirksames Mittel zur Modifikation problematischer Überzeugungen durch Kontakt zu grundlegenden inneren Ressourcen darstellt.

In Teil VI wird eine sehr merkwürdige Aufstellungsart beschrieben: die versehentliche Aufstellung. Hier lernt der Querdenker, die meist vorausgesetzte Prämisse, daß Körperempfindungen und Emotionen zur eigenen Person gehören, anzuzweifeln.

Zur besonderen Beachtung empfehlen wir die nur mit größtem Ernst rezipierbare Typologie der Querdenker in Teil VII.

In den Anhängen (Teil VIII) finden Sie eine Übersicht über die verschiedenen Formen von Systemischen Strukturaufstellungen sowie eine Zusammenfassung der wichtigsten Teile ihrer Grammatik.

Wir verwenden in diesem Buch die Geschlechterformen der Personenbezeichnungen unsystematisch, abwechselnd oder simultan und hoffen, daß sich dabei alle LeserInnen gleichermaßen einbezogen fühlen werden.

Wir denken mit Wärme an die vielen Menschen, die in unterschiedlicher Weise zur Entstehung dieses Buches beigetragen haben. Zuallererst wollen wir hier Werner Stöger und der Unternehmensgruppe GC Graphic-Consult München herzlich für die Erlaubnis danken, diese wesentlich erweiterte Buchfassung einer 1995 in der Edition der GC erschienenen Schrift zu publizieren.[2] In

---

[2] M. Varga von Kibéd: *Ganz im Gegenteil ... Querdenken als Quelle der Veränderung* (Bd. 9 der Reihe Edition der GC Graphic-Consult. München 1995).

Dankbarkeit denken wir an die kostbaren Einsichten und nachhaltigen Ermutigungen, die wir unseren Lehrern in diesen Gebieten verdanken; stellvertretend für viele wollen wir nur Virginia Satir, Steve de Shazer, Bert Hellinger, Michael Kahan, Gunther Schmidt, Ernest Rossi und Stephen Gilligan nennen. Gunthard Weber hat uns anfangs sehr zu diesem Text ermuntert. Von Heinz von Foerster und Kaye Hoffman stammen einige der ersten herzlichen Ermutigungen, dieses Buch zu schreiben. Gabi Haslinger hat die erwähnte Edition in der GC mit anderen MitarbeiterInnen hingabevoll zu erstellen geholfen. Ein ganz besonders warmer Dank gilt Susanne Kessler. Sie hat uns klug und sachkundig mit ihren Ideen zur Verbesserung des Textes und ihrem unermüdlichen Einsatz bei der Fertigstellung des Buches zur Seite gestanden, und ohne sie wäre dieses Buch vielleicht nicht erschienen. Beate Ch. Ulrich danken wir für die Hilfe bei der Drucklegung, Melonie Drißner für die mühevolle Gestaltung der Schemata und Ralf Holtzmann für seinen großen, sorgfältigen Einsatz und seinen Optimismus. Katrin Wille hat uns mit ihrer Einsatzbereitschaft und Verläßlichkeit den Rücken für unsere Arbeiten freigehalten. Schließlich und gewiß nicht zuletzt denken wir mit Wärme und Dankbarkeit an die Mitglieder unserer Experimentalgruppe, ohne die die Entwicklung der Systemischen Strukturaufstellungen nicht möglich gewesen wäre. Wir wünschen uns, daß jede und jeder einzelne von ihnen sich hier persönlich angesprochen fühlt, auch wenn wir sie hier nicht einzeln nennen können. Ein herzlicher Dank geht an unsere KlientInnen und SeminarteilnehmerInnen, durch die wir so vieles lernen durften. Das Café *Quo Vadis* in München und die *Zajtrk-Bar* des Hotels *Piran* in Piran, Slowenien, ließen uns wochenlang friedlich in ihren Räumen arbeiten. Und: Guni und Walter Baxa, Siegfried und Christine Essen sollen wissen, daß die Erinnerung an ihren ungewöhnlichen Beitrag zum Gelingen Raum im Herzen bei uns hat!

Matthias Varga von Kibéd und Insa Sparrer
München, den 9. Januar 2000

Teil I: Einige Querdenkübungen als Vorspeise

Querdenken und Querdenker werden üblicherweise eher als Problem betrachtet und nicht als eine wertvolle Ressource für kreative Veränderungen. Wenn Sie diesen Text gelesen haben, wird sich Ihr Bild vom Querdenken gründlich gewandelt haben.

Warnung: Dieser Text könnte Sie selbst partiell zu einem kreativen Querdenker werden lassen oder etwaige schon bestehende Tendenzen erheblich verstärken! Sie lesen den weiteren Text also ab hier auf eigene Verantwortung!

I.1 Eine Geschichte

Der Mullah Nasreddin ist einer der großen Meister des Querdenkens im Osten. Eine Gruppe von Bewohnern eines Dorfes, in dem sich der Mullah auf Durchreise befand, wollte ihm einen Streich spielen. Sie versteckten seine Reisetasche, und nirgends vermochte Nasreddin sie wiederzufinden. „Gebt mir unverzüglich meine Tasche wieder, oder wahrlich, ich weiß, was ich tun werde!" rief Nasreddin mit gewaltiger und zornbebender Stimme aus. Seine Stimme war so energisch und die geheimnisvolle Drohung so einschüchternd, daß die Dorfbewohner dem Mullah seine Tasche mit kleinlauten Entschuldigungen zurückgaben. Nur ein Kind wagte es, Nasreddin zu fragen, was er denn sonst getan hätte, wenn man ihm die Tasche nicht zurückgegeben hätte. „Gar nichts", antwortete Nasreddin, „ich wäre ohne meine Tasche weitergereist." Sprach's, schwang sich auf seinen Esel und ritt davon.

Hier haben Sie ein erstes Beispiel für die Problemlösungsressourcen, die kreatives Querdenken bietet. Im folgenden werden Sie eine Fülle verwandter Möglichkeiten für sich finden. Die Beispiele werden Sie dabei nach den Vorschlägen des Textes für sich selbst maßschneidern können, denn schließlich ist unsere Situation ganz anders als die in Nasreddins Zeit, oder?

I.2 Einige Querdenkerprinzipien, von denen Sie sich als Begrüssungstrunk provozieren lassen können

Wer Querdenker störend findet, hat ganz recht – sie stören die Ruhe der bisherigen Nichtlösung.

Äußere Querdenker (zu inneren und äußeren Querdenkern vgl. I.6.1) erinnern uns an Teile, die wir in uns selbst nicht genug zu Worte kommen lassen. Je weniger Stimmrecht diese Teile in uns haben, desto größer ist unsere Irritation über die äußeren Querdenker.

Wer versucht, ohne die Integration von Querdenkern auszukommen, muß schon fast als Querulant bezeichnet werden.

„Querdenken" hießen viele der heute bewährtesten Denkformen, bevor sie allgemein zugänglicher wurden.

Man kann sich gegen das Querdenken zwar sträuben, aber man verhindert dadurch etwas, das eigentlich ganz einfach ist und schneller und leichter zum Ziel führen kann als gewohnte Denkweisen – „einfach" aber nicht in dem Sinne, daß es nicht viel Mühe erforderte.

Querdenken kann zu einer Quelle des Vertrauens werden, wenn wir dem Querdenken und den Querdenkern mit mehr Vertrauen begegnen. Doch dazu ist schon etwas eigenes Querdenken erforderlich.
 Wenn diese Quergedanken Ihre Neugierde erweckt haben – um so besser. Wenn noch nicht: Vielleicht prüfen Sie erst die Wirkung einer der Übungen, die Ihnen im folgenden angeboten werden.

I.3 Wo lassen Sie querdenken?

Wenn Sie hier fertige Rezepte zum Querdenken suchen, werden Sie teilweise enttäuscht werden. Es ist damit wie in einer anderen Nasreddin-Geschichte:

Ein Freund fragte den Mullah, ob er ihm etwas aus der Stadt mitbringen solle. „Oh ja, gerne!" rief Nasreddin aus, der sich so eine Gelegenheit zu einer Querdenklektion natürlich nicht entgehen ließ. „Ich könnte noch einen neuen Haarschnitt brauchen!"

Wenn Sie sich also auf die Übungen einlassen, ist das angemessen. Sonst könnte man Sie ja fragen: „Wo lassen Sie querdenken?"; aber damit ist es wie mit mitgebrachten Frisuren: Man hat nicht viel vom feinen Geschmack auf einer fremden Zunge.

I.4 Eine erste geschichtete Querdenkübung

soll Ihnen daher einen Vorgeschmack auf die Kunst des Querdenkens vermitteln.

Aufgabe 1
Betrachten Sie folgendes Schema, das aus neun Punkten besteht. Verbinden Sie diese neun Punkte mit vier geraden Linien, ohne den Stift abzusetzen.

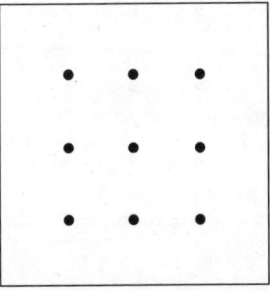

(Wenn Sie sich auch bei den folgenden Aufgaben von den Lösungen überraschen lassen wollen, sollten Sie im folgenden jeweils die gegenüberliegende Seite mit einem Blatt abdecken.)

Lösung zu (1)

Diese Aufgabe erforderte schon im ersten Schritt eine querdenkerische Grundfähigkeit: das *Überschreiten eines nur implizit gegebenen einschränkenden Rahmens*. Die Lösung sieht so aus:

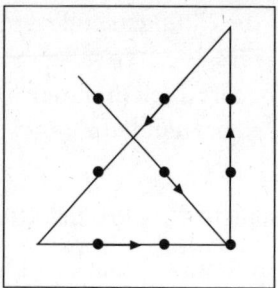

Aufgabe 2

Versuchen Sie nun, die neun Punkte mit nur drei geraden Linien zu verbinden.

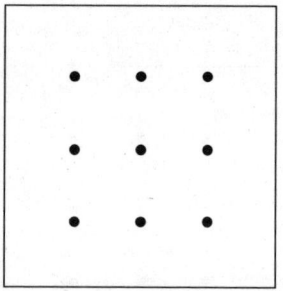

Lösung zu (2)
Wer hat denn behauptet, die drei geraden Linien sollten noch immer zusammenhängen? Diese Aufgabenlösung setzt ein anderes Querdenkerprinzip ein: *Bloß weil etwas früher eine Einschränkung für eine Lösung war, braucht es jetzt noch lange keine mehr zu sein.* Die Lösung sieht so aus:

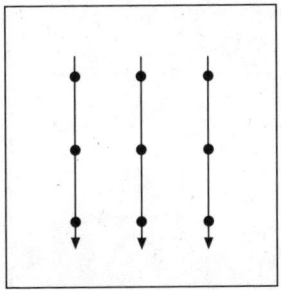

Aufgabe 3
Nun verschärfen wir die Bedingung der vorherigen Aufgabe: Verbinden Sie diesmal die neun Punkte des Schemas mit drei geraden Linien, ohne den Stift abzusetzen oder das Papier zu falten.

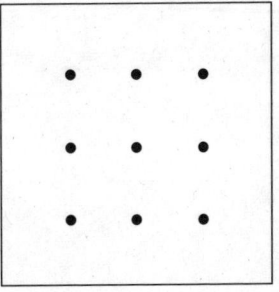

Lösung zu (3)

Wer hat denn behauptet, daß die Punkte im Schema keine Ausdehnung haben? In Wirklichkeit handelt es sich natürlich um kleine Kreise. Verwendeter Querdenkergrundsatz: *Nur weil jemand ein Problem auf eine bestimmte Art und Weise beschreibt, muß noch lange nicht jeder Teil dieser Beschreibung für uns zutreffen!* Hier ging es also darum, sich von der abstrakten mathematischen Bedeutung des Wortes „Punkt" zu lösen. Die Lösung sieht so aus:

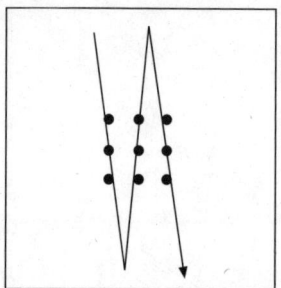

Aufgabe 4
Verbinden Sie nun alle neun Punkte mit einer Linie ohne Ecken.

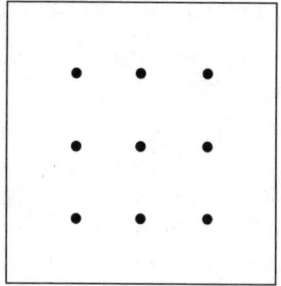

Lösung zu (4)
Das war wahrscheinlich schon leicht? Mit wachsender querdenkerischer Wachheit ist Ihnen sicher aufgefallen, daß niemand mehr gefordert hat, die Linie solle gerade sein. Eine der unzähligen Lösungsmöglichkeiten:

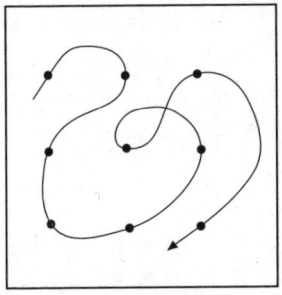

Aufgabe 5
Nun sollen Sie auch noch alle neun Punkte mit einer geraden Linie verbinden. Absurd, oder?

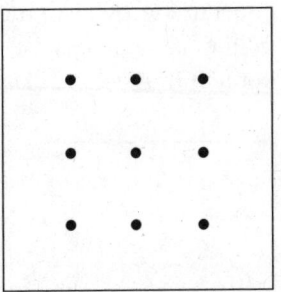

Lösung zu (5)

Als nun schon geübterer Querdenker haben Sie sich vielleicht daran erinnert, daß wir zuvor die Bedeutung des Wortes „Punkt" modifiziert hatten. Nun tun Sie das gleiche mit „Linie"! Wer legt denn fest, daß Linien keine Breite haben dürfen, außer unsere sprachliche Gewohnheit? *Querdenker lassen sich von sprachlichen Gewohnheiten nicht dauerhaft einfangen!* Ach ja, für die Lösung brauchen Sie eine ziemlich dicke Linie:

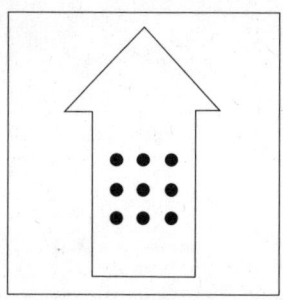

Aufgabe 6

Nun sollen Sie alle neun Punkte (Kreise) mit einer geraden Linie verbinden, die nicht breiter als die Kreise ist.
Welchen Querdenkerkontext müssen Sie diesmal verändern?

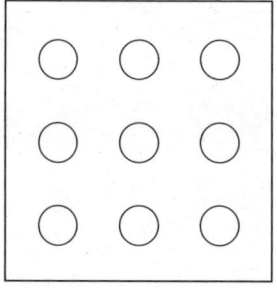

Lösung zu (6)

Bisher konnten Sie von dem Kontext, daß dieses Buch auf Papier gedruckt ist, das man (heraustrennen und) falten kann, absehen. Diese Aufgabe verlangt, die materiellen Gegebenheiten als Querdenkkontext wahrzunehmen und zu nutzen!

Die Lösung verläuft dann wie folgt (wer für die Lösung das Buch schonen möchte, kann ja das Bild zu Aufgabe 6 auf ein Extrablatt kopieren):

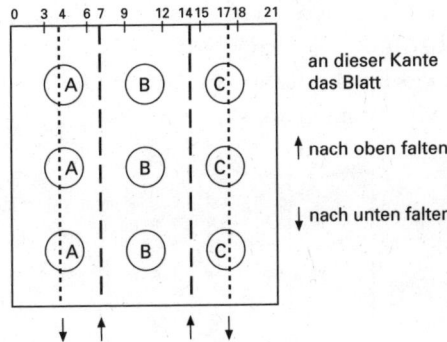

Ergebnis der Faltung:

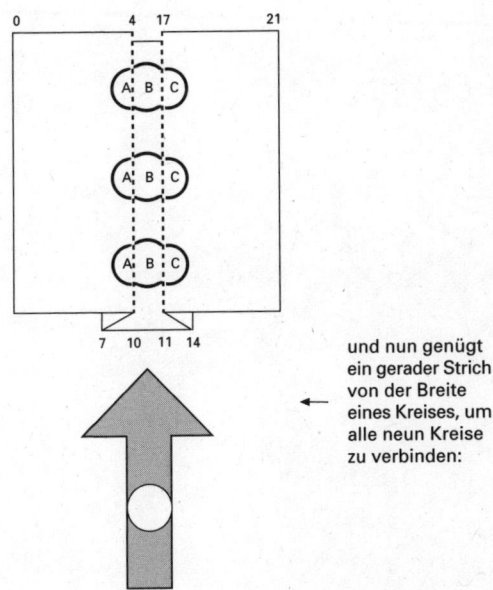

und nun genügt ein gerader Strich von der Breite eines Kreises, um alle neun Kreise zu verbinden:

Dabei haben wir zugleich den Kontext für den Begriff „verbinden" geändert – haben Sie's gemerkt? Denn die gerade Linie überdeckt nach der Faltung bei jedem der Kreise nur ein Drittel des Kreisdurchmessers und nicht, wie bei der Lösung zu (5), den ganzen Kreis.

Iteriertes Querdenken erfordert auch das Wieder-In-Frage-Stellen der neu eingeführten Kontexte!

Aufgabe 7
Und nun verbinden Sie diese zwölf Punkte mit fünf geraden Linien, ohne den Stift abzusetzen. (Verzichten Sie dabei auf alle „Tricks" wie Faltung des Papiers und breite Striche. Behandeln Sie also Punkte als ausdehnungslos und Linien als ohne Breite wie in der Geometrie.)

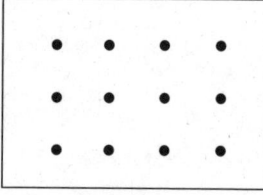

Lösung zu (7)
Das war wahrscheinlich ziemlich leicht, wenn Sie sich aus Aufgabe (1) noch die innere Querdenkerfreiheit bewahrt haben, den eingezeichneten Rahmen der 12 Punkte zu überschreiten (aber warten Sie auf die nächste Aufgabe!):

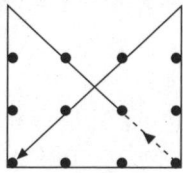

(Wenn die Bedingung gewesen wäre, daß jeder Punkt nur einmal berührt wird, lassen Sie einfach das gestrichelte Anfangsstück weg!)

Querdenken beruht unter anderem auf der Fähigkeit, unterschiedliche implizite Kontexte gegebener Fragestellungen zu entdecken.

Aufgabe 8
Und nun, als vorläufiger Abschluß unserer kleinen Übungsreise zum Kontexterweiterungstraining, verbinden Sie diese zwölf Punkte mit fünf geraden Linien, ohne den Stift abzusetzen, und kommen Sie mit der fünften Linie wieder am Ausgangspunkt an. (Es geht also um einen geschlossenen Linienzug aus fünf geraden Linien. Dabei genügt es, jeden Punkt einmal zu berühren. Und wie in Aufgabe (7) gehen Sie geometrisch, ohne die vertrauten „Tricks", vor!)

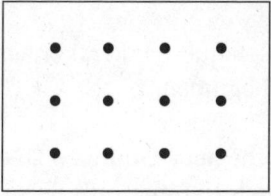

Lösung zu (8)

Diese geschlossene „Reiseroute" löst Aufgabe (8):

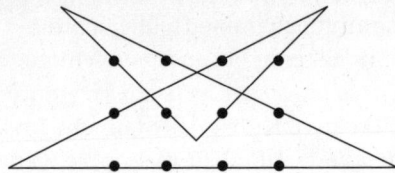

Dabei wurde nicht nur, wie bei Aufgabe (1), (3) und (7), der Rahmen der vorgegebenen Punkte verlassen, sondern auch, eine kleine weitere Kontexterweiterung, ein Knick im Inneren an einer Stelle, wo kein gegebener Punkt liegt, zugelassen.

Manchmal findet der Querdenker die Kontexterweiterung innen statt außen.

Wir gratulieren Ihnen zum vorläufigen Abschluß dieser Übung!

Wir hoffen, daß Ihnen dieser kleine Vorspeisenteller von Querdenkereien gemundet hat – und daß Sie einen guten Vorgeschmack auf ganz andere, weitere bekommen haben!

1.5 DIE METAQUERDENKER

Metaquerdenker denken quer über die Ergebnisse gewöhnlicher Querdenker.

(Das negierte Tetralemma werden Sie (in Abschnitt III.1.3) als eines der wirksamsten Werkzeuge für Metaquerdenker kennenlernen.)

Als Aspirant zum Metaquerdenker können Sie am Ende dieser kleinen Übungsreise beginnen,

- nicht nur ähnliche neue Übungen zu entwerfen,
- sondern sich auch zu fragen, als Beispiele welcher Arten von Denkeinschränkungen (und Überwindungen derselben) diese Übungen dienen könnten
- und welche neuen Kontextbeschränkungen vielleicht unbemerkt durch die bisherigen Ergebnisse entstanden sein könn-

ten (wie etwa eine Tendenz, natürliche Kontexteinschränkungen allzuleicht in Frage zu stellen und dadurch die guten Strömungseigenschaften bestimmter Flüsse durch Beliebigkeiten versumpfen zu lassen),
- und schließlich – eine besonders wichtige (Meta-)Querdenkerübung: *neue Fragen zu vorliegenden Antworten zu entdecken* und so die kreative Kunst des Staunens und Als-neu-Wahrnehmens des Vertrauten zur Ressource werden zu lassen.

I.6 Querdenken als Veränderungsressource

Eine der wichtigsten Funktionen der verschiedenen Formen des Querdenkens und der unterschiedlichen Zugänge dazu besteht darin, uns auf Möglichkeiten aufmerksam werden zu lassen, die wir einfach stillschweigend ausgeblendet hatten. Die Mechanismen dieser Ausblendung sind äußerst variabel, und entsprechend vielfältig müssen auch die Formen des Querdenkens sein. In den folgenden Teilen werden Sie mehrere bewährte Strategien kennenlernen, die Sie zu kreativem Querdenken in bezug auf eigene Anliegen und Probleme anleiten werden.

I.6.1 Der innere und der äußere Querdenker

Eine wichtige Unterscheidung wird die von innerem und äußerem Querdenker sein. **Äußere Querdenker** sind Menschen, die uns in unseren vertrauten Denkmustern stören oder unterbrechen, indem sie auf unerwartete, schwer voraussagbare oder uns zunächst unangenehme Art ihre Gedanken einbringen. Wie solche „Störenfriede" sich als besonders wertvolle Ressourcen etwa in Teams herausstellen können und wie Sie diese Art von Ressourcen in sich selbst aktivieren können, d. h., wie Sie Ihre **inneren Querdenker** finden und nutzen, davon werden die späteren Teile dieses Textes ausführlicher handeln. Doch zunächst noch eine kleine weitere Querdenkübung, die die inneren Querdenker in Ihnen ermuntern könnte. (Gut trainierte innere Querdenker haben bessere Kooperationsbedingungen, wenn sie mit äußeren Querdenkern zusammentreffen.)

I.6.2 Eine Querdenkübung zur Aufhebung begrifflicher Verknüpfungen

Betrachten Sie folgendes Bild:

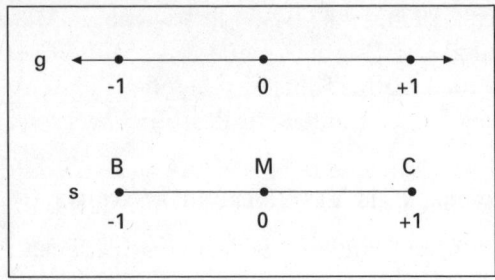

Sie sehen hier eine Gerade g und eine Strecke s. Die Strecke hat die Länge 2, die Gerade ist natürlich unendlich, wie das Geraden eben so an sich haben (jedenfalls die in der gewöhnlichen Geometrie der reellen Zahlenebene). Wenn nun ein (mathematisch gebildeter) Querdenker Ihnen einreden wollte, die Strecke s enthielte genauso viele Punkte wie die Gerade g, würden Sie ihm glauben? – Noch erstaunlicher wird die Aufgabe, wenn man weiß, daß die Antwort: „Natürlich, denn beide enthalten ja unendlich viele Punkte", die falsche Begründung ist, da es unendlich viel mehr verschieden große unendliche Anzahlen als endliche Anzahlen gibt – was ich hier jedoch nicht begründen werde (bei Interesse vgl. dazu Stegmüller u. Varga von Kibéd 1984).

Der Querdenker kann auf jeden Fall seine Behauptung leicht beweisen. Betrachten Sie dazu folgendes Bild:

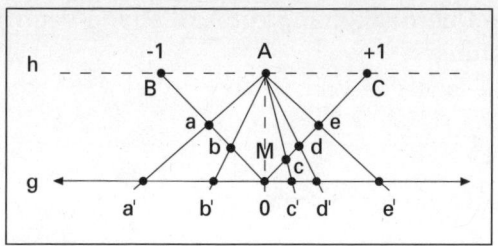

Hier ist die Strecke s rechtwinklig abgebogen an den Nullpunkt der Geraden angelegt worden, so daß die Gerade h durch die Endpunkte B und C der Strecke s parallel zu g verläuft. Projiziert man nun vom Mittelpunkt A zwischen B und C in diesem Bild (als ob hier eine Lichtquelle Strahlen in alle Richtungen zugleich senden würde), so zeigt sich, daß dadurch jedem Punkt auf s genau ein Punkt auf g zugeordnet ist, und zwar sind jeweils die beiden Punkte einander zugeordnet, die auf derselben Geraden durch A liegen. So sind etwa a und a', b und b', c und c' einander zugeordnet usw. Daher enthalten die Gerade g und die Strecke s genau gleich viele Punkte.

Das Querdenkerprinzip, auf das wir hier stoßen, hat mit der *Aufhebung erwarteter begrifflicher Verknüpfungen* zu tun. Es ist eben zunächst erstaunlich, daß eine unendlich lange Gerade und eine endliche Strecke die gleiche Anzahl von Punkten enthalten sollen. Wir sehen, daß Anzahl und Länge nicht in der intuitiv erwarteten Weise gekoppelt sind.

Querdenker halten überraschende Unabhängigkeit von Begriffen in ungewöhnlichen Kontexten vorsichtshalber immer erst einmal für möglich.

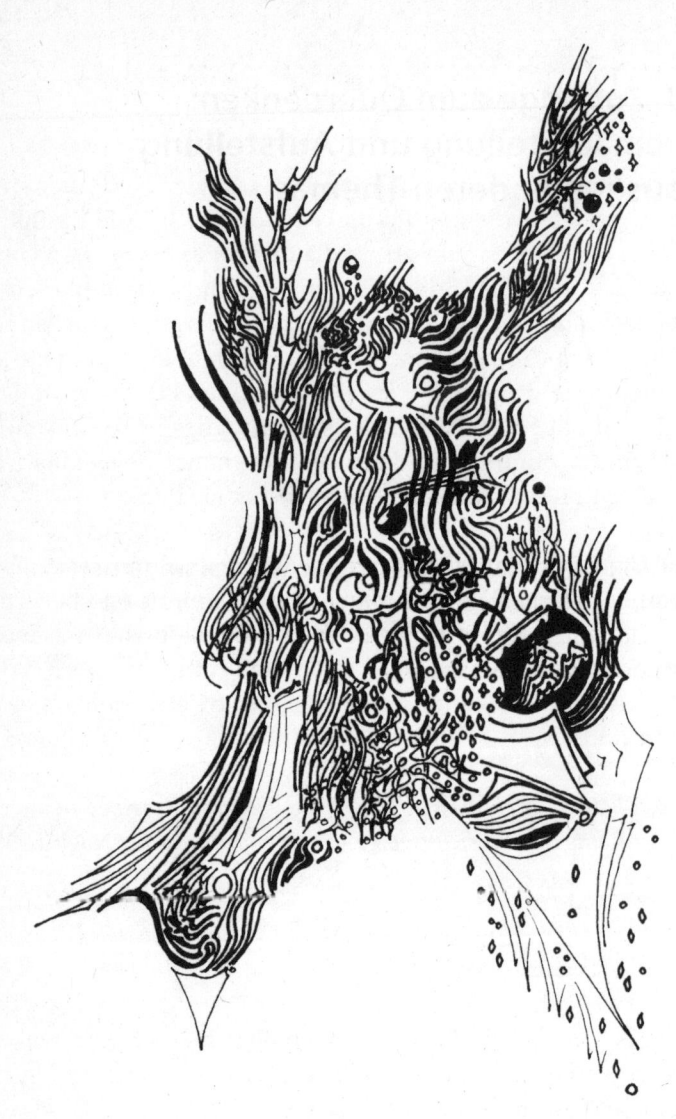

Teil II: Zugänge zum Querdenken: Problemaufstellung und Aufstellung des ausgeblendeten Themas

II.1 Von der schweren Arbeit, die wir schon geleistet haben, bis es ein Problem geben kann, und von den freiwerdenden Kräften, wenn wir die Frage durch Querdenken neu sehen

Wenn wir begonnen haben, den kreativen Wert äußerer Querdenker zu sehen, können wir Lust bekommen, unserem inneren Querdenker mehr Nahrung zu geben.

Der große österreichische Philosoph Ludwig Wittgenstein war gewiß einer der genialsten Querdenker aller Zeiten. Seine Gedanken und Ideen haben bis heute zu heftigen Diskussionen innerhalb und außerhalb der philosophischen Fachwelt geführt und einen belebenden Einfluß auf eine Vielzahl von Gebieten (Logik und Erkenntnistheorie, Sprachtheorie und Sprachphilosophie, Psychologie, Kunstwissenschaft, Literaturwissenschaft, Ästhetik und Religionsphilosophie) ausgeübt. In seinem berühmten Frühwerk, dem *Tractatus logico-philosophicus*, schreibt Wittgenstein (1984a) in Satz 6.4321:

„Die Tatsachen gehören alle nur zur Aufgabe, nicht zur Lösung."

Wittgenstein weist uns hier auf eine wichtige Grundeinsicht für Querdenker hin, die den Umgang mit Aufgaben und Problemen im allgemeinen betrifft: Problem und Lösung sind von ganz unterschiedlicher Beschaffenheit. Die Tatsachen, das sind die Fakten, durch die wir das Problem bilden und zu verstehen glauben; aber die Lösung ist nicht einfach eine weitere Tatsache. Querdenker und das Querdenken hindern uns oft in nützlicher Weise daran, Lösungen an einem falschen Ort oder auf eine Weise zu suchen, die zu keinem Erfolg führen kann.

Wenn der schon erwähnte Mullah Nasreddin den Menschen in ihrem seltsamen Verhalten einen Spiegel vorhält, so demonstriert er höchste Meisterschaft in der Kunst des Querdenkens. Nasreddin, der von Afghanistan bis Marokko berühmt ist, wird auch der türkische Eulenspiegel genannt. Sein Grab liegt in Akşehir in der Türkei – aber ob es ihn überhaupt je gegeben hat, ist unklar (ein besonders konsequenter Querdenker!).

Um zu demonstrieren, wie es den Bedauernswerten gehen kann (und immer wieder gehen wird), denen es gelingt, die Stimme der inneren und äußeren Querdenker von sich fernzuhalten, zwei Kostproben von Nasreddins Weisheit:

Nasreddin hatte beim abendlichen Heimweg seinen Hausschlüssel verloren. Er suchte und suchte und konnte ihn einfach nicht finden. Seine ausführliche Suche erregte die Aufmerksamkeit seiner Nachbarn, von denen sich einige zu ihm gesellten, um ihm bei der Suche beizustehen. Doch auch ihre Bemühungen waren vergeblich, bis einer von ihnen Nasreddin fragte, wo ungefähr er glaube, den Schlüssel verloren zu haben. „Ach, das war dort drüben!" sagte der Mullah mit verblüffender Sicherheit und wies auf einen dunklen Winkel nahe dem Haus. „Und warum suchen wir dann hier?" fragten erbost die Nachbarn. „Weil es hier hell ist", erwiderte Nasreddin.

Nasreddin spiegelt die Menschen; er macht ihnen ihr Verhalten klar, indem er sich scheinbar absurd verhält. Wer solche Stimmen in sich und außerhalb von sich ungehört läßt, muß die Schlüssel für seine Probleme eben weiter am unpassenden Ort suchen.

Der Mullah Nasreddin, zu dieser Zeit schon recht betagt, wurde in einer Runde von Zuhörern nach seinem Alter befragt. „Sechzig Jahre ist es her, seit ich zum ersten Mal das Licht dieser Welt erblickte", antwortete der Mullah. „Aber Mullah, das habt ihr doch vor fünf Jahren auch schon gesagt!", wandte einer ein, der ihn lange nicht gesehen hatte. „Gewiß" sagte Nasreddin, „ich bin ein Ehrenmann und bleibe immer bei dem, was ich einmal gesagt habe!"

Wenn wir die Quelle des Querdenkens nutzen, indem wir den inneren und äußeren Querdenkern unser Ohr leihen, werden wir durch solche Reaktionen wie die des Nasreddin in dieser Geschichte vor der Erstarrung in überholten Haltungen bewahrt.

Es lohnt sich bei der Lösungssuche also oft nicht, die Tatsachenbetrachtung über ein gewisses Maß hinaus fortzusetzen. Wir übersehen sonst ein weiteres wichtiges Querdenkerprinzip, das in der Kommunikationstheorie nach Bateson und Watzlawick als Möglichkeit der Lösungen zweiter Ordnung bezeichnet wurde: Bei vielen Problemen ist das Muster der bisherigen Lösungsversuche schon längst zum eigentlichen Problem geworden.

Manche Heilungsformen sind die Krankheit, deren Kur sie zu sein vorgeben.

Folgen wir Wittgenstein noch einige Schritte bei der Betrachtung von Problemen und den damit verbundenen Werten. Wittgenstein sagt im *Tractatus* in Satz 6.41:

„In der Welt ist alles wie es ist und geschieht alles wie es geschieht; es gibt *in* ihr keinen Wert – und wenn es ihn gäbe, so hätte er keinen Wert."

Wenn wir etwas als Problem bezeichnen, so geben wir bestimmten Tatsachen, Strukturen oder Ereignissen einen negativen Wert und suchen nach einer Lösung, die wir dann als etwas Positives sehen. Aber der Wert des einen wie des anderen hat schon etwas mit unserer Sicht zu tun, er liegt nicht einfach objektiv in den Umständen.

Wenn ein Kind vor Infektionen zu steril geschützt wird, kann es bekanntlich kaum Immunkräfte entwickeln. Wir alle haben viele unserer besten Kräfte, Erfahrungen und Ressourcen durch vergangene Krisen gewonnen. Und manche davon waren gewiß nicht leicht. Hätten wir wählen können, alle diese Krisen zu vermeiden – manche kostbaren Gewinne aus der Bewältigung der Hindernisse hätten wir nicht gemacht.

Es lohnt sich also, genauer zu betrachten, wie wir Ereignisse in unserem Bewußtsein als Problem konstruieren. Wenn wir nämlich etwas Problem oder Hindernis nennen, verstellen wir durch diese – in anderer Hinsicht oft notwendige und nützliche – Sichtweise bereits einen Teil der Chancen, die wir vielleicht nur durch diesen Anlaß, dieses „Hindernis" oder „Problem" gewinnen können.

Nach der Lösung ist es oft schwer, die Bestandteile des alten Problems noch klar zu erkennen: Problem und Lösung sind oft nur Eigenschaften der Struktur; sie entstehen beide durch unterschiedliche Arten und Weisen, die gleichen Elemente zueinander in Beziehung zu setzen.

Nehmen wir an, drei Gegenstände in Form eines Dreiecks repräsentierten das Problem,

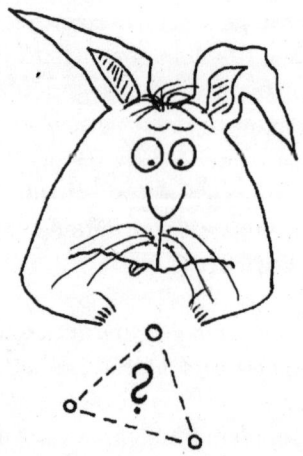

und ordnen diese Gegenstände um, so daß sie sich auf einer Geraden befinden, wo ist dann das Dreieck geblieben? Und wo das Problem?

„Die Lösung des Problems des Lebens merkt man am Verschwinden dieses Problems",

heißt es in Satz 6.521 von Wittgensteins *Tractatus*; und er fährt fort:

„Ist nicht dies der Grund, warum Menschen, denen der Sinn des Lebens nach langen Zweifeln klar wurde, warum diese dann nicht sagen konnten, worin dieser Sinn bestand."

Nach einer Problemlösung kann das Wesentliche der Lösung oft sprachlich eben nur angedeutet werden; es kann sich uns gezeigt haben, und wir können manchmal auch anderen zeigen, wie es geht, ohne daß es möglich ist, es wirklich zu sagen. Das Beste, was wir tun können, ist, Beispiele anzugeben; die Theorien erfassen das Wesen dessen, was an unseren und fremden lebendigen Erfahrungen wesentlich ist, nur unvollständig. Theorien sind eben nur Erinnerungshilfen für etwas, das wir in der Praxis, also handelnd, gesehen haben – *theoria* heißt ja ursprünglich „die Schau".

Wenn ein Mitarbeiter, der als Querdenker die behagliche Ruhe eines vertrauten Ablaufs stört, als Hindernis aufgefaßt wird, wird er wahrscheinlich durch diese Definition allein schon zum Hindernis werden. Dieses Problem kann manchmal verschwinden, wenn die Beiträge des Mitarbeiters als wertvolle Hinweise auf übersehene alternative Handlungsoptionen überhaupt in Erwägung gezogen werden.

Natürlich ist nicht jedes Querulieren schon Querdenken. Schließen wir aber mögliche Querdenker zu schnell als Querulanten aus, bekommen wir keine Chance, ihre Kräfte zur Ressource für uns werden zu lassen. Wir suchen daher nach einem Verständnis typischer Eigenschaften kreativer Querdenker.

Damit Probleme auf eine manchmal so absurd einfach erscheinende Art verschwinden können wie das Dreieck vorhin, ist jedoch in der Regel viel schwere Arbeit erforderlich. (Wer „schwer" und „einfach" für unvereinbare Gegensätze hält, geht hier leicht in die Irre.) Innere wie äußere Querdenker können uns helfen, folgende Einsichten zu gewinnen, die wesentliche Schritte für ein lösungsorientiertes Vorgehen bedeuten.

A) Wir müssen erkennen:

Hindernisse können zu Ressourcen werden,

und dies aus dreierlei Gründen:

1. Häufig macht nur unsere Haltung etwas zu einem Hindernis, und eine veränderte Einstellung zeigt uns, daß hier immer schon eine Ressource vorlag.
2. Manche Hindernisse zwingen uns, bestimmte Fähigkeiten rechtzeitig zu erwerben, so daß sie uns bei einer künftigen Herausforderung rechtzeitig zur Verfügung stehen. Sie wirken also eher wie eine Impfung.
3. Vor der Überwindung erlaubte uns das Hindernis häufig eine teilweise durchaus angemessene Kontrolle der Entwicklungsgeschwindigkeit. Solange das Hindernis nicht überwunden ist, ist die Geschwindigkeit der Veränderung des Systems verringert – und das kann manchmal durchaus von Vorteil sein.

Werden diese Funktionen angeblich purer Hindernisse gewürdigt, erleichtert dies ihre Umwandlung in Ressourcen ungemein.

B) Daraus ergibt sich:

Lösungen erfordern nicht immer neue Elemente als Ressourcen, sondern oft nur Querdenken in Form von Umdeutung von Hindernissen in Ressourcen oder von neuen Zugängen zu bisher schon gegebenen, aber vernachlässigten Ressourcen. (Dazu folgen noch Übungen in späteren Teilen dieses Textes.)

C) Wichtig ist schließlich auch noch die Einsicht:

Es war auch zu etwas gut, daß wir in dieser Frage bisher noch keinen Erfolg hatten,

und dieser Gewinn muß zur Stabilisierung des künftigen Erfolgs anerkannt und umgewandelt werden. Umgewandelte Gewinne aus dem bisherigen Nichterfolg erweisen sich oft als besonders verläßliche Ressourcen bei künftigen Aufgaben. So kann die übertriebene Informationsfülle, die wir zur Lösung eines Problems angesammelt haben, später, nach der Lösung des ursprünglichen Problems, vielleicht zu einer unersetzlichen Ressource für eine künftige Aufgabe werden. Wesentlich erleichtert wird eine derartige Nutzung eines ursprünglichen Fehlers, wenn wir den Wert der Verzögerung anerkennen und eben dadurch die Blockade überwinden helfen.

Häufig verlieren wir auch etwas vom Nutzen des Gewinns, wenn wir vom Problem zur Lösung gelangt sind. So müssen wir etwa zur Lösung eines Problems Energie aufwenden und verlieren die Leichtigkeit der vorherigen Routinehandlung bzw. Gewohnheit. Die Umwandlung des Gewinns führt zum *Preis*, den wir für die Lösung zahlen. Da uns aber, je mehr wir uns für etwas einsetzen, das neu Geschaffene um so wertvoller wird, wird aus dem gezahlten Preis schließlich die *Kostbarkeit* des Ergebnisses.

Wenn wir diese drei Schritte vollziehen, dann kann die Veränderung, obwohl diese Schritte insofern schwer sind, als sie der Sorgfalt und ruhigen Weitsicht bedürfen, trotz dieser Mühe schnell und mit einer gewissen entschlossenen Leichtigkeit stattfinden.

II.2 DIE PROBLEMAUFSTELLUNG: EIN EXPERIMENT ZUR IDENTIFIKATION UND MODULATION EINER PROBLEMSTRUKTUR

Wir laden Sie nun, nach diesen allgemeinen Betrachtungen, zu einer praktischen Querdenkübung ein.

1. Wählen Sie als Problem ein Anliegen oder einen Wunsch, bei dem Sie durch Querdenken zu einer neuen Haltung finden wollen.

Damit es sich bei dem von Ihnen gewählten Anliegen um ein Problem handeln kann, müssen Sie schon sechs weitere Konstruktionsschritte implizit durchgeführt haben – sonst hätten Sie es nicht geschafft, ein Problem zu haben. Die folgenden Schritte und Fragen sollen Ihnen Ihre stillschweigende Konstruktion des Problems verdeutlichen und dann als Grundlage zu querdenkerischen Lösungsansätzen dienen. („Konstruktion des Problems" heißt hier nicht, daß das Problem unecht oder künstlich wäre, sondern nur, daß in jedes Problem notwendigerweise Aspekte unserer Beschreibung und Haltung mit eingehen, deren Erkenntnis wichtige Hinweise auf neue Lösungsmöglichkeiten liefern kann.)

2. Stellen Sie sich folgende Fragen:

Wer hat das Problem?

Ist es Ihr eigenes Anliegen?

Spielen fremde Aufträge eine Rolle?

Geht es um Loyalitäten? Und wenn ja, zu wem?

Ist es Ihr Problem als Einzelperson oder als Vertreter einer Gruppe, Firma oder Organisation?

Entscheiden Sie sich bei Ihrem Anliegen durch Überlegungen zu diesen Fragen für einen Träger des Problems; legen Sie also in Ihrer Problembeschreibung genau fest, wer als der Träger des Problems anzusehen ist, z. B. „ich als Privatperson" oder „mein Unternehmen". Wir nennen dies im folgenden den **Fokus (des Problems)**. Es gilt:

Kein Problem ohne Fokus, denn dann hätte eben niemand das Problem.

Notieren Sie nun:

Mein Fokus:

....
....
....

3. Niemand hat ein Problem, der nirgends hinwill. Wenn jemand von nichts möchte, daß es sich ändert, wo wäre das Problem? Das ist *nicht* derselbe Fall wie der, wenn jemand möchte, daß sich nichts ändert – bekanntlich ist viel Arbeit erforderlich, um einen Status quo zu schützen. Wenn jemand also als Ziel angibt, daß er oder sie will, daß alles so bleibt, wie es ist, so ist sein oder ihr Ziel, daß die Gefahr gebannt wird, daß sich etwas ändert. *Das* ist dann das Ziel, nach dem dieser Mensch strebt. Er strebt also nach der Abwehr einer Gefahr. Also:

Kein Problem ohne eine Richtung oder ein Ziel.

Die **Richtung**, in die ich gehen will, oder das **Ziel**, das erreicht werden soll, ist also ein unentbehrlicher Bestandteil jedes Problems. Sie können Ihr Ziel oder Ihre Richtung andeuten, indem Sie sich Fragen stellen wie:

Wohin soll es gehen?

Was soll anders werden?

Was soll statt des Problems dasein?

Woran würde ich merken, daß das Problem verschwunden ist?

Woran würden es die anderen merken, daß ich mein Ziel erreicht habe?

Achten Sie bei diesen Fragen auf Formulierungen, die die Anwesenheit von etwas und nicht die Abwesenheit eines Mangels beschreiben – das verleiht Ihrer Zielwahl mehr Klarheit und Kraft (ein Prinzip beim lösungsorientierten Vorgehen, auf das besonders de Shazer immer wieder sehr klar hingewiesen hat, vgl. etwa de Shazer 1995). Es ist durchaus zulässig, daß die Zieldefinition teilweise oder weitgehend unscharf ist; daher sprechen wir manchmal bei Problemen eher von der Richtung (oder, noch vorsichtiger, nur von der **Ausrichtung**) als vom Ziel. Auch ist es oft günstiger, wenn das Ziel nicht abgeschlossen definiert wird, sondern seine Grenzen offen bleiben.

Es ist an dieser Stelle nützlich, die Dörnersche Typologie des Problemlösens zu verwenden (vgl. etwa Dörner 1992). Dörner unterscheidet *analytisches Problemlösen*, bei dem die Mittel (zur Problemlösung) und das Ziel feststehen, von *synthetischem Problemlösen*, bei dem das Ziel feststeht, aber die Mittel offen sind; bei synthetischen Problemlösungsprozessen kann das Repertoire der Problemlösungsmittel während des Prozesses der Lösung um neue Ressourcen erweitert werden. Der flexibelste Problemlösungsprozeß ist jedoch das *dialektische Problemlösen*: Hier kann nicht nur das Repertoire der Mittel, sondern das Ziel selbst während des Problemlösungsprozesses verändert werden.

Wenn Sie also Ihrem Ziel oder Ihrer Richtung bei dem gewählten Anliegen einen Namen geben, erinnern Sie sich an die Möglichkeit dialektischer Problemlösungsprozesse, und lassen Sie zu, daß sich dieser Name im Lauf der Überlegungen verändern kann. Schon die Bereitschaft zu dieser flexiblen Haltung in der Problembeschreibung wird Ihre Fähigkeiten, mit Problemen umzugehen, erweitern.

Notieren Sie nun:

Mein Ziel/meine Richtung:
....
....
....

4. Niemand hat ein Problem, wenn es keine **Hindernisse** gibt, die ihn von seinem Ziel fernhalten. Wenn die Hindernisse prinzipiell unüberwindlich sind, liegt kein Problem vor, sondern eine falsch gestellte Frage. Ein überwundenes Hindernis ist aber oft auch eine wichtige Erfahrung und damit meist eine mögliche Ressource. Jedes Hindernis bei jedem sinnvollen Anliegen ist daher schon als **verdeckte künftige Ressource** oder **Helfer** aufzufassen. Also:

Kein Problem ohne Hindernisse.

Kein Hindernis, das nicht schon eine verdeckte Ressource darstellte!

Notieren Sie bis zu drei Hindernissen, die Ihrem betrachteten Anliegen entgegenstehen. Wählen Sie, wenn es viele sein sollten, die drei wichtigsten. Es ist nicht erforderlich, daß die Hindernisse Ihnen alle schon inhaltlich klar sind; Sie können also auch unbekannte oder partiell unscharf gesehene Hindernisse mit einbeziehen. Überlegen Sie sich auch, in welcher Hinsicht die Hindernisse Schutzfunktionen haben könnten; diese erfahren Sie durch Fragen wie:

Womit müßte ich fertig werden, wenn dieses Hindernis verschwunden wäre?

In dieser Funktion sprechen wir statt von Hindernissen von **Schutzwällen**.

Während des Umwandlungsprozesses vom Problem zur Lösung findet ein internes Reframing statt. Zunächst wird die Schutzfunktion des Hindernisses sichtbar (und das Hindernis wird so zum Schutzwall), später richtet sich sein Potential auf das Ziel hin aus und ist nicht länger mit der Bewahrung des Status quo beschäftigt. Notieren Sie nun zu den gewählten Hindernissen, soweit Ihnen klare Bezeichnungen einfallen, inhaltliche Namen, auch zu den umgewandelten Funktionen der Hindernisse als Schutzwälle oder Helfer, soweit Ihnen das möglich ist.

Mein 1. Hindernis/Schutzwall/Helfer:

....
....
....

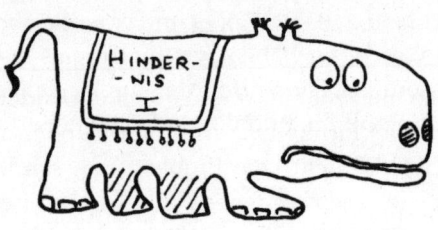

Mein 2. Hindernis/Schutzwall/Helfer:

....
....
....

Mein 3. Hindernis/Schutzwall/Helfer:

....
....
....

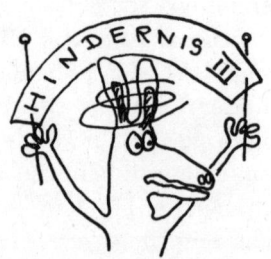

5. Kein sinnvolles Problem ohne eine bisher noch **ungenutzte (oder unzureichend genutzte) Ressource**, die oft auch zunächst verborgen ist. Wenn wir nämlich schon alle Ressourcen genutzt haben, ohne das Ziel zu erreichen, dann handelt es sich eben nicht um ein sinnvolles Anliegen, sondern um eine prinzipiell unlösbare Frage. Wenn jemand z. B. als Ziel nennt, er wolle ohne jedes Risiko eine Firma aufbauen, so haben wir hierfür als Menschen keine geeigneten Ressourcen. Die Verfolgung dieses Anliegens kann darum nicht zum Ziel führen, und das Anliegen gehört daher zu einer falsch gestellten Frage. Also:

Etwas als Problem in Erwägung zu ziehen heißt, daß wir schon akzeptiert haben, daß noch nicht alle Ressourcen ausgeschöpft sind.

Fragen Sie sich:

Welche unter meinen Fähigkeiten könnte mir behilflich sein, um ans Ziel zu gelangen?

Welche Formen der Zusammenarbeit habe ich bisher unzureichend genutzt?

Was könnte ich weglassen und dadurch Freiraum gewinnen?

Notieren Sie Ahnungen, Ideen oder Hinweise, wie Sie die zwei wichtigsten relevanten ungenutzten Ressourcen für Ihr Anliegen herausfinden könnten – auch wenn Sie jetzt vielleicht noch keine präzisen Bezeichnungen für diese Ressourcen haben!

    Meine 1. ungenutzte Ressource:

....
....
....

Meine 2. ungenutzte Ressource:

....
....
....

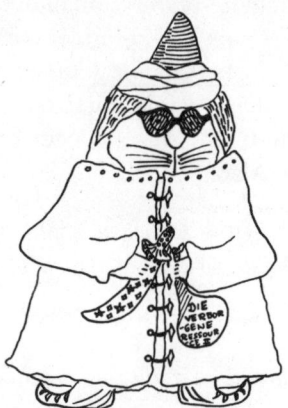

6. Kein Problem könnte sich längere Zeit stabilisieren, ohne daß das System, in dem es das Problem als Problem gibt, auch etwas durch dieses Problem gewinnt. Wäre ein Problem ohne jeden Gewinn, so würde die Frage einfach nach einer längeren Zeit abgelegt als unangemessenes Ziel. Dieser Teil ist der geheimnisvollste bei jedem Problem und einer der wichtigsten. Wird er nämlich bei der Lösung nicht berücksichtigt, so garantiert er in der Regel einen Rückfall in die alte Problemsituation.

Wir nennen diesen Teil den **verdeckten Gewinn**. Ihn ohne Hilfe äußerer Querdenker herauszufinden ist nicht immer möglich. Manchmal können wir die am besten trainierten Teile unserer inneren Querdenker einsetzen, um den verdeckten Gewinn bei unserem Problem wenigstens teilweise ins Blickfeld zu bekommen.

Die Integration dieses Teils, d. h. seine Umwandlung in eine Ressource für künftige Aufgaben, ist einer der schwierigsten Teile jeder Problemlösung. Gelingt die Identifikation des verdeckten Gewinns und sind wir uns der Notwendigkeit bewußt, die positive Funktion dieses an sich zunächst hinderlichen Teils zu würdigen, sowie bereit, einen Teil seines Nutzens als Preis zu zahlen – dann sind wir der Problemlösung wirklich einen entscheidenden Schritt näher gekommen. (Übungen in anderen Teilen dieses Textes, z. B. beim Tetralemma, können bei dieser Integration sehr hilfreich sein.)

Manchmal ist der ursprünglich verdeckte Gewinn schon längst enthüllt und sein Nutzen schon lange verbraucht, aber wir beherbergen den Gewinn noch immer wie einen vertrauten alten Gast. Von seinem Nutzen blieb so nur noch die Bequemlichkeit des Vertrauten.

Stellen Sie sich folgende Fragen:

Womit müßte ich fertig werden, wenn das Problem schon gelöst wäre?

Wofür ist das Problem in meiner jetzigen Situation nützlich?

Was habe ich im Moment für Vorteile dadurch, daß das Problem noch nicht gelöst ist?

Notieren Sie nun:

Ideen und Hinweise auf meinen verdeckten Gewinn:

....
....
....

7. Der letzte Teil, der sich bei jedem Problem als unerläßlicher Strukturbestandteil erweist, ist die **künftige Aufgabe**. Wenn wir ein sinnvolles Problem gewählt haben, wird es nicht so grundlegend und allgemein sein, daß nach seiner Lösung keinerlei künftige

Aufgabe anstehen würde. Wir können das Ziel auch als ersten Schritt und die künftige Aufgabe als „das, was danach dran ist", oder als „zweiten Schritt" auffassen. Kurz:

Nach jeder Problemlösung stellt sich eine neue Aufgabe, die schon als Bestandteil des Problems aufgefaßt werden sollte.

Die künftige Aufgabe finden Sie z. B. durch die Fragen:

Was wird dann, nach Lösung des Problems, dran sein?

Womit müßte ich fertig werden, wenn ich schon Erfolg gehabt hätte?

In welchem weiteren Rahmen von Zielen und Aufgaben ist dieses Anliegen für mich wichtig?

Die Betrachtung dieser Fragen erlaubt Ihnen wahrscheinlich einen kurzen Eintrag in folgender Rubrik:

Meine künftige Aufgabe:

....
....
....

8. Sie haben damit die Teile einer Problemaufstellung für Ihr Anliegen betrachtet. Eine Problemaufstellung ist eine Form der von den Autoren entwickelten Systemischen Strukturaufstellungen. Die Bestandteile jeder Problemstruktur haben wir dabei aus der „Grammatik" (im Sinne des späten Wittgenstein) des Worts „Problem" ent-

wickelt. Schon die Klärung der Anteile des Problems, die Sie gerade durchgeführt haben, erweist sich oft als wesentlicher Teil des Lösungsprozesses. Wünschen Sie noch mehr? Dann folgt ein Vorschlag:

9. Die schriftliche Problemaufstellung: Ein Vorschlag zu einer Erweiterung der Problemklärung

A) Bringen Sie nun abschließend die Teile Ihrer Problemstruktur in eine räumliche Anordnung, indem Sie sich eine Skizze eines Raums zeichnen und die verschiedenen Problembestandteile nach Ihrem Gefühl über deren Beziehungsstruktur in diesem Raum verteilen. Gehen Sie dabei spielerisch, aber gesammelt vor, am besten etwa so: Betrachten Sie die Problembestandteile Fokus (F), Ziel (Z), Hindernis 1 (H1), Hindernis 2 (H2), Hindernis 3 (H3), Ressource 1 (R1), Ressource 2 (R2), Gewinn (G) und künftige Aufgabe (A) wie Personen, die sich in dem Raum befinden. (Natürlich können H2, H3 und R2 entfallen, wenn Sie sie oben nicht eingeführt haben sollten!) Der Raum ist dargestellt durch das Blatt Papier vor Ihnen. Suchen Sie nun, indem Sie Ihren Mittelfinger in entspannter Haltung[1] über das Papier gleiten lassen, zunächst den Ort, wo der Fokus steht, und zeichnen Sie, ebenso einfach nach Gefühl, den Standpunkt und die Blickrichtung des Fokus durch ein Zeichen der Form

ein, wobei die Pfeilspitze die Blickrichtung des Fokus wiedergeben soll.[2] Verfahren Sie ebenso mit allen anderen Teilen, und notieren Sie bei den Symbolen wieder jeweils die Kennbuchstaben (Z für Ziel usw.). Das so entstandene Bild kann Ihnen, auch schon vor einer expliziten systemischen Arbeit damit, wichtige Hinweise auf Haltungsänderungen geben, die der Problemlösung zuträglich sind, wenn Sie wie folgt damit verfahren:

---

[1] Für hypnotherapeutisch vorgebildete Leser: Am günstigsten wäre eine kataleptische Handhaltung.
[2] Für die Suche nach der Blickrichtung ist es meist leichter, das Blatt zu drehen als den Finger.

B) Versetzen Sie sich innerlich in die Lage der symbolisierten Personen, indem Sie die entsprechende Stelle auf dem Papier berühren und sich Ihre Position im Raum zu den jeweils anderen vergegenwärtigen, und notieren Sie, wie Sie sich dabei fühlen: welche Stimmung entsteht, welche körperlichen Selbstwahrnehmungen Ihnen auffallen und zu welchen anderen Teilen Sie sich in welcher Art von Kontakt fühlen. Notieren Sie kurz stichpunktartig für jeden der Teile (F, Z, H1 ...) diese Empfindungen.

C) Überlegen Sie sich, wie eine *allparteiliche* Veränderung aussehen könnte, d. h. eine Veränderung, bei der es allen Beteiligten bessergeht. Versuchen Sie, ein entsprechend verändertes Bild zu zeichnen, und wiederholen Sie den vorherigen Schritt für ein solches geändertes Bild.

D) Wenn es Ihnen gelingt, ein Bild zu finden, bei dem die Problemteile sich jeweils besser fühlen, so können Sie prüfen, welche veränderten Ideen, Körperempfindungen und Handlungsimpulse in Ihnen auftreten, wenn Sie sich im geänderten Bild mit der Stelle des Fokus identifizieren. Berühren Sie dazu nochmals die Stelle mit dem Symbol des Fokus in dem geänderten Bild. Wenn Sie bei der Suche nach dem Lösungsbild nicht schnell erfolgreich sind, so beachten Sie bitte die folgende

E) Auswahl kurzer erster Prinzipien für die Suche nach Lösungsbildern in Problemstrukturen.

Die Suche nach einem *Lösungsbild*, d. h. einem Bild, in dem sich nach Ihrer Empfindung alle Problembestandteile möglichst gut fühlen, ist keine ganz einfache Aufgabe – auch dieser Prozeß kann die Hilfe geeigneter äußerer Querdenker erfordern. Einige knappe Hinweise, die sich oft als hilfreich erwiesen haben, seien hier dennoch schon gegeben.

a) Wenn das Ziel vom Fokus weiter entfernt ist als die künftige Aufgabe, so liegt häufig ein Problem vor, bei dem wir versuchen, den zweiten Schritt vor dem ersten zu tun, oder wo ein ferneres Ziel die Lösung der anstehenden Aufgabe beeinträchtigt. Suchen Sie nach einer entsprechend geänderten Anordnung!

b) Wenn die Hindernisse den Blick auf Ziel und Aufgabe versperren, sollte dieser Blickkontakt ermöglicht werden.

c) Auch Ziel und Aufgabe sollten in der Regel Blickkontakt zum Fokus aufnehmen können.

d) Hindernisse verwandeln sich neben dem Fokus oder ein Stück hinter dem Fokus häufig in unterstützende Instanzen (Schutzwälle oder Helfer).

e) Ungenutzte Ressourcen können hinter oder neben dem Fokus oft gut zur Geltung kommen.

f) Der verdeckte Gewinn muß sichtbar gemacht werden, vor allem für den Fokus. In der Regel darf er nicht zu nah bei den Ressourcen stehen.

Schon die Beachtung dieser wenigen Prinzipien hilft oft zur Entdeckung deutlich verbesserter Bilder. Derartige Bilder können Sie als Verankerung eines inneren Zugangs zu problemrelevanten Ressourcen verwenden, indem Sie sich bei der Auseinandersetzung mit dem Problem an die veränderte innere Haltung aus der Sicht des Fokus im Lösungsbild erinnern.

Viel Vergnügen und guten Erfolg bei der Anwendung dieser Übung und damit bei Ihrer ersten schriftlichen Problemaufstellung!

II.3 Aufstellungen mit Personengruppen

Übungen wie die vorangehende schriftliche Aufstellung lassen sich noch erheblich intensivieren, wenn sie mit einer Gruppe von Personen durchgeführt werden. Dabei werden die Personen als RepräsentantInnen der Systemelemente vom Klienten bzw. der Klientin in einer dem inneren Bild entsprechenden räumlichen Anordnung aufgestellt und nach ihren Körperempfindungen und Befindlichkeiten befragt. Die Reaktionen der RepräsentantInnen im Anfangsbild geben fast durchwegs ein erstaunlich klares Bild der Beziehungsstruktur der Systemelemente, und die Veränderungen ihrer

Empfindungen beim Prozeß der Umstellung helfen den KlientInnen, übersehene Handlungsalternativen zur Verbesserung ihrer Situation zu entdecken. (Näheres über das Vorgehen und die Grundideen der Aufstellungen, insbesondere der Systemischen Strukturaufstellungen, finden Sie später in dem Exkurs „Was sind Systemische Strukturaufstellungen?" als Abschnitt III.3).

Wenn dabei die Familienmitglieder der KlientInnen aufgestellt werden, spricht man vom *Familien-Stellen* oder von einer *systemischen Familienaufstellung*. Familienaufstellungen sind ein familientherapeutisches Verfahren, das von Bert Hellinger entwickelt wurde und wichtige Impulse aus dem Psychodrama von Jakob L. Moreno, der Familienrekonstruktion und Familienskulpturarbeit von Virginia Satir und einer Vielzahl anderer therapeutischer Richtungen erhielt (ausführlichere Vergleiche siehe S. 205). [3]

Werden für Probleme in Unternehmen und anderen Organisationen die Mitglieder einer Abteilung oder eines Teams, die Abteilungen oder Hierarchieebenen einer Organisation o. ä. aufgestellt, spricht man von *Organisationsaufstellungen*. Werden andere Aufstellungsformen für derartige Fragestellungen eingesetzt, spricht man von *systemischer Aufstellungsarbeit im Organisationsbereich*.[4]

Die *Problemaufstellung*, deren Teile Sie soeben in der Übung kennenlernten, die in Abschnitt II.5 eingeführte *Aufstellung des ausgeblendeten Themas*, die *Tetralemmaaufstellung* (vgl. Abschnitt III.1–2) und die *Glaubenspolaritätenaufstellung* (vgl. Teil V) sind Formen der von den Autoren dieses Buches entwickelten *Systemischen Strukturaufstellungen*[5].

---

[3] Näheres dazu in Weber (1998); dies ist der Bericht über den ersten Kongreß über Weiterentwicklungen der Familienaufstellungsmethode.
[4] Näheres dazu in Weber (2000); dies ist der Bericht über den ersten Kongreß zur Anwendung systemischer Aufstellungen im Organisationsbereich; ein weiterer Bericht wird voraussichtlich für das erste IBM-Symposium zu diesem Thema erscheinen, das im Dezember 1998 unter dem Titel *Wahrnehmung von Organisations- und Unternehmenswirklichkeiten* an der IBM-Akademie für Unternehmensführung in Herrenberg stattfand.
[5] Vgl. Sparrer u. Varga von Kibéd (1998a); Sparrer (1997); Sparrer u. Varga von Kibéd (1998b).

II.4 Kleiner Exkurs über die verschiedenen Perspektiven in Aufstellungen

Wenn eine Problemaufstellung mit realen Personen vorgenommen wird, wenn also statt der Figuren auf dem Papier reale Personen in dieser Anordnung im Raum stehen, so hat dies den Vorteil, daß die LeiterInnen der Aufstellung die Angaben über Veränderungen bei den einzelnen Systemteilen gleichzeitig bekommen können (durch Gestik, Mimik und Äußerungen). Es ist dann einfacher, die Idee für Umstellungen oder Rituale zu bekommen.

Eine Aufstellung ist ein komplexes Geschehen, selbst wenn nur relativ wenige Personen oder Systemelemente repräsentiert werden, da dabei stets eine Vielzahl von Perspektiven zu berücksichtigen sind. Aus unserer Sicht sind bei jeder Aufstellung fünf interne und sieben weitere externe Perspektiven von Bedeutung. Die internen Perspektiven müssen berücksichtigt werden, wenn der Aufstellungsprozeß effektiv verlaufen soll; die Beachtung der externen Perspektiven sichert die Stabilität der Ergebnisse. Betrachten wir also kurz **die fünf internen Perspektiven jeder Aufstellung**.

1. Die Perspektive der KlientInnen und ihrer Anliegen

Für den Klienten oder die Klientin wird die Aufstellung gemacht. Seine bzw. ihre Perspektive zeigt sich in der Aufstellung des ersten Bildes: in der Auswahl der Systemteile und in der Anordnung der Systemteile. Auswahl und Anordnung erfolgen dabei durch die KlientInnen in Abhängigkeit von ihren Anliegen; daher ist die KlientInnenperspektive stets als auf ein spezifisches Anliegen bezogen aufzufassen. Die Umstellungen dienen der Suche nach einem veränderten inneren Bild der Systemteile zueinander. Dabei soll die Position des Klienten bzw. der Klientin auf jeden Fall verbessert und die Position aller übrigen Systemmitglieder mindestens gleich gut und möglichst etwas verbessert sein.

2. Die Perspektive der ProtagonistInnen

Da die Aufstellung auf die KlientInnen ausgerichtet ist, wird besonders auf die Verbesserung der Empfindungen für die ProtagonistInnen, d. h. die RepräsentantInnen der KlientInnen geachtet; aus deren Perspektive soll sich das Lösungsbild auf jeden Fall gut anfühlen und neue Ideen bringen.

Bei den ProtagonistInnen ist besonders wichtig, daß die LeiterInnen darauf achten, daß möglichst wenig eigene Interpretationen und Meinungen in die Aufstellung hineingetragen werden. Dies geschieht vor allem durch die Betonung von Mitteilungen über die körperliche Selbstwahrnehmung in bezug auf alle Sinneskanäle. Darüber hinaus betonen wir die Unterschiede im Körperempfinden zwischen den verschiedenen Aufstellungsbildern beim Umstellen stärker als die „absoluten" Werte der Befindlichkeiten. Dieses Vorgehen ist „syntaktischer" und erlaubt eine größere Unabhängigkeit der Rückmeldungen davon, welche Personen gerade als Repräsentanten gewählt wurden.

Diese Überlegungen gelten natürlich auch, nur mit etwas geringerem Gewicht, bei den übrigen RepräsentantInnen.

Wir gehen dabei nach Steve de Shazers Prinzip vor, das aus unserer Sicht ein wichtiger Grundsatz für systemische Arbeit im allgemeinen und für die Förderung der *Unabhängigkeit des Aufstellungsergebnisses von der Wahl der RepräsentantInnen* im besonderen ist:

„Wir können verstehen, was ‚besser' heißt, ohne zu wissen, was ‚gut' heißt."[6]

3. Die Perspektive der anderen RepräsentantInnen

Diese stehen etwas im Schatten der ProtagonistInnen. Auf ihre Wünsche wird nicht immer detailliert Bezug genommen. Es reicht, wenn sie sich neutral bis gut fühlen. Es müssen auch nicht immer alle Rituale, die erforderlich wären, wenn sie selbst für den Klienten oder die Klientin ständen, durchgeführt werden; manchmal reicht es, daß erwähnt wird, welche Prozesse im Prinzip für sie günstig wären. Der Klient bzw. die Klientin kann ja nicht stellvertretend für die anderen Personen seines bzw. ihres Systems handeln, und wenn diese Personen bei der Aufstellung nicht anwesend sind, lassen sich die einschlägigen Teile etwas verkürzen. Damit eine Aufstellung nicht zu lange und damit auch zu langatmig wird, werden nur die wichtigsten Schritte ausgeführt; Vollständigkeit der Darstellung wäre hier als Ziel verfehlt.

6 Steve de Shazer während eines Seminars 1996 am Institut für systemische Ausbildung, Fortbildung und Forschung (SySt) München; nebenbei bemerkt liegt darin nach de Shazer auch die Lösung des Privatsprachenproblems in Wittgensteins Spätwerk.

4. Die Perspektive der LeiterInnen
Da die LeiterInnen nicht zum System der Protagonistin gehören, haben sie einen anderen Blick auf das fremde System und mehr Freiheiten, Veränderungen einzuleiten. Sie können experimentieren und sind durch die möglichen Reaktionen der (meist nicht anwesenden) anderen zum System gehörigen Personen nicht so stark eingeschränkt, obwohl sie diese natürlich mit einbeziehen müssen. (Vgl. dazu die sechste Perspektive!)

5. Die Perspektive der teilnehmenden BeobachterInnen
Teilnehmende BeobachterInnen nehmen einerseits mit Interesse und Einfühlung an dem fremden Schicksal oder der fremden Problemstruktur teil, lassen sich andererseits aber oft an Teilstrukturen eigener Themen während des Aufstellungsprozesses erinnern. Sie entsprechen gewissermaßen den Zuschauern des antiken Theaters. Sie gehen in Resonanz mit dem fremden System und können manchmal die ablaufenden Prozesse auf ihr eigenes System übertragen und damit zu eigenen Lösungen kommen. Außerdem kann ihre mitfühlende Aufmerksamkeit den Aufstellungsprozeß unterstützen, während eine ablehnende Haltung natürlich eine Erschwerung des Prozesses bedeuten könnte.

Betrachten wir nun noch **sieben weitere, externe Perspektiven jeder Aufstellung.** (Diese Perspektiven sind uns bei unserer bisherigen Arbeit mit systemischen Aufstellungen als besonders wichtig erschienen; wir schließen keineswegs aus, daß darüber hinaus noch weitere Gesichtspunkte auftauchen könnten.)

6. Die Perspektive der anwesenden Systemmitglieder
Wie die Klientin ihr Anliegen darstellt, ist auch abhängig davon, was sie gegenüber anwesenden Systemmitgliedern preisgeben will. Ferner muß berücksichtigt werden, wie die Äußerungen der LeiterInnen und der RepräsentantInnen sowie das Lösungsbild auf die anwesenden Systemmitglieder (Familienangehörige, Kollegen …) wirken, da die Klientin mit deren Reaktionen nach der Aufstellung im Alltag fertig werden muß. Hier ist wichtig, als LeiterIn abwertende Äußerungen der Klientin und der RepräsentantInnen in geeigneter Weise wertschätzend zu reformulieren,[7] damit das Aufstellungs-

---

[7] Z. B. statt „So nah halte ich dich nicht aus!" eher „Gib mir bitte mehr Raum!".

ergebnis nicht anschließend zur Wahrung des Gesichts von abgewerteten Systemmitgliedern destabilisiert wird.

7. Die Perspektive der nichtanwesenden Systemmitglieder
BeraterInnen und TherapeutInnen sollten im Interesse der Stabilität der Ergebnisse (und aus allgemeinen ethischen Erwägungen heraus) allparteilich arbeiten. Daraus ergibt sich selbstverständlich, daß die Interessen und Perspektiven von zum System gehörigen Personen, die bei der Aufstellung nicht anwesend sind, bei der Arbeit mit berücksichtigt werden müssen. Bei einer Aufstellung sind in der Regel nur die KlientInnen selbst anwesend, nicht aber die übrigen Familienmitglieder bzw. MitarbeiterInnen der entsprechenden Organisation. Die Lösung ist jedoch für alle intendiert. Die LeiterInnen müssen mit bedenken, wie das Erlebte von den KlientInnen an ihr Umfeld weitergegeben wird.

Dies geschieht unter anderem durch Fragen, wie sich diese Situation aus der Sicht der anderen Personen darstellen würde, durch Vorschläge über mögliche Auswirkungen veränderter Haltungen auf die Umwelt und dadurch, daß bei Aufstellungen nicht die Position eines Systemelements auf Kosten der anderen verbessert werden sollte.

Wird diese Perspektive nicht ausreichend beachtet, werden die Reaktionen der anderen Systemmitglieder auf die Veränderungen bei den KlientInnen nach der Aufstellung das Ergebnis möglicherweise destabilisieren. Die KlientInnen selbst werden sich zwar möglicherweise befreit fühlen und auch neue Ideen haben, werden dann aber von ihrem Umfeld an der Umsetzung der Änderungsprozesse gehindert.

Deswegen sollten die LeiterInnen den KlientInnen nahelegen, sich zur Berücksichtigung dieser Perspektive etwa folgende Fragen zu stellen:

Wie kann das in der Aufstellung Erfahrene in den Alltag integriert werden?

Wie werden meine Familienmitglieder (PartnerIn, ArbeitskollegInnen, FreundInnen) auf die Veränderung meiner Haltung (meines Verhaltens) reagieren?

Wie werde ich auf diese Reaktionen der Umwelt reagieren?

Welche zusätzlichen Veränderungen von Haltung und Verhalten werden dadurch unter Umständen erforderlich?

Bei wem ist es angemessen, über die Aufstellung zu schweigen, bei wem ist es möglich, angemessen oder besser, über sie Mitteilungen zu machen?

Wenn Mitteilungen angebracht sind: In welcher Form und in welcher Haltung sollten diese Mitteilungen erfolgen?

8. Die Perspektive der intendierten AdressatInnen von Berichten

Intendierte AdressatInnen können etwa bei einer Organisationsaufstellung die AuftraggeberInnen sein. Wenn z. B. ein Vorgesetzter aus einer Firma für ein Projektteam eine Aufstellung veranlaßte, erwartet er natürlich in der Regel einen Bericht der aufstellenden Teammitglieder über die Ergebnisse und Auswirkungen der Aufstellung. Obwohl er selber also nicht zum aufgestellten System gehört und selber nicht an der Aufstellung teilnahm, muß seine Perspektive bei der Arbeit berücksichtigt werden. Es dient auch dem Schutz der an der Aufstellung teilnehmenden Teammitglieder, wenn die LeiterInnen der Aufstellung mit ihnen auch daran arbeiten, wie ein geeigneter Bericht an den Auftraggeber der Aufstellung entstehen sollte.

In ähnlicher Weise ist bei einer Körperaufstellung oder einer Familienaufstellung die Perspektive des überweisenden Arztes einzubeziehen. Bei einer Ursprungsfamilienaufstellung ist die Auswirkung und die Sichtweise von PartnerInnen der KlientInnen zu berücksichtigen, bei einer Gegenwartsfamilienaufstellung kann die Perspektive bestimmter Geschwister oder anderer Ursprungsfamilienmitglieder, die sich eine Verbesserung ihrer Situation durch die Aufstellung erhoffen, relevant sein. (Geschwister sind natürlich Systemmitglieder für die Ursprungsfamilie, aber nicht für die Gegenwartsfamilie, und für unsere PartnerInnen gilt das Umgekehrte.)

Für all diese Beispiele intendierter AdressatInnen von Berichten gilt, daß ihre Reaktionen auf Veränderungen bezüglich Haltung und Verhalten des Klienten bzw. der Klientin sowie auf inhaltliche

Rückmeldungen über die Aufstellung vom Leiter der Aufstellung berücksichtigt werden müssen. Hierfür eignen sich folgende Fragen:

Was werden Sie Herrn (Frau) ... über die Aufstellung erzählen?

Wie wird er (sie) vermutlich darauf reagieren?

Was erhofft sich Herr (Frau) ... von der Aufstellung?

Wie reagieren Sie voraussichtlich auf diese Reaktionen Ihrer Umwelt auf Ihren Bericht?

Wie werden Sie unter Berücksichtigung dieser von Ihnen erwarteten Reaktionen Ihren Bericht umformulieren?

Welche Bedingungen könnten die Wirkungen Ihres Berichts günstiger gestalten?

Welchen Einfluß haben Sie auf diese Bedingungen?

9. Die Perspektive der nichtintendierten AdressatInnen von Berichten

Hierunter fallen alle Personen, die von der Aufstellung hören, ohne daß dies beabsichtigt oder auch nur einplanbar wäre. Da diese Personen jedoch auch Reaktionen zeigen werden, gilt es, auch sie zu berücksichtigen, um die Aufstellung vor ungünstigen Einflüssen zu bewahren. Stellen Sie sich als LeiterIn also folgende Fragen nach jeder Aufstellung:

Wer könnte von dieser Aufstellung hören?

Wie sehen voraussichtlich dessen bzw. deren Reaktionen auf das Gehörte aus?

Wie wird der Klient (die Klientin) darauf reagieren?

Kann er (kann sie) mit den Reaktionen der Umwelt umgehen?

10. Die Perspektive der reflektierenden BeobachterInnen
Im Gegensatz zu den teilnehmenden BeobachterInnen behalten diese eine Außenperspektive. Sie können der Aufstellung gegenüber wohlwollend oder kritisch eingestellt sein und diese entsprechend verschieden wahrnehmen. Ihr primäres Interesse ist das methodische und theoretische Verständnis des Aufstellungsprozesses. Im Theater entsprächen sie den Kritikern und Theaterwissenschaftlern. Versäumen wir z. B. bei der Wahl der Terminologie, mit der wir über Aufstellungen sprechen, diese Perspektive zu berücksichtigen, entstehen seltsame Fehldeutungen und Legenden bezüglich der Aufstellungsmethode.

11. Die Perspektive der ablehnenden und desinteressierten Anwesenden
sollte berücksichtigt werden, indem typische Kritikformen als konstruktive Beiträge zur Verbesserung der Methodik vorweggenommen und genutzt werden und bei anwesenden Desinteressierten auf jede Form der Aufforderung (falls möglich, explizit) verzichtet wird. Da abwertende Bemerkungen von BeobachterInnen für die KlientInnen den Aufstellungsprozeß empfindlich stören können, werden LeiterInnen in solchen Fällen sofort intervenieren. Um derartige Bemerkungen unwahrscheinlicher werden zu lassen, ist es wichtig, daß nach Möglichkeit auch ablehnende BeobachterInnen sich wertgeschätzt fühlen können. Daher ist es zu Beginn der Aufstellung günstig, etwa durch lösungsfokussierte Fragen eine entsprechende Haltung unter den Anwesenden zu fördern.

Schließlich können wir sogar für

12. Die Perspektive der ablehnenden Dritten
einiges an Sinnvollem tun, indem wir darauf achten, daß wir die theoretische und methodologische Terminologie der systemischen Aufstellungsarbeit so gestalten, daß sie für andere therapeutische Richtungen, Beratungsformen und Weltbilder möglichst anschlußfähig ist; daß potentiell nützliche Gemeinsamkeiten in den Vordergrund treten und provokative Herausforderungen den essentiellen Thesen dienen, anstatt stilistische Interventionsmerkmale überzubetonen. (Aufgrund derartiger Überlegungen verwenden wir z. B. anstelle von den bei der systemischen Familienaufstellungsarbeit

üblichen Begriffen „fremde Gefühle", „Ordnung, „Vorrang" und „Identifikation" für die Systemischen Strukturaufstellungen vorzugsweise die Termini „repräsentierende Wahrnehmung", „Struktur", „Präferenz" und „partielle Musterrepräsentation".)

Betrachten wir nun als Abschluß dieses kleinen Exkurses über die Perspektiven noch ...

... einige weitere Fragen, die LeiterInnen einer Aufstellung den KlientInnen schon zu Beginn der Aufstellung stellen können, um das Ergebnis der Aufstellung zu stabilisieren.

Das Lösungsbild einer Aufstellung ist nicht das Ende der Aufstellung, sondern der Beginn der Umsetzung der neu gewonnenen Erfahrung. Daher ist es angemessen, von Anfang an die Konsequenzen und Auswirkungen des möglichen Erfolgs der Aufstellungsarbeit mit einzubeziehen. Es hat sich bei uns als günstig erwiesen, schon vor Beginn der Aufstellung Fragen wie etwa die folgenden zu stellen:

Angenommen, die Aufstellung ist erfolgreich, woran merken Sie dies, wenn Sie wieder daheim sind?

Was machen Sie dann anders?

Wie werden Ihre Angehörigen auf die Veränderungen nach der Aufstellung vermutlich reagieren?

Welche Reaktionen zeigen Ihre Kollegen und Kolleginnen am Arbeitsplatz?

Wie werden Sie mit diesen Reaktionen umgehen?

(Vgl. dazu auch die sechste Perspektive oben!) Die Beantwortung dieser Fragen baut eventuellen Schwierigkeiten bei der Umsetzung der neu gewonnenen Erfahrung vor.

II.5 DIE AUFSTELLUNG DES AUSGEBLENDETEN THEMAS

Wie Sie bemerkt haben werden, ist eine Problemaufstellung eine recht umfangreiche Angelegenheit. Wenn Ihnen nur kürzere Zeit zur Verfügung steht, können Sie die **Aufstellung des ausgeblendeten Themas**[8] verwenden. Für diese brauchen Sie nur drei Teile:

1. den „Fokus", d. h. denjenigen, der das Anliegen hat,
2. das „offizielle Thema", also das Thema, das Sie gerne bearbeiten möchten,
3. das „ausgeblendete Thema" oder „etwas, worum es dabei eigentlich auch noch geht".

Wie Sie vielleicht bereits gemerkt haben, weist auch die Problemaufstellung auf Ausgeblendetes hin, z. B.

- die ausgeblendeten Hindernisse, die wir bislang zwar zu spüren bekamen, etwa im Widerstand bei den Mitarbeitern, die wir jedoch nicht genau lokalisieren konnten,
- den verdeckten Gewinn, der meist gänzlich unbekannt ist und den wir nur in Form der Schwierigkeit, unser Problem zu lösen, wahrnehmen,
- die künftige Aufgabe, an die, solange das Ziel noch nicht erreicht ist, oft gar nicht gedacht wird.

Die Problemaufstellung enthält daher gewissermaßen drei Aufstellungen des ausgeblendeten Themas. Häufig reicht jedoch für eine Lösung bereits das Auftauchen eines dieser drei Themen, da meist nicht alle drei gleich stark ausgeblendet sind.

Im folgenden können Sie nun noch ein kleines Experiment mit einer Aufstellung des ausgeblendeten Themas machen.

---

8 In früheren Publikationen nannten wir diese Aufstellungsart „Aufstellung des eigentlichen Themas". Da aber aus unserer und aus systemischer Sicht das ausgeblendete Thema nicht „wesentlicher" oder „tiefer" sein *muß* als das offizielle Thema, im Gegensatz zu gewissen tiefenpsychologischen Annahmen, und da das Wort „eigentlich" eine hierarchische Überordnung des eigentlichen Themas gegenüber dem offiziellen Thema nahelegen könnte, wechselten wir die Terminologie. Wir betonten diese nichthierarchische Auffassung schon damals durch die Formulierung: „etwas, um das es hier eigentlich auch noch geht (und das bisher nicht oder nur unzureichend berücksichtigt wurde)" für das „eigentliche" bzw. „ausgeblendete" Thema.

Mein Fokus: Ich/Wir als
....
....
....

Wählen Sie nun ein eigenes Anliegen aus, und notieren Sie sich dieses hier.

Mein offizielles Thema:
....
....
....

Das ausgeblendete Thema:

....
....
....

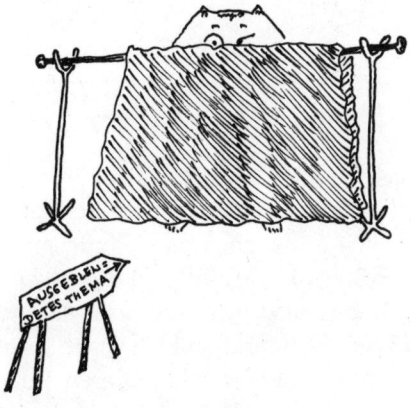

Wählen Sie nun für alle drei Teile Plätze im Raum. Sie machen das am besten so, daß Sie zunächst sich selbst als Ihr Fokus im Raum bewegen und an dem Platz stehenbleiben, an dem es sich für Sie stimmig anfühlt. Markieren Sie sich diesen Platz und die Richtung, in die Sie blicken, mit einem Gegenstand (z. B. einem Paar Schuhe). Danach versetzen Sie sich in Ihr gewähltes offizielles Thema und suchen auf die gleiche Weise einen neuen Platz, den Sie wieder mit einem Gegenstand markieren. Für das ausgeblendete Thema verfahren Sie auf die gleiche Weise. Sie haben nun alle drei Teile aufgestellt. Im Raum sind jetzt drei markierte Plätze. Stellen Sie sich der Reihe nach auf jeden dieser drei Plätze, und notieren Sie sich die Körperempfindungen und Gefühle, die Sie an jedem dieser drei verschiedenen Plätze hatten:

Fokus:

....
....
....

Offizielles Thema:

....
....
....

Ausgeblendetes Thema:

....
....
....

Wahrscheinlich geht es allen drei Teilen zunächst nicht optimal. Es gibt jedoch verschiedene Interventionsformen, mit denen Sie dies erreichen können. Wir unterscheiden Stellungsarbeit, Prozeßarbeit und Tests.[9] Bei der **Stellungsarbeit** geht es um das Umstellen und Dazustellen von Teilen, also um räumliche Anordnungsveränderungen mit dem Ziel der Befindlichkeitsverbesserung bei den Teilen. Die **Prozeßarbeit**[10] umfaßt alle anderen Interventionen, die anschließend die vorhergehende Anordnung als verbessert erleben lassen. **Tests** sind Veränderungen mit dem Ziel der Verdeutlichung einer vermuteten Dynamik (Veränderungstendenz) und dienen nicht unmittelbar der Befindlichkeitsverbesserung.

Aufstellungen sind ein praktisches Instrument zur Hypothesenüberprüfung. In Aufstellungen können Problemsituationen simuliert werden, für die Sie verschiedene Lösungen testen wollen.

Gehen wir nun zurück zu Ihrer Aufstellung. Stellen Sie als nächstes Ihre Teile so um, daß sie Blickkontakt zueinander haben, und prüfen Sie nach, wie sich die einzelnen Teile jetzt fühlen, indem Sie wieder an die einzelnen Plätze treten.

Beantworten Sie jetzt folgende Fragen:

– *Was hat sich geändert?*

....
....
....

9 Ausführlicheres dazu siehe auch im Anhang VIII.6 und in Sparrer (1999a).
10 Statt „Prozeßarbeit" kann auch „Arbeit mit Energie" oder „mit Information" gesagt werden, je nachdem, welchen Aspekt man metaphorisch betonen möchte. „Prozeß", „Energie" und „Information" werden hier in bezug auf ihre Funktion in Aufstellungen synonym verwendet (Information hier im Sinne von „Wie-Wissen", nicht im üblichen Sinne eines „Was-Wissens").

– *Fehlt noch ein Teil?*

(Hat die letztgenannte Frage eine positive Antwort, so stellen Sie noch einen Teil mit dem Namen „Das, was fehlt" dazu und markieren seinen Platz mit einem Gegenstand. Prüfen Sie, was sich jetzt ändert.)

Beantworten Sie nun folgende Fragen:

– *Fühlt sich ein Teil nicht gesehen, nicht gewürdigt?*

....
....
....

– *Gibt es Veränderungsimpulse bei einzelnen Teilen?*

....
....
....

– *Gibt es noch weitere Wünsche bei einzelnen Teilen?*

....
....
....

Wenn Teile außer **Kontakt** sind und die Herstellung von Blickkontakt allein noch nicht genügt, können Sie den einen der Teile zum anderen Sätze sagen lassen wie:

„*Ich sehe dich.*"
„*Erst jetzt beginne ich dich zu sehen.*"
„*Ich achte dich.*"
„*Ich beziehe dich jetzt ein und gebe dir einen Platz.*"

Den Veränderungsimpulsen und Wünschen der Teile können Sie nachkommen; aber prüfen Sie jeweils, ob dies wirklich zu einer Verbesserung führt.

Manchmal versucht ein Teil, für einen anderen etwas zu tragen, was aber eigentlich diesem ganz zukommt. In solchen Fällen machen wir ein **Rückgaberitual**. Wir symbolisieren durch einen Gegenstand das, was zurückzugeben ist, und lassen diesen symbolischen Gegenstand an den als eigentlichen Eigentümer der Belastung vermuteten Teil zurückgeben mit den Worten:

> *„Ich habe das lange für dich getragen. Aber es gehört nicht zu mir. Es ist das Deine, und das lasse ich jetzt ganz bei dir."*

Dabei legt dieser Teil das Symbol vor die Füße des Eigentümers und geht wieder an seinen Platz. Der Eigentümer hebt das Symbol auf und drückt es an seine Brust. Häufig fühlt er sich anschließend besser oder erleichtert, oder er berichtet immerhin, daß es so zwar schwer, aber irgendwie doch besser und stimmiger sei. (Wir nehmen diese Reaktion der RepräsentantInnen als Hinweis, daß die Last symbolisch an eine angemessene Stelle zurückgegeben wurde.) Sobald der andere Teil dies sieht, kann er die Last leichter beim Eigentümer lassen.

Vielleicht sind Ihnen inzwischen einige neue Einfälle gekommen zu Ihrem Anliegen. Notieren Sie sich diese hier:
....
....
....

Sie können die Aufstellung beenden, wenn sich alle Teile neutral bis gut fühlen. Dieses Anordnungsbild nennen wir ein **Lösungsbild**. Dabei ist zu beachten, daß natürlich zum Lösungsbild auch der Weg dorthin dazugehört, also die Rituale (Sätze, Symbolhandlungen) und Umstellungen. Teile der Wellenbewegung und nicht *nur* das im Sand erzeugte Muster sind für die Lösung von Wichtigkeit.

Der Prozeß zum Lösungsbild gibt den Impuls für die Dynamik für die Veränderung danach. Das Lösungsbild ist also nie ein Endbild, sondern immer der **Beginn von etwas Neuem**. Die Handlungsimpulse müssen sich dann in der realen Situation bewähren.

II.6 Von der Wichtigkeit des Entrollens in der Systemischen Strukturaufstellungsarbeit

Die Einrollung einer Person in die Repräsentantenrolle geschieht bei den Systemischen Strukturaufstellungen durch das Wort, nämlich die Nennung der Rollenbezeichnung. Im allgemeinen verhalten sich die Personen nach diesem Akt bereits als die Repräsentanten des fremden Systems. Das Aufstellen unterstreicht diesen Prozeß nochmals, das heißt, die Repräsentantenfunktion wird noch deutlicher.

Um den Übergang von der Repräsentantenrolle zur eigenen Person zu erleichtern, empfehlen wir ein kurzes Ritual des Entrollens. Bert Hellinger betonte einmal die Möglichkeit und Kostbarkeit einer Lernerfahrung während der Aufstellung und daß er daher kein explizites Entrollungsritual durchführe. Er wies sogar darauf hin, daß der Prozeß in der fremden Rolle auch im Alltag noch fortgeführt werden soll und der ursprüngliche Repräsentant eine Gelegenheit für eine Lernmöglichkeit erhält.

Da uns jedoch das Risiko einer Vermischung der eigenen Rolle mit der Rolle aus einem fremden System (und der möglicherweise daraus resultierenden Verwirrungen) zu groß erscheint, betonen wir in unseren Seminaren – eher so, wie dies beim Psychodrama und in der Satirschen Arbeit geschieht – das explizite Ablegen einer Rolle und die bewußte Wiederannahme der eigenen Identität.

Die Ausführlichkeit der Entrollung muß dabei zunehmen, je länger oder intensiver die Aufstellung war. (Die oft extreme Kürze von Aufstellungen bei Hellinger erlaubt daher natürlich auch eine geringere Betonung des Entrollungsprozesses.) Natürlich können und sollen ressourcenreiche Aspekte und geeignete Lernerfahrungen aus der Aufstellung von den Repräsentanten weiter genutzt werden, und wir ermutigen dazu auch oft explizit.

Als Entrollungsrituale schlagen wir vor:
- innerlich zu sich zu sagen „Ich bin jetzt wieder ..."
- daß der Aufstellende sagt, daß er den Repräsentanten aus seiner Rolle entläßt, was wir jedoch im Gegensatz etwa zu psychodramatischen Entrollungsformen meist nur sehr knapp und simultan für alle RepräsentantInnen gleichzeitig vornehmen lassen, um die KlientInnen nicht zu sehr vom Verweilen in der Nachwirkung des Lösungsbildes abzulenken.
- kurzes Aufstampfen mit den Füßen und Abschütteln der Rolle.
- das Gesicht, Ellenbogen und Hände mit Wasser benetzen,
- gegebenenfalls mehrfach kalt zu duschen (falls daheim immer noch Reste der Repräsentantenrolle vorhanden sind); wir haben dies meist nur bei sehr schweren Rollen (z. B. Euthana-

sieopfern) oder extrem langen Aufstellungen (z. B. vielstündigen historischen oder politischen Aufstellungen) verwendet.

Nicht nur Repräsentanten müssen sich entrollen, auch Gegenstände, die als Symbole verwendet wurden, sollten „entrollt", d. h. hier: explizit umdeklariert werden. Dies kann z. B. geschehen durch kürzes Schütteln des Gegenstandes, begleitet von den Worten: „Dies ist jetzt wieder ein ganz normaler Gegenstand (Stein, Stuhl ...)."

Sowohl das Ein- wie auch das Entrollen geschieht durch Worte. Hier haben die Worte gewissermaßen eine realitätskonstituierende Funktion. Über das Wort wird aus einer Vorstellung vorübergehend eine Wirklichkeit, die von allen Anwesenden erlebt und bestätigt wird. Wie stark solche Einrollungen wirken können, zeigt etwa folgendes Beispiel.

In einer Aufstellung symbolisierte ein Kissen eine schwere Last und Schuld eines Urgroßvaters, die über die Generationen zurückgegeben wurde. Nach der Aufstellung wurde das Kissen achtlos auf einen Stuhl gelegt. Als sich eine Teilnehmerin ahnungslos auf diesen Stuhl setzte, kippte dieser mit ihr um. Wir „entrollten" daraufhin sofort das Kissen. Die menschliche Fähigkeit zur assoziativen Symbolbildung darf eben keinesfalls unterschätzt werden!

Teil III: Über den kreativen Umgang mit Gegensätzen: Die Tetralemmaaufstellung

III.1 Schubkastendenken, Querdenken und das Tetralemma

Schubkastendenken ist die gängige Form der Auseinandersetzung mit Aufgaben und Problemen, die uns seit langem bekannt sind. Wir vergleichen es hier mit dem Querdenken. Das **Querdenken** beruht ja gerade im Ausscheren aus einem erwarteten oder gewohnten Denk- und Verhaltensmuster, während das **Schubkastendenken** darin besteht, daß wir bei Fragen und Aufgaben, die sich uns stellen, nahezu automatisch in eine bestimmte Lade greifen, in der wir eine Standardreaktion parat haben.

Die Reaktionsweise des Schubkastendenkens ist an sich häufig sehr sinnvoll. Es handelt sich um eine Form der Komplexitätsreduktion, die uns für Alltagszwecke handlungsfähiger macht. Es geht also nicht darum, das Schubkastendenken an sich zu disqualifizieren. Sowohl die Bezeichnung „Querdenken" als auch die Bezeichnung „Schubkastendenken" hat häufig einen negativen Beigeschmack. Wir wollen hier beide Begriffe systemisch würzen, so daß sie schmackhafter und bekömmlicher werden und deutlicher wird, wie beide, systemisch gesehen, jeweils an ihrem Platz wertvolle Ressourcen darstellen. Anschließend werden wir uns mit dem Tetralemma als einem Schema zur Veränderung von Denkhaltungen befassen.

III.1.1 Schubkastendenken und Querdenken

Betrachten wir also Schubkastendenken und Querdenken als Ressourcen für unterschiedliche Anwendungsfälle. Wir können diese beiden Haltungen dann etwa so auf neue Weise verstehen und besser wertschätzen:

Schubkastendenken ist die Fähigkeit, sich in komplexen und in sich wiederholenden Situationen erhöhte Handlungsfähigkeit zu verschaffen, indem die relevanten Züge einer Situation mit dazu analogen Zügen vertrauter und gut bewältigter anderer Situationen verglichen werden und aufgrund einer schematischen Ähnlichkeit der Erfordernisse die Lösungen von einem Bereich auf den anderen übertragen werden.

Querdenken ist die Fähigkeit, in neuen und ungewohnten Situationen nicht einfach schematisch nach alten Mustern zu reagieren, sondern die spezifischen Züge und Chancen der neuen Situation zu erfassen und in origineller Weise zu nutzen, ohne sich vom Erwartungsdruck der Umgebung in alte Reaktionsweisen zurückzwingen zu lassen.

Erfolgreiches Querdenken führt also zu neuen schematischen Einsichten, zu neuen Formen des Schubkastendenkens.
Dagegen benötigt das Schubkastendenken normalerweise eine Krise, um den Wert des Querdenkens wiederentdecken zu können.

III.1.2 Eine querdenkerische Lobrede auf das Schubkastendenken – letzte Gelegenheit, eh' Sie es im folgenden vielleicht partiell verlernen

Ein guter Querdenker schätzt das Schubkastendenken als die künftige Möglichkeit, die neuen Werte, Einsichten und Handlungsoptionen, die durch erfolgreiches kreatives Querdenken erschlossen werden, zu bewahren, und als das Mittel, durch das er Zugang zu den Mustern erfolgreicher vergangener Problemlösungen hat, auch wenn er viele dieser Muster in der gegenwärtigen Situation für unanwendbar hält.
Der Querdenker weiß, daß die alten Formen, sowie er neue Formen erfolgreich eingeführt hat, nicht mehr zu den erwarteten Mustern gehören müssen und daher die Optionen künftiger Querdenker darstellen werden. So können ja auch in der Generationenfolge in einer Generation Kinder sich von ihren Eltern durch ungepflegtes Äußeres zu unterscheiden bemühen, um dann von ihren eigenen Kindern vielleicht durch besonders gepflegte Kleidungswahl schockiert zu werden.

Querdenker schätzen also das **schematische Denken**, wie eine freundlichere Bezeichnung des Schubkastendenkens lauten könnte, als wichtigen Bestandteil komplexerer Prozesse. Schubkastendenker haben es dagegen schwerer, den Wert des Querdenkens in Erinnerung zu behalten, obwohl die Schemata, mit denen sie vorgehen – sozusagen der Bauplan ihrer Schubkästen – aus den Bemühungen früherer Querdenker hervorgegangen sind. Das schematische Denken erweist sich sowieso immer wieder für viele Situationen als nützlich, lebensnotwendig und unvermeidlich. Wir betonen daher in diesem Text den Wert des Querdenkens deutlicher, da unsere inneren und äußeren Querdenker einer solchen vermehrten Wertschätzung dringender bedürfen.

III.1.3 Das Tetralemma und seine Negation

Das **Tetralemma** (Sanskrit: *čatuškoṭi*; „vier Ecken" im Sinne von vier Positionen oder Standpunkten) ist eine Struktur aus der traditionellen indischen Logik zur Kategorisierung von Haltungen und Standpunkten. Sie wurde im Rechtswesen verwendet zur Kategorisierung der möglichen Standpunkte, die ein Richter zu einem Streitfall zwischen zwei Parteien einnehmen kann. Er kann der einen Partei recht geben oder der anderen Partei oder beiden (jeder hat recht) oder keiner von beiden. Diese vier Positionen wurden von den buddhistischen Logikern, ausgehend vom Madhyamika-Buddhismus des Nagarjuna, um die Negation des Tetralemmas (die sogenannte **vierfache Negation**) erweitert. Keine Sorge – Sie werden jetzt nicht mit den Details einer fremdartigen, alten Logikform überschüttet. Wir werden Ihnen vielmehr die Grundprinzipien in einer Form darlegen, in der Sie dieses Schema unmittelbar für Ihre Problemlösungsprozesse einzusetzen lernen.

Das Tetralemma ist ein außerordentlich kraftvolles allgemeines Schema zur Überwindung jeder Erstarrung im schematischen Denken. Es stellt also eine Synthese von schematischem und querem Denken auf höherer Ebene dar. Bekommen Sie etwas mehr Appetit darauf? Dann lassen Sie sich eine Kostprobe davon servieren!

Nehmen Sie an, Sie hätten eine klare Vorstellung davon, was bei einer schwierigen Frage, um die es für Sie ging, eigentlich die richtige Handlung gewesen wäre, und sind überzeugt, daß Sie damals einen Fehler gemacht haben. Nennen Sie nun die Haltung, den Wert, den Sie für das Richtige halten, **das Eine**, und den Gegenpol, den Sie als einen Fehler sehen, **das Andere**. Sie haben damit die beiden ersten Ecken eines Tetralemmas aufgestellt. Häufig beschränken wir unsere Betrachtungen auf einen derartigen Gegensatz. Das Tetralemma als Querdenkerprinzip erinnert uns daran, daß wir dabei dazu tendieren, mehrere andere mögliche Positionen zu übersehen. Um welche Positionen handelt es sich dabei?

Betrachten Sie dazu auf der folgenden Seite die schematische Darstellung des Tetralemmas und seiner Negation (in der Deutung, die wir hier dieser alten Form gegeben haben), auf die Sie auch im folgenden Teil noch mehrfach zurückgreifen sollten. (Nach der Überwindung des ersten Schocks bei der Betrachtung lesen Sie bitte hier weiter!)

Betrachten Sie nun die dritte Position des Tetralemmas, die wir **Beides** nennen. Wie sieht der Gegensatz der beiden ersten Positionen, **des Einen** und **des Anderen**, von hier aus gesehen aus?

Wenn es Ihnen gelingt, diese Position einzunehmen, werden Sie beispielsweise entdecken, daß die Handlungsweise, die Sie jetzt als Fehler ansehen, zu einer Fülle von wichtigen Einsichten, Lernprozessen und Erfahrungen durch Konfrontation mit Schwierigkeiten, die aus dem Fehler entstanden, geführt hat. Es kann auch sein, daß Sie die Loyalitäten entdecken, die unbewußte Treue zu Personen oder Bedingungen, denen Sie viel verdanken. Beides weist hin auf die bislang übersehenen Vereinbarkeiten der Positionen **des Einen** und **des Anderen**.

Wird also der Fehler *bloß* als Fehler gesehen, werden all diese positiven Aspekte **des Anderen** übersehen: Wäre das nicht ein großer künftiger Verlust? Die Querdenkerübung, die in der Einnahme der dritten Position **Beides** des Tetralemmas besteht, schützt uns vor diesem Verlust. Sie werden im folgenden zehn verschiedene Untertypen dieser dritten Position kennenlernen: **1. Kompromisse; 2. Iterationen; 3. Scheingegensätze; 4. Thesenverschiebungen; 5. paradoxe Verbindungen; 6. Prämissenverschiebungen (bzw. Präsuppositionenverschiebungen; bzw. Haltungsänderungen) 7. Absorptionen; 8. „die Kraft des Nichtgewählten in das Gewählte einfließen lassen"; 9.** die „klassischen" **übersummativen Verbindungen** und schließlich **10. Mehrdeutigkeit.** Diese Untertypen der dritten Position schließen sich gegenseitig nicht aus; ein Beispiel für

Das Tetralemma und seine Negation

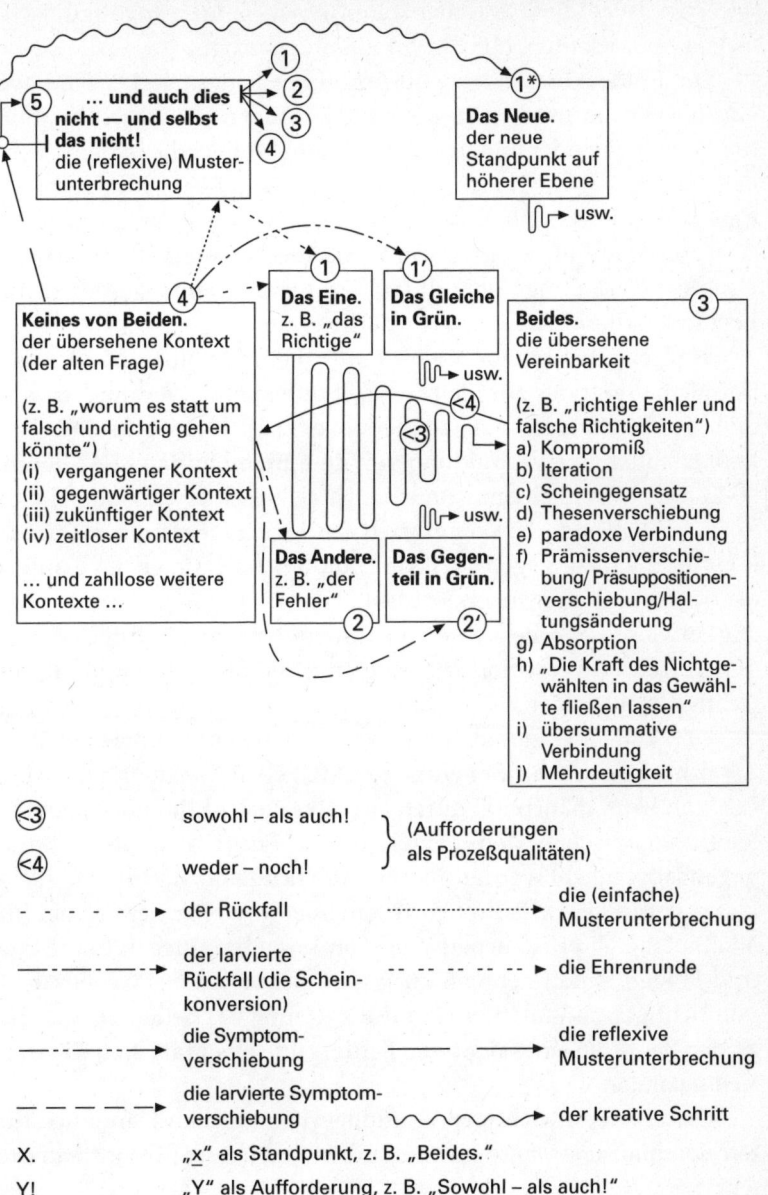

Beides gehört häufig zu mehreren Untertypen zugleich. Betrachten wir kurz, was diese Möglichkeiten etwa für den Richtig-falsch-Gegensatz bedeuten, den Sie gerade untersuchen.

Die Entdeckung eines **Kompromisses** bedeutet, daß Sie etwa eine Idee bekommen, wie Sie in einer künftigen ähnlichen Situation die Loyalitäten oder andere achtenswerte Motive, die in dem „Fehler" zum Ausdruck kamen, mit den Vorzügen der richtigen Handlung verbinden könnten, indem beiden nebeneinander, gleichzeitig oder abwechselnd,[1] ein gewisser Raum gegeben wird. Bei der Abwägung der Verteilung von Zeit für Beruf und Familie werden dritte Positionen dieser Art stets erforderlich sein.

Während bei einem Kompromiß **das Eine** und **das Andere** räumlich und/oder zur gleichen Zeit miteinander verbunden werden, ist die **Iteration** eine sequentielle, zeitlich abwechselnde, oft kontextabhängige Verbindung von **dem Einen** und **dem Anderen**. So könnte eine in einem Kontext sich als falsch erweisende Handlung in einem anderen Kontext sich als die richtige erweisen. Ebenso könnte eine dazu gegensätzliche Handlung sich im ersten Kontext als richtig und im zweiten Kontext als falsch (im Sinne von ungünstig) erweisen. Solche Kontexte könnten Beruf und Familie sein, in denen sich abwechselnd die eine und die andere Handlung als richtige Wahl zeigen.

Es könnte aber gerade in dem zuletzt genannten Beispiel auch die dritte Position als **Scheingegensatz** geben. Genauer: Die dritte Position kann manchmal durch eine **Rekonstruktion** des alten Dilemmas (zwischen den beiden ersten Positionen) **als Scheingegensatz** erreicht werden. Dies würde bedeuten, daß Sie Möglichkeiten entdecken, z. B. Ihre Partnerin oder Ihren Partner in einer für alle Beteiligten erfreulichen Weise an Ihren beruflichen Interessen und Fragen Anteil nehmen zu lassen. Bezüglich des Gegensatzes von richtiger und falscher Handlung könnte das bedeuten, daß Sie zu den Begriffen eines **richtigen Fehlers** und einer **falschen Richtigkeit** gelangen.

Diese beiden wichtigen Grundbegriffe aus dem Handbuch für tetralemmatische Querdenker erlauben Ihnen ressourcenorientierte

---

1 Beim Kompromiß steht die Verteilung des „Raums", den die beiden Seiten beanspruchen, im Vordergrund, der zeitliche Aspekt ist im Verhältnis dazu sekundär (im Gegensatz zur Iteration).

Neubewertungen Ihrer vergangenen Verhaltensweisen. Gelingt es, einen Fehler als **richtigen Fehler** zu sehen, so hören wir keineswegs auf, ihn wirklich als Fehler zu sehen; aber wir hadern nicht mehr länger mit unserem vergangenen Verhalten, sondern nutzen die Optionen, die sich uns gerade durch den Fehler, und vielleicht nur durch ihn, erschlossen haben. Ein wichtiger Querdenkergrundsatz dazu ist:

Die Vergangenheit steht nicht fest. Was sie für uns bedeutet, hängt davon ab, wie wir mit den Bewertungen vergangenen Verhaltens umgehen.

Falsche Richtigkeiten sind für uns dann diejenigen Handlungen, die zwar übereinstimmten mit unseren Prinzipien und Werten und erfolgreich waren, aber Lernprozesse behinderten, indem wir allzu starr an alten Mustern festhielten.

Wenn wir aufgrund der Einsicht, daß unser Verhalten auch von richtigen Fehlern und von falschen Richtigkeiten geprägt ist, weiterdenken, gelangen wir zu einem neuen Verständnis der Begriffe *falsch* und *richtig*. Wir sehen dann vielleicht, daß die Haltung der ständigen Bewertung und Beurteilung unserer Handlungen selbst schon wieder ein Hindernis höherer Art geworden sein kann.

Eine derartige veränderte Haltung zur Beurteilung von Handlungen kann als eine Form der **paradoxen Verbindung** der Pole des alten Gegensatzes angesehen werden, also als die fünfte[2] der im Schema aufgeführten Arten, die Position **Beides** aufzufassen.

Häufig verändern wir auch unsere Ursprungshypothese beim Übergang vom **Einen** zum **Anderen**, etwa beim Übergang von der These „Bewährtes muß bewahrt werden, nichts darf verändert werden" zu der These „Nur wenn wir die Firma den neuen Bedingungen anpassen und sie laufend verändern, können wir Bewährtes bewahren" (**Thesenverschiebung**). Das in der Vergangenheit richtige kann nur beibehalten werden, wenn es ständig den neuen Bedingungen angepaßt wird. Bei dieser Form von **Beides** (der vierten des Schemas) werden also die ursprünglichen Formulierungen und Inhalte der beiden ersten Positionen modifiziert.

In vielen Fällen erhalten wir bei **Beides** auch so etwas wie eine **übersummative Verbindung** aus den Polen **das Eine** und **das An-**

---

[2] Die vierte Art von **Beides** wird gleich nachgeholt!

dere. Aus der obengenannten neuen These kann sich eine ganz neue Qualität entwickeln, die weder im „Bewahren des Bewährten" noch im „Ständig-nur-Verändern" enthalten ist, sondern aus der Interaktion beider Pole entsteht. Denken Sie auch an Handlungen, die Sie zuvor als richtig oder falsch eingestuft haben und die zusammen genommen ein neues Muster bilden mit neuen Möglichkeiten, die in den ursprünglichen Handlungen nicht zu finden waren. Auf diese Weise können Sie gedanklich eine Form von **Beides** bilden, die über die Alternativen zuvor hinausgeht. Diese neunte Form von **Beides**, die **übersummative Verbindung**, ist die gängigste Vorstellung von der **Synthese** als Ganzem, das mehr als seine Teile ist, wie etwa eine Gestalt nicht eine einfache Summe von Vordergrund und Hintergrund ist, ein echter Dialog keine Summe kürzerer Monologe – und ein Kind nicht einfach die Summe seiner Eltern.

Nicht selten sind es die Prämissen, die wir verändern müssen, um zu einer Form von **Beides** zu gelangen (**Prämissenverschiebung**). Dies ist etwa dann der Fall, wenn wir die Art und Weise, wie wir etwas machen, verändern. Die zuvor als richtig eingestufte Alternative kann mit einer neuen Haltung versehen werden, in der Anteile von dem zuvor als falsch Eingestuften enthalten sind. Denken Sie z. B. an eine „familiäre" Haltung (im Sinne einer vertrauensvollen, persönlichen und emotionaleren Haltung) im Beruf, wenn Beruf und Familie zuvor einen Gegensatz bildeten. Zu manchen Zeiten kann dies angemessen sein, etwa wenn es darum geht, die zwischenmenschlichen Beziehungen in einem Betrieb zu verbessern. Bei dieser Form (der sechsten des Schemas) von **Beides** werden entweder die Voraussetzungen dafür, daß die Thesen der ersten beiden Positionen wahr sind, also deren **Prämissen**, geändert (**Prämissenverschiebung**), oder wir nehmen eine andere Ausgangshaltung zu bestimmten Aspekten der beiden Pole des Ausgangsdilemmas ein (**Haltungsänderung**), oder wir ändern unsere **Präsuppositionen**: jene stillschweigenden Annahmen, die erfüllt sein müssen, damit die alte Formulierung des Dilemmas sinnvoll ist. So weist im *Dialogus de deo abscondito* des Nicolaus Cusanus (1964) der Christ die Anwendung des Begriffs „Existenz" auf Gott als inadäquat zurück,[3] da wir nur nach der Existenz von etwas Geeinzeltem fragen können. Das Dilemma, wer von zwei Beteiligten schuld ist, kann also manchmal im Sinne einer **Präsuppositionenverschie-**

---

[3] Wie wenn wir fragen würden, ob die Zahl 27 rot sei oder nicht rot sei – Farben sind eben einer Zahl weder sinnvoll zu- noch absprechbar!

bung lösbar sein, wenn wir sehen können, daß in der spezifischen gegebenen Situation die Frage nach Schuld und Unschuld nicht sinnvoll gestellt werden kann (und es um eine ganz andere Frage geht, was zur vierten Position, **Keines von Beiden**, führen würde.)

Unter **Absorption** (als siebter Art von **Beides** im Schema) verstehen wir Situationen, in denen die eine Seite des Dilemmas als Teilwirklichkeit der anderen Seite erkannt wird. Manchmal kann dann die umfassendere Kraft von etwas Richtigem in die Auswirkungen eines Fehlers hineinfließen und so unseren Fehler in einen für uns **richtigen Fehler** verwandeln. Es kann uns umgekehrt auch gelingen, daß wir bestimmte schwierige Situationen unseres Lebens als Teil dessen wahrzunehmen lernen, an dem wir gewachsen sind. Gelingt dieser Sichtwechsel, so kann die Energie des zuvor abgelehnten Teils in den anderen, umfassenderen Teil fließen und so umgewandelt werden.

In diesem Ablauf nähert sich die **Absorption** der achten Form unseres Schemas, die wir mit einer kraftvollen Wendung von Hellinger bezeichnen als: „**die Kraft des Nichtgewählten in das Gewählte einfließen lassen**". Zu dieser Form von **Beides** gehört die vermehrte Kraft, die eine Entscheidung für eine Seite erhält, wenn der Abschied von der anderen Seite auf gute und stimmige Weise vollzogen wurde – gerade im Vergleich zu dem fortgesetzten Energieverlust durch eine verbitterte oder unklare Form der Trennung. Wir finden Gelingen und Mißlingen dieser Form in vielen und aus unserem Alltag bekannten Beispielen: ob etwa jemand ständig noch nach langer Zeit der früheren Partnerin, dem früheren Partner nachtrauert und so der gegenwärtigen Beziehung die Kraft und Gegenwart nimmt (vielleicht ein **Sowohl-als-auch** sucht, und einem schlimmen **Weder-noch** lebt) – oder ob der Schmerz der Trennung kommen und gehen durfte, so daß das Gute, das war, etwas bleiben darf, das gut war, und gesagt werden kann: *Und das übrige lasse ich jetzt.*

Ähnliches gilt beim Wechsel des Wohnorts oder des Landes, bei der Entscheidung für Beruf oder für Familie (wo dies zu einer Entscheidung wird), beim Wechsel des Arbeitsplatzes oder des Berufes und für vieles andere.

Mehrdeutigkeit schließlich, als (zehnte und letzte) Form von **Beides**, kann etwa dann für Organisationen von Vorteil sein, wenn ein Ziel durch seine Eindeutigkeit zu sehr abgegrenzt ist, während das Changieren zwischen zwei Zielen bzw. Visionen mehr Flexibilität, Offenheit und Adaptionsmöglichkeiten bezüglich veränderter Umweltbedingungen zuläßt. Später im Text werden wir die Idee der systematisch ambigen Systemischen Strukturaufstellungsarbeit einführen, bei der etwa die **Mehrdeutigkeit** eines Aufstellungsbildes zwischen familiärer, innerpersönlicher und beruflicher Deutungsebene für die Darstellung z. B. bei Problemen der Nachfolge in Familienunternehmen genutzt wird. Bei den zur Zeit so beliebten dreidimensional wirkenden versteckten Bildern (*magic eye*) müssen wir den Versuch, das Bild visuell scharf zu erfassen, los- und ein unscharfes Bild zulassen, ehe das neue Bild auftaucht; die unscharfe Übergangsphase kann als Zustimmung zur **Mehrdeutigkeit** zwischen unterschiedlichen Fixationspunkten aufgefaßt werden. Das Zulassen mehrerer Beschreibungen der Wirklichkeit einer Familie, etwa bei der Frage, wie sogar Zwillingsgeschwister die Beziehungsqualitäten in ihrer Familie höchst unterschiedlich bewerten können, entspricht der **Mehrdeutigkeit** als Form von **Beides**, wenn etwa ein Therapeut allparteilich mit beiden Geschwistern arbeitet und daher auf die Frage, welche Beschreibung „richtiger" sei, verzichtet.[4]

Wir haben damit die zehn im Schema genannten Formen der dritten Position **Beides** des Tetralemmas mit einigen Beispielen betrachtet; lebendig werden sie, indem Sie eigene Beispiele finden. Je mehr Sie derartige Querdenkprozesse für Dilemmasituationen einladen, desto leichter wird die **interne Kontexterweiterung**, als die der Übergang zur dritten Position auch beschrieben werden kann. In all diesen Fällen wandelt sich auch der Begriff von *richtig* und *falsch*. Es geht uns dann vielleicht um Erfahrungsorientierung und Flexibilität, und die Frage, was im einzelnen richtig und falsch ist, wird etwas peripherer.

Wir gelangen dadurch schließlich zur vierten Position des Tetralemmas: der Position **Keines von Beiden**. In dieser Position können

---

4 Dieser Verzicht hat im allgemeinen Grenzen bei den reinen Strukturinformationen; wenn etwa, wie bei uns vorgekommen, ein Geschwister sagt: „Wir waren drei" (Geschwister), und ein anderes: „Wir waren sieben", so fragen wir sehr wohl nach (und erfuhren z. B. in diesem Fall, daß es vier Halbgeschwister gab, die der eine mitzählte, der andere nicht). Doch dabei werden die Klientenäußerungen nicht bewertet.

wir unseren alten Konflikt sozusagen in ruhiger Distanz von außen sehen. Wir sind nicht mehr verwickelt. Wir betrachten diese Position daher auch als **externe Kontexterweiterung**. Während die zehn Formen von **Beides**[5] auf verschiedene Arten von zuvor nicht gesehener Vereinbarkeit hinweisen, deutet **Keines von Beide**n den Kontext an, in dem die Frage, also in unserem Beispielsfalle der Gegensatz von *richtig* und *falsch*, entstand bzw. einen Sinn ergibt.

In bezug auf Ihr gewähltes Beispiel von richtig und falsch lassen Sie sich jetzt folgende Fragen stellen:

*In welcher Zeit entstand der Gegensatz von **richtig** und **falsch**?*

Wodurch wurde diese Frage für Sie zu einer wichtigen Frage?

*An wen oder was erinnern Sie die Positionen **richtig** und **falsch**?*

Sie erhalten durch die Beantwortung dieser Fragen den bislang ausgeblendeten **vergangenen Kontext** Ihrer Frage.

Keines von Beiden kann auch auf den blinden Fleck in der gegenwärtigen Situation hinweisen, den **gegenwärtigen Kontext**. Wie der Name bereits sagt, haben wir vom blinden Fleck normalerweise keine Kenntnis. Trotzdem können Ihnen folgende Fragen behilflich sein, eine Idee dazu zu bekommen.

*Welche Assoziationen fallen Ihnen zu Ihren Positionen **richtig** und **falsch** ein?*

In welchen Situationen taucht dieser Gegensatz für Sie auf, und in welchen Situationen spielt er für Sie keine Rolle?

Eine dritte Möglichkeit ist, daß Sie an der Position **Keines von Beiden** etwas darüber erfahren, was die zukünftige Aufgabe ist (**zukünftiger Kontext**). Stellen Sie sich dazu die Frage:

*Was ist nach der Lösung des Dilemmas von **richtig** und **falsch** dran?*

---

5 Diese zehn Formen sind nicht disjunkt, sondern überschneiden sich teilweise. Jede Form hat eine andere Betonung bezüglich der Art und Weise, wie die Vereinbarkeit gewonnen wird.

Mit den Fragen:

*In welchem Kontext macht für mich der Gegensatz **richtig/falsch** einen Sinn?*

Was wurde sinnvoll durch das Dilemma (und wie könnte ich künftig anders damit umgehen, wenn das Dilemma gelöst ist)?

finden Sie den **zeitlosen Kontext**.

Wir hoffen, Sie haben sich durch all diese Fragen nicht zu sehr verwirren lassen, aber doch gerade genug, um den Kontext des Dilemmas zu öffnen. Da es aber wohl keine abgeschlossene Theorie der Öffnung geben dürfte, sind dies nur vier von im Prinzip zahllosen Arten der externen Kontexterweiterung und damit der vierten Position **Keines** gewesen.

Auf jeden Fall haben Sie nun den ersten Durchgang durch die vier Positionen des Tetralemmas geschafft.[6] Und vielleicht sind für Ihr Dilemma interessante neue Perspektiven aufgetaucht? Notieren Sie sich hier Ihre gewonnenen Einsichten:

....
....
....

Das Tetralemma ist ein **Prozeßschema**; d. h., wir haben die vier Positionen nicht von vornherein, sondern lernen sie erst beim Durchgehen des Tetralemmas kennen. Strenggenommen bilden sie sich erst ganz aus, während wir und durch die Art, wie wir das Schema durchlaufen. Das Tetralemma ist also eine Landschaft, die sich ändert, während wir sie durchwandern, und dadurch, daß wir das tun.

Zunächst haben Sie die Position **das Eine**, im betrachteten Beispielsfall *das Richtige*. Sie leben in einer Welt, in der Sie Ihr Handeln als richtig einstufen, bis ein Zweifel auftaucht. Jetzt kommen Sie in Kontakt mit der Position **das Andere**. Es entsteht für Sie ein Dilemma zwischen *richtig* und *falsch*. Ein derartiger Gegensatz ist die Ausgangsposition des Tetralemmas. In der Problemaufstellung ha-

---

6 Die Negation des Tetralemmas wartet noch auf Sie – ein bißchen später!

ben wir eine eindeutige Ausrichtung vom **Einen** zum **Anderen** (Ziel). Hier beim Tetralemma geht es gleichermaßen um beide Positionen, und es entsteht ein Dilemma, ein Hin- und Herpendeln zwischen beiden Situationen. Je mehr wir in der Bewegung bleiben, um so mehr erhalten wir ein „**Sowohl-als-auch**", bis sich schließlich beide Pole in der Position **Beides** verbinden:

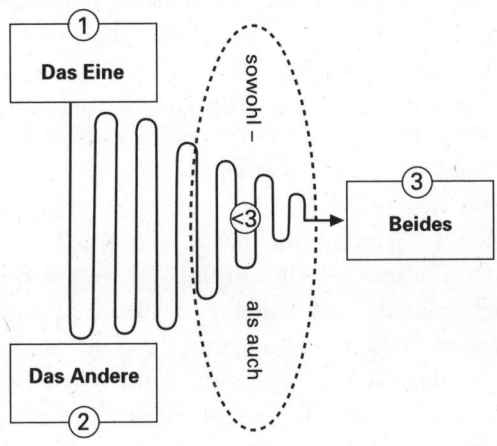

Von **Beides** gelangen wir zur vierten Position. Davor befinden wir uns nicht mehr im alten Kontext des Dilemmas und haben auch **Beides** verlassen, ohne indessen schon zu neuem Boden gefunden zu haben. (Manchmal fallen wir auch eine Zeitlang zurück in ein Hin und Her zwischen **das Eine**, **das Andere** und **Beides**.) Diese prozeß-hafte Vorstufe zu **Keines von Beiden** nennen wir „**Weder-noch**".

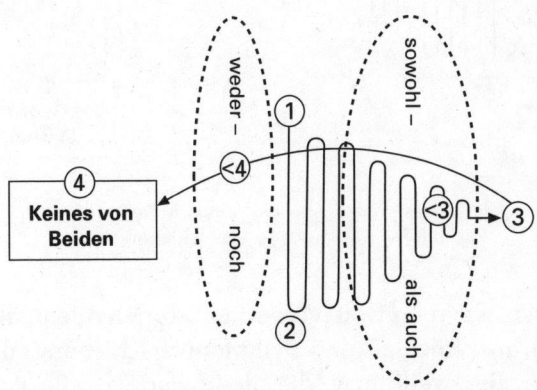

In der vierten Position, bei **Keines von Beiden**, sehen wir, wie es zu dem ursprünglichen Gegensatz kam, bei dem wir etwa in unserem Beispiel so großen Wert auf die Beurteilung von Handlungen als richtig und falsch legten. Wir sehen, weshalb uns die alten Werte so wichtig waren, und können so neue Optionen in der Wertehierarchie finden. Wir können jedoch auch nochmals in die erste Position zurückfallen und das gleiche Rad nochmals durchlaufen (**Rückfall**).

In anderen Fällen sehen wir zwar etwas länger als beim Rückfall den alten Kontext von außen, ohne aber die Bedingungen der Musterunterbrechung erfaßt zu haben. Der Versuch, auf dieser Basis zu etwas Neuem zu gelangen, führt meist nur zum **Gleichen in Grün**, einer Wiederholung des alten Musters in verkleideter Form. Wir halten nun zwar etwas Neues für richtig, bemerken aber nicht, daß unser Neues eigentlich nur **das Gleiche in Grün** ist. (Dafür merken es dann die anderen, die, die uns kennen!) Mit einer solchen (nicht wirklich) neuen These können wir die vier Positionen nochmals durchlaufen. Diesen Vorgang, und dabei vor allem den Schritt von **Keines** zu **das Gleiche in Grün**, nennen wir **Symptomverschiebung**. Der ganze zweite Durchlauf ist dann gewissermaßen das Gleiche in Grün wie der erste.

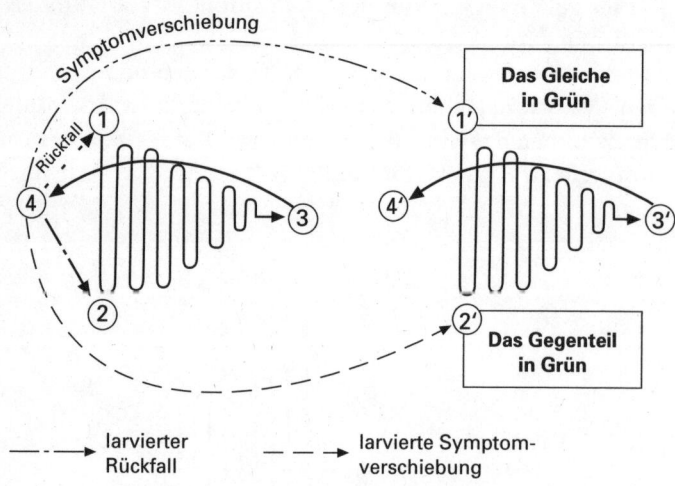

Hier haben wir die etwas verdeckter auftretenden „älteren" Geschwister von Rückfall und Symptomverschiebung, die von der vierten in die zweite bzw. die modifizierte zweite Position (**das**

Gegenteil in Grün) führen, eingefügt. Sie lösen bis auf eine Anfangssequenz die gleichen Prozesse aus wie ihre jüngeren Geschwister. Wir nennen diese etwas fortgeschritteneren Methoden der Nichtveränderung durch scheinbare Veränderung den **larvierten Rückfall** bzw. die **larvierte Symptomverschiebung**. (Meistens täuschen wir allerdings damit eher uns als andere!)

Manchmal gelangen wir jedoch auch, nach kurzem Berühren der fünften „Position" **All dies nicht — und selbst das nicht**, auf eine neue Weise in den alten Kreislauf von der alten ersten bis zur vierten Position, gewissermaßen um zu prüfen, ob wir uns bereits vom Alten, Gewohnten verabschieden wollen. Wir tun dabei das Gleiche wie zuvor, doch in einer etwas anderen Haltung: Die Berührung der fünften (Nicht-)Position, der Musterunterbrechung, gibt uns eine erhöhte Bewußtheit von dem, was wir tun. Solche **Ehrenrunden**[7] sind manchmal wichtig, um sich nicht zu schnell zu verändern, denn für eine Veränderung ist auch der richtige Zeitpunkt wichtig.[8]

Sie sehen: **Rückfall**, **Symptomverschiebung** oder **Ehrenrunde** sind nicht an sich besser oder schlechter, sondern müssen im jeweiligen Kontext gesehen werden; dieser entscheidet dann, welcher Schritt als nächster nützlich ist.

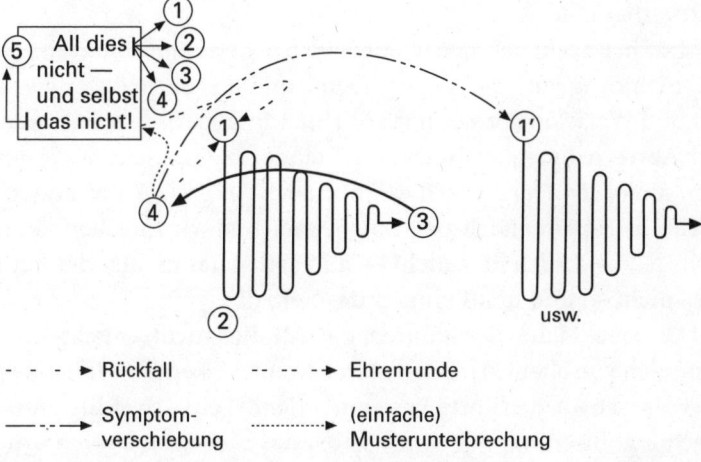

- - - ► Rückfall   -- -- -► Ehrenrunde

———·—► Symptom-   ....► (einfache)
       verschiebung   Musterunterbrechung

---

[7] Wie G. Schmidt solche Prozesse so liebevoll hypnotherapeutisch umdeutete.
[8] Auch hier bezeichnen wir zunächst den Schritt von **Keines von Beiden** über die Berührung der fünften „Position" auf das **Eine** im engeren Sinne als **die Ehrenrunde**, im weiteren aber auch den sich daraus ergebenden Prozeß des zweiten Durchlaufs.

Die neue These kann aber auch ein neuer Standpunkt auf höherer Ebene sein. Diese erreichen wir über die Negation des Tetralemmas, die fünfte „Position". Diese „Position" nennen wir **All dies nicht — und selbst das nicht!** Da sie den Aufforderungscharakter hat, Muster immer wieder zu unterbrechen, schreiben wir sie mit „!", und da sie sich auch selbst in diese paradoxe Aufforderung einbezieht, lassen wir eine deutliche Sprechpause bei „—" eintreten, vor dem selbstbezüglichen zweiten Teil. Das Wort „**dies**" in „**All dies nicht**" bezieht sich dabei auf die ersten vier Positionen und auf die Einsicht, daß keine dieser Positionen einen alle Aspekte des Problems umfassenden Standpunkt darstellte. Mit **und selbst das nicht** erinnert uns die fünfte „Position" daran, daß auch sie kein endgültiger Standpunkt ist. Sie hebt daher sich selbst auf (und wurde von den Buddhisten als ein Nichtstandpunkt bezeichnet), und wir nennen sie auch „die fünfte ‚Position'" oder „die fünfte (Nicht-)Position".

Die Selbstkritik der fünften Position, das **und selbst das nicht**, bewirkt, daß wir nicht einfach in Untätigkeit verharren, wenn wir sehen, wie wir nie zu einem endgültigen letzten Standpunkt gelangen. Vielmehr: Gerade weil wir uns erinnern, daß alle Standpunkte unvollständig sind, können wir wieder Stellung beziehen und uns kritisierbar machen.

Das heißt, wir nehmen wieder einen neuen Standpunkt ein, nach einem Sprung auf eine höhere Ebene, und das auch gegenüber der Art und Weise, in der wir uns zum Standpunktwechsel auffordern. Zur Abwechslung kann daher Nichtänderung das sein, was gerade ganz anders ist. Daher soll die Fünfte auch **das ganz Andere** oder **die Nichtposition der Nichtposition** heißen, und wir sprechen sie auch an mit **… und auch dies nicht — und selbst das nicht!** oder mit **All dies nicht — und nicht einmal das Selbst!**

Die erste Hälfte der Fünften, das **All dies nicht**, entspricht eher einer sich von allem kritisch distanzierenden Skepsis; wir nennen es auch die **schwache fünfte Position**[9] oder die einfache Musterunterbrechung. Ihren durch **— und selbst das nicht** verstärkten Bruder nennen wir auch die **starke** oder **reflexive fünfte „Position"** und sprechen von der **reflexiven Musterunterbrechung**. (Dazu gehören

---

9 Da der selbstbezügliche Teil fehlt, kann hier noch von einer Position ohne Anführungszeichen gesprochen werden!

Humor und Mitgefühl und andere unbenennbare, da nicht dauerhaft wirksam benennbare spirituelle Aspekte.)

Die starke Fünfte führt also zu etwas wesentlich Neuem durch einen **kreativen Schritt** oder **Sprung**. Wir gelangen zu **dem Neuen** als einem wirklich neuen Standpunkt, der das alte **Eine** samt dem Kontext des alten Dilemmas ablöst. Wir halten nicht etwa nur etwas anderes für richtig als zuvor; die neue These, **das Neue,** ist vielmehr auch auf eine neue Weise, eine andere Weise als zuvor, richtig (bzw. beansprucht so seine Richtigkeit).

Wir können uns **das Neue** als auf einer Ebene *über* dem bisherigen Schema gelegen vorstellen, während die **Fünfte** zugleich in und über allen Ebenen liegt (und wenn Sie es sich gerade nicht vorstellen können – das macht gar nichts, denn die Übungen führen Sie mit der Zeit sowieso in diese Gegenden!).

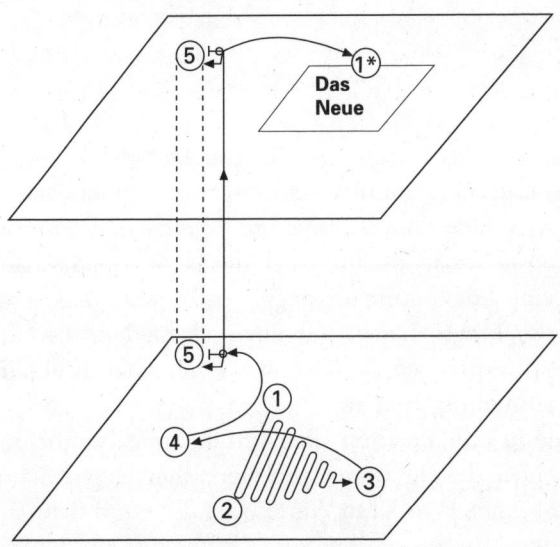

Diesen Sprung auf **das Neue,** die Position 1*, nennen wir also den **kreativen Schritt** (oder **Sprung**). Und von hier aus geht es weiter in die Positionen 2*, 3* und 4*, vom **neuen Einen** zum **neuen Anderen**, **neuen Beides** und **neuen Keines**.[10]

---

[10] Die **Fünfte** verneint von vornherein auch diese neuen Positionen, unterbricht also bei Bedarf auch hier die Muster. (Humor kann sich eben auf alles Neue beziehen, sogar auf Humorlosigkeit.)

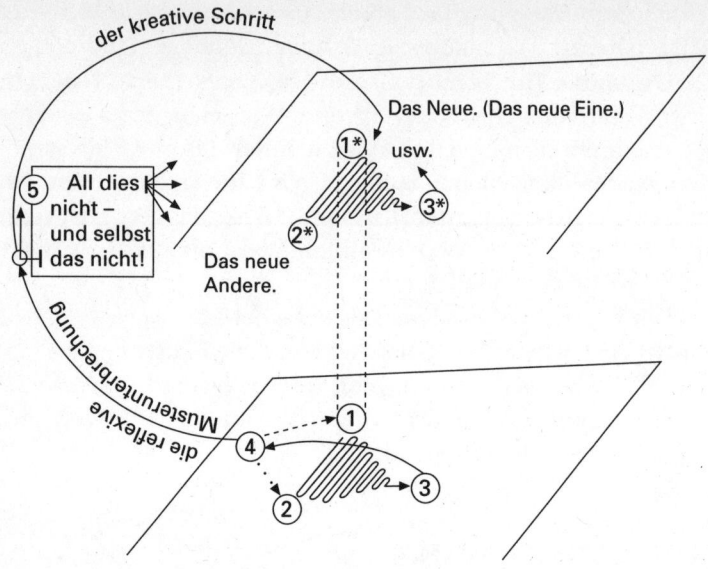

Wir können uns das Tetralemma als eine Art Spirale vorstellen, die nie aufhört und die den Entwicklungsprozeß symbolisiert.

Wenn wir hier vom Tetralemma sprechen, ist meistens das negierte Tetralemma gemeint. Auch die Tetralemmaaufstellung ist eigentlich eine Aufstellung des negierten Tetralemmas; da dies aber komplizierter klingt, haben wir uns entschieden, hier kurz vom Tetralemma zu sprechen, auch wenn wir damit häufig eigentlich das negierte Tetralemma meinen.

Wer die fünfte „Position" des Tetralemmas berührt hat, sucht nicht mehr nach dem letzten oder besten Schema, dem Schubkasten aller Schubkästen. Wo es um Werte wie falsch und richtig, gut und böse geht, weiß der bis hierher vorgedrungene Querdenker, daß es um lebendige Qualitäten geht, die vorgelebt werden müssen[11] – und daß solche Qualitäten durch Worte höchstens zeitweilig in Erinnerung gerufen werden können, aber niemals durch Worte erfaßt und garantiert werden.

Erinnern wir uns nun daran, daß keine Einsicht oder Position, die wir bisher eingenommen haben, sich als die letzte Weisheit oder

---

11 Dies gilt auch für Unternehmen und ist hier von besonderer Wichtigkeit!

Einsicht herausstellte. Und selbst da, wo wir etwas wirklich Tiefes berührt haben: Wir müssen es immer wieder neu erwerben und können es in keiner Schublade je aufbewahren. Kurz:

Den Strom des Lebens trägt keiner in der Tasche.

III.1.4 Anwendung des Tetralemmas zur Überwindung verfestigter Denkmuster

Wenn Sie das Tetralemma als eine Landkarte für Veränderungsmöglichkeiten und für einen veränderten Umgang mit Gegensätzen nutzen wollen, finden Sie im Rest dieses Teils und in Teil IV einige Hinweise für geeignete Wanderwege. Sich auf das Tetralemma einzulassen heißt, sich in die verschiedenen Positionen so hineinzuversetzen, daß man fühlt und sieht und erkennt, was es jeweils für uns bedeuten würde, aus dieser Position heraus das Problem zu betrachten, und wie lösungsorientiertes Handeln dabei jeweils aussähe.

Es gibt dabei keine an sich richtige oder falsche Position. Jede dieser Positionen hat ihren eigenen Wert und ihre eigenen Gefahren. Davon ausgenommen ist höchstens der selbstkritische fünfte „Standpunkt" – eben weil er eigentlich kein Standpunkt ist, sondern eher eine Erinnerung an die menschliche Fähigkeit ... immer noch neue Verhaltensweisen zu entdecken.

Wann sollten Sie in Erwägung ziehen, das Tetralemma zu verwenden?

Wenn es bei einem Problem um einen Konflikt von Werten oder Standpunkten geht und Sie den Eindruck haben, Ihre Haltung sei vielleicht zu sehr verfestigt, dann ist das ein guter Zeitpunkt für eine Tetralemmawanderung. Es folgen einige Hinweise für den Weg, zu dem wir Ihnen viel Vergnügen, Neugier und vielleicht etwas Ausdauer wünschen!

III.2 QUERDENKERTRAINING: ZWEI TETRALEMMAEXPERIMENTE ZUR MODULATION VON DENKGEWOHNHEITEN

III.2.1 Ein schriftliches Tetralemmaexperiment

1. Wählen Sie zwei Standpunkte oder Werte in einem Konflikt, der Ihnen wichtig ist.

2. Den Standpunkt, zu dem Sie eher tendieren oder der Ihre Haltung wiedergibt, nennen Sie **das Eine**. Notieren Sie einige Stichpunkte dazu.

Das Eine
....
....
....

3. Charakterisieren Sie nun ebenso die abgelehnte oder nicht gewählte Alternative mit einigen Worten, und nennen Sie sie **das Andere**.

Das Andere
....
....
....

4. Wenn Ihnen einige Stichpunkte einfallen, die einem Kompromiß, einer Iteration, einem Scheingegensatz, einer paradoxen Verbindung **des Einen** und **des Anderen,** einer Thesenverschiebung, einer übersummativen Verbindung, einer Prämissenverschiebung, einer zu bewahrenden Mehrdeutigkeit oder einer Absorption des Teils durch das Ganze entsprechen, oder dazu, wie die Kraft des Nichtgewählten in das Gewählte fließen könnte, so notieren Sie diese Ideen zu der neuen Position **Beide**s. Auch wenn Ihnen dazu keine Einfälle kommen, können Sie mit der Übung fortfahren.

Ideen zu diesem Punkt entstehen häufig durch ein wichtiges Querdenkermittel: die Annahme nämlich, hinter jedem äußerlich vertretenen Standpunkt stecke ein verborgener Wert und die These:

Die verborgenen Werte hinter äußerlich unvereinbaren Standpunkten sind auf höherer Ebene vereinbar.

Hier geht es um ein Erreichen eines **höheren Plateaus** im Denken, einer Ebene, auf der zuvor scheinbar Unmögliches sich als möglich erweist. Der Wechsel vom Gedanken der **Maximierung** zum Prinzip der **Optimierung** ist ein für die Wirtschaft relevantes Beispiel eines derartigen Übergangs zu einem höheren Denkplateau, auf das Luhmann wiederholt hingewiesen hat.

Die Position **Beides** wirklich einzunehmen erfordert ein selbstbewußteres Vorgehen als das von Pu dem Bären, als er gefragt wird, ob er Butter oder Honig auf sein Brot möchte:

„Butter und Honig!" antwortete Pu und fügte hinzu, da er sich unbescheiden vorkam: „Aber um das Brot brauchst du dich nicht zu bemühen!"

Also verzichten Sie bitte nicht auf das Brot, wenn Sie sich in die Gefilde von **Beides** vorwagen!

Einige Ideen zu **Beides**:

....
....
....

5. Charakterisieren Sie nun einen Standpunkt, in dem es weder um das **Eine** noch um das **Andere** geht. Diese Position von **Keines von Beiden** erschließt sich Ihnen durch die Frage nach den Bedingungen, unter denen der Gegensatz **des Einen** und **des Anderen** für Sie überhaupt relevant werden konnte.

Einige Ideen zu **Keines von Beiden**:

....
....
....

6. Die fünfte „Position" in der abgeschwächten Form **All dies nicht** ergibt sich, wenn Sie die Einsicht gewinnen, daß alle diese vier ersten Positionen noch nicht das Ganze Ihrer möglichen lebendigen Erfahrung erfassen. Die vertiefte Form des — **und selbst das nicht** erhalten Sie, wenn Sie die Bedingungen entdecken, durch die Sie immer wieder zu neuen Standpunkten und zur Handlung zurückfinden. Hier geht es um die tiefsten Formen der Musterunterbrechung (dazu gehören Humor und spirituelle Grundlagen).

Ideen zu **All dies nicht — und selbst das nicht**:

....
....
....

7. Betrachten Sie nun das letzte graphische Schema zum Tetralemma. Versetzen Sie sich zunächst in die Position von **das Eine**.

Notieren Sie Ihre Gedanken, Empfindungen, Ideen, Ihr Körpergefühl und Ihre Handlungsimpulse. Gehen Sie dann in die Position von **das Andere**, und notieren Sie auch hier Ihre Gedanken usw.

Eindrücke bei das Eine/das Andere:
....
....
....
....

8. Nehmen Sie nun möglichst freundlichen Kontakt mit dem **Einen** aus der Position des **Anderen** auf, als ob Ihnen das Gegenüber wie eine Person sichtbar gegenüberstünde. Wechseln Sie die Seite, und bemühen Sie sich auch diesmal um freundlichen Kontakt. Was hat sich danach an den Empfindungen in den beiden Positionen geändert? Sie üben gerade eine zunächst wahrscheinlich noch recht ungewohnte Form des Querdenkens, die Ihnen schon bald als neue Ressource lieb geworden sein wird.

Änderungen nach Kontaktaufnahme:
....
....
....

9. Wenn Sie noch weitere Einsichten finden wollen, können Sie nun Ausflüge zu der dritten und vierten Position unternehmen und dabei jeweils auf den Kontakt mit den vorhergehenden Positionen achten. Es ist günstig, den früheren Positionen wiederholte Höflichkeitsbesuche abzustatten. Wenn Sie auch mit der fünften Position in Kontakt treten, achten Sie darauf, sich von dieser Position inspirieren zu lassen und keinen Besitzanspruch auf sie zu erheben. Erinnern Sie sich daran:

Den Strom des Lebens trägt keiner in der Tasche.

Eindrücke von der Reise zu den Positionen drei, vier und fünf:
....
....
....
....
....

Die Wanderung ist zunächst beendet – und sie kann jederzeit an jeder Stelle, meist allerdings am leichtesten von vorne, begonnen werden. Diese Form des Querdenkens wird Ihnen viele bisher unvertraute Haltungen erschließen und dadurch neue Handlungsoptionen öffnen. Wenn Sie diese Erfahrung noch etwas weiter vertiefen wollen, empfehlen wir Ihnen:

III.2.2 Ein Tetralemmaexperiment mit Bewegung

Zu diesem Experiment, das im Prinzip aus denselben Schritten besteht wie das vorhergehende, stellen Sie sich die fünf Positionen in der Anordnung des graphischen Tetralemmaschemas im Raum auf dem Fußboden aufgezeichnet vor. Sie begeben sich dann jeweils wirklich im Raum an die Stelle, über deren Empfindungen Sie gerade befragt werden.

Die räumliche Unterscheidung der Orte, an denen Sie sich in die verschiedenen Haltungen begeben, wird als ein Dissoziationsprozeß bezeichnet. Dieser Prozeß erlaubt es, innere Haltungen, die sonst oft nur in unklarer Form zugänglich sind, deutlicher zu identifizieren und zu erkunden.

Sie haben gerade die Grundzüge einer **Tetralemmaaufstellung** kennengelernt; es handelt sich dabei um eine weitere Form des von den Autoren entwickelten Verfahrens der **Systemischen Strukturaufstellungen**, und zwar insbesondere als Mittel zur Klärung von Konfliktsituationen.

Wir wünschen Ihnen viel Vergnügen und fruchtbare, überraschende Ausblicke bei Ihren tetralemmatischen Exkursionen!

III.3 Exkurs: Was sind Systemische Strukturaufstellungen?

Nun stellen Sie schon eine Zeitlang auf – Grund genug, sich die Frage, was eigentlich Aufstellungen sind, nochmals genauer zu stellen! Für die Systemischen Strukturaufstellungen geht es, wie bei allen systemischen Aufstellungsverfahren, um die räumliche Anordnung von Repräsentanten zur Darstellung von Beziehungsstrukturen des Systems, zu dessen Verständnis und Modifikation die Aufstellung durchgeführt wird. In der Regel arbeitet man dabei mit Personen als Repräsentanten und befragt diese nach der Änderung ihrer Körperempfindungen und Gefühle beim Prozeß des Umstellens.

Bei dem unmittelbar vorangehenden Tetralemmaexperiment haben Sie die Erfahrung einer Aufstellung machen können, indem Sie selbst an die verschiedenen Positionen des Tetralemmas gegangen sind. In einer normalen Tetralemmaaufstellung hätte an jeder dieser Stellen eine fremde Person als Repräsentant der Alternativen gestanden. Dabei beobachten wir das überraschende Phänomen der **systemischen Resonanz**, d. h. den Umstand, daß sich diese fremden Personen als Repräsentanten an den geeigneten Stellen in der Aufstellung „resonant" zu den Beziehungsstrukturen des dargestellten Systems verhalten. Die Einbeziehung fremder Personen[12] als Repräsentanten führt sogar zu reicheren und tiefer gehenden stimmigen Einsichten in bezug auf das dargestellte System.

Bei einer Tetralemmaaufstellung werden diese fremden Personen als Repräsentanten also an die Plätze für **das Eine, das Andere, Beides** und **Keines von Beiden** gestellt.

das Eine

Keines von Beiden   **Beides**

das Andere

Wie Sie in dem Tetralemmaexperiment selbst erlebt haben, ändern sich die Körperempfindungen, sobald man in einer Position steht. Wir nennen diesen Vorgang (und die ihm zugrundeliegende menschliche Fähigkeit) **repräsentierende Wahrnehmung**. Diese besteht darin, daß sich bei einer systemischen Aufstellung die Körperempfindungen der Repräsentanten in Übereinstimmung mit den Beziehungsstrukturen des dargestellten Systems ändern. Aus unserer Sicht kann das veränderte Muster der Gesamtheit der Körperempfindungen daher als Wahrnehmungsphänomen gedeutet werden.

12 Mit dem Begriff „fremde Person" wird hier und anderenorts im Text betont, daß die RepräsentantInnen über das dargestellte System nichts wissen *müssen* und insbesondere nicht zu diesem System zu gehören brauchen; es *können* jedoch durchaus auch gelegentlich Personen aus Systemen, zu denen die RepräsentantInnen gehören, von diesen repräsentiert werden.

Etwas vereinfacht kann man für das Tetralemma sagen, daß fremde Personen, die als Repräsentantinnen an die genannten vier Plätze des Tetralemmas gestellt werden, über ihre Körperempfindungen zentrale Aspekte der Entscheidungsalternativen der Klientin, für die das Tetralemma aufgestellt wurde, wahrnehmen. Dabei werden die fremden Personen nur aufgestellt, d. h. von der Klientin in bestimmten Entfernungen und Winkeln einander zugeordnet. Die Klientin sollte dabei ihren spontanen Körperempfindungen folgen und Gedanken und Deutungen eher kommen und gehen lassen. Den Repräsentantinnen muß dabei keine nähere Information über die Entscheidungsalternativen, für die sie stehen, gegeben werden; ihnen werden auch weder Sätze noch Gesten vorgegeben.

Diese karge Form des Aufstellens, die nur wenige Veränderungsparameter verwendet (Abstand, Winkel, Blickrichtung, Blickkontakt, Berührung), wurde für die familientherapeutische Arbeit von Bert Hellinger als das Verfahren der *systemischen Familienaufstellungen* (auch: das *Familienstellen*) eingeführt. Ähnliche Formen wurden schon zuvor in anderen familientherapeutischen Schulrichtungen verwendet; diese Formen beinhalteten jedoch ausführlichere Information über die Systemmitglieder, Hinweise zur Gestik und explizite Mitteilungen über typische Formulierungen der dargestellten Systemmitglieder. Zu diesen Formen gehören z. B. die *Familienskulptur* und die *Familienrekonstruktion* von Virginia Satir, das *Psychodrama* von Jakob Levy Moreno und verschiedene Formen szenischer Darstellungen in anderen Schulen (vgl. S. 205).

Kennzeichnend für die Systemischen Strukturaufstellungen ist die Möglichkeit des **Strukturebenenwechsels.** Wir verstehen darunter den Umstand, daß innerhalb der Aufstellung von einer Aufstellungsform in eine andere Aufstellungsform gewechselt werden kann. Die einzelnen Aufstellungsarten können wie verschiedene Ebenen aufgefaßt werden, zwischen denen man wechseln kann, etwa von der Ebene der Entscheidungsalternativen (Tetralemmaaufstellung) auf die Ebene der Familie und der Loyalitäten, die in den Handlungsalternativen zum Ausdruck kommen. Häufig stehen z. B. **das Eine** und **das Andere** für Loyalitäten zum väterlichen und mütterlichen System.

Wir können uns die Teile der einzelnen Strukturaufstellungen wie Achsen eines Koordinatensystems vorstellen, das das jeweilige System aufspannt. Auf diesen Koordinatenachsen wird das Anliegen des Klienten dargestellt. Bei der Wahl der Strukturebene gibt es kein richtig und falsch, sondern eher ein angemessen und unangemessen in bezug auf die Frage, auf die eine Antwort gesucht wird. Jede Strukturebene legt gewissermaßen die Perspektive fest, unter der ich mir etwas ansehe.

Wenn mit einer Systemischen Strukturaufstellung gearbeitet wird, können implizit weitere Strukturebenen auftauchen, wie etwa bei der Tetralemmaarbeit die Ebenen von Familie oder Beruf. Wir benennen diese auftauchenden anderen Strukturebenen meist nicht explizit, sondern bleiben auf der gewählten Strukturebene und lassen die andere Ebene mitschwingen. Solche Aufstellungen nennen wir **systematisch ambige Aufstellungen**, da wir gleichzeitig auf verschiedenen Ebenen arbeiten, aber nur eine explizit benennen. Der Vorteil einer solchen Arbeitsweise besteht darin, daß vieles verdeckt bleiben darf; insbesondere da, wo explizite Deutungen nicht erwünscht sind. Verdecktes Arbeiten ist gerade in Organisationen von Vorteil, da dort kein Auftrag besteht, Persönliches aufzudecken. Auch bietet verdecktes Arbeiten Schutz vor den Reaktionen anderer, wo ein Kontext von Konkurrenz gegeben ist.

Strukturebenenwechsel und **systematische Ambiguität** sind kennzeichnend für die Systemischen Strukturaufstellungen, während aus unserer Sicht **systemische Resonanz** und **repräsentierende Wahrnehmung** allen systemischen Aufstellungsformen gemeinsam sind.

III.4 Exkurs: Über die Kategorien der bei Aufstellungen auftretenden Körperempfindungen und Wahrnehmungen

Die **Wahrnehmungen** und **Körperempfindungen**[13] der RepräsentantInnen bei einer systemischen Aufstellung können in erster Linie als auf das fremde System bezogen aufgefaßt werden. Dennoch lassen sich bei diesen Körperempfindungen verschiedene Formen unterscheiden. Diese Unterscheidung ist hilfreich, um die Aspekte des Eigenen und des Fremden bei den Wahrnehmungen und Körperempfindungen der Repräsentanten bei Aufstellungen besser differenzieren zu können.

---

13 Wir fassen Körperempfindungen und Wahrnehmungen im folgenden in der Auflistung mit „(Körper-)Empfindungen" zusammen.

Die Idee der **Überlagerung einer Empfindungsebene durch eine andere** läßt das Konzept der Empfindungsebenen aus unserer Sicht zu einem nützlichen Hilfsmittel zum besseren Verständnis der repräsentierenden Wahrnehmung werden. Zur Charakterisierung der unterschiedlichen Ebenen der Wahrnehmung und des Körperempfindens haben wir folgende **Kategorien** gebildet.

1. Topologische Körperempfindungen
Hier geht es um die Empfindung von „innerhalb" und „außerhalb". Topologische Körperempfindungen beziehen sich auf die Unterscheidung, ob jemand zu einem System dazugehört oder nicht, ob er sich als innerhalb eines Raums, Rahmens oder Kontextes befindlich wahrnimmt oder als außerhalb, ausgeschlossen, nicht zugehörig oder als bloßer Beobachter. Als topologisch bezeichnen wir eine Empfindung dann, wenn ihr Auftreten schon allein daraus verständlich ist, daß die oder der Betreffende sich innerhalb einer Grenze, eines Raumes, einer Gruppe von Personen o. ä. befindet, unter Vernachlässigung aller übrigen Faktoren.

Bei Aufstellungen spielen topologische Empfindungen insbesondere als die Empfindung der Zugehörigkeit zum aufgestellten System oder zu bestimmten Subsystemen des aufgestellten Systems eine Rolle, aber noch unter Absehung von allen zeitlichen Reihenfolgen, Rangordnungen und hierarchischen Unterschieden. Darüber hinaus spielen für die topologischen Empfindungen Abstände und Winkel eine untergeordnete (im Prinzip irrelevante) Rolle: Ich bin nicht „mehr als zuvor" in einem Raum dadurch, daß ich in dem Raum den Platz wechsle; spielt ein solcher Wechsel eine Rolle, haben wir es schon mindestens mit geometrischen Körperempfindungen (vgl. unten 2.) zu tun. Topologische Empfindungen geben also Auskunft darüber, ob wir uns als Element eines Systems erleben oder nicht.

2. Geometrische Körperempfindungen
Meist finden Aufstellungen in Räumen statt; deren spezifische Gegebenheiten, wie z. B. Fensterfronten, geschlossene Mauerstücke, Türen oder Säulen in der Mitte des Raumes bekommen an manchen Stellen Einfluß auf die Aufstellung. Die Körperempfindungen von Repräsentanten können sich nun auch genau auf solche Eigenschaften beziehen. So deutet die Aussage „Mein Blick geht hinaus in die

Landschaft" einfach darauf hin, daß sich im Raum ein Fenster mit eben diesem Ausblick befindet. Diese Aussage hat darüber hinaus oft auch einen symbolischen Wert für das dargestellte System; aber die Aussage selbst ist einfach aus der Blickrichtung der Person und den Gegebenheiten des Raumes schon erklärlich und muß nicht mit spezifischeren Wahrnehmungsformen zu tun haben.

Wenn etwa ein Repräsentant sagt, er fühle sich sehr beengt, so kann das darauf hindeuten, daß er dicht vor der Raumwand steht. Wir sprechen hier von geometrischen Körperempfindungen, da diese die Geometrie des Raumes betreffen und allein aus Anordnung, Entfernung und Winkeln der Repräsentanten zueinander und zu den Begrenzungen des Raumes nachvollziehbar sind.

Fühlt sich also ein Repräsentant, der mit dem Blick auf eine Mauer kurz vor dieser aufgestellt wurde, etwas eingeengt, so ist das eine typische geometrische Empfindung und nicht weiter überraschend. Würde er aber in derselben Situation mitteilen, er habe ein weites Feld vor sich,[14] so würden wir sagen, daß hier offenbar die geometrische Wahrnehmung und Empfindung von einer anderen Ebene von Empfindungen überlagert wird. In der Regel wird hier eine spezifische fremde Empfindung vorliegen (vgl. unten 4. und 7.).

Bei geometrischen Empfindungen genügt zum Verständnis ihres Auftretens also nicht allein das Wissen, innerhalb von welchen Grenzen oder Räumen sich jemand befindet; es müssen über die topologischen Beziehungen hinaus typische geometrische Aspekte (wie Abstände und Winkel) einbezogen werden. Wir sprechen aber nur dann von geometrischen Empfindungen, wenn die Beachtung dieser Aspekte für das Verständnis des Auftretens der Empfindung ausreicht und nicht z. B. prototypische Rollenbilder mit einbezogen werden müssen (vgl. dazu den nächsten Typus).

3. Prototypische Körperempfindungen

Darunter verstehen wir solche Körperempfindungen, die auf ein prototypisches Rollenbild hinweisen. Wenn also z. B. eine Repräsentantin allgemeine Äußerungen zur Rolle des Chefs oder eines Mitar-

---

14 Weniger Aufstellungserfahrenen sei versichert, daß derartiges keineswegs ein ungewöhnliches Beispiel darstellt, sondern in wirklichen Aufstellungen relativ häufig vorkommt.

beiters, eines ältesten Geschwisters oder einer Nebenbeziehung macht, die eher einem solchen prototypischen Rollenverständnis entsprechen und bei der keine spezifischen Empfindungen des Chefs, des Mitarbeiters, des Geschwisters oder der Nebenbeziehung genannt werden, die sich deutlich auf das spezielle, konkrete dargestellte System beziehen, sprechen wir von prototypischen Körperempfindungen.

Das Empfinden, eine Leitfigur oder ein Underdog zu sein, wenn wir deutlich oberhalb bzw. unterhalb einer anderen Person in einem Raum stehen oder sitzen, kann allein aus einem derartigen prototypischen Rollenverständnis in bezug auf die räumliche Anordnung verstanden werden; zum Verständnis dieser Empfindungen muß daher nicht auf die „Fremdwahrnehmungen", d. h. die Repräsentation fremder Beziehungsmuster, Bezug genommen werden.

Diese Empfindungen waren Beispiele für **prototypische soziale Empfindungen**; **prototypische familiäre Empfindungen** sind z. B. die Empfindung, die älteste Schwester von vielen Geschwistern oder eine Außenbeziehung bei einem Paar zu sein, wenn man in einer solchen Position aufgestellt ist. (Die Unterscheidung **sozialer** und **familiärer Empfindungen** spielt bei der Unterscheidung der Empfindungsebenen auch eine gewisse Rolle; die familiären Empfindungen sind meistens schon etwas spezifischer und konkreter gefärbt. Dennoch gehen wir hier auf diesen Unterschied nicht näher ein.)

4. Spezifische Körperempfindungen

Als spezifische Körperempfindungen bezeichnen wir diejenigen Empfindungen von Repräsentanten, die sich auf reale Personen oder Systemteile eines spezifischen dargestellten Systems beziehen. Die repräsentierende Wahrnehmung ist bei der praktischen Aufstellungsarbeit in der Regel eine Form von spezifischen fremden Körperempfindungen, häufig begleitet von eigenresonanten Empfindungen.

5. Abstrakte Körperempfindungen

Manche Systemischen Strukturaufstellungen enthalten abstrakte Teile, wie z. B. Hindernis, Ressource, **das Eine**, **das Andere** oder die metaphysischen Qualitäten von Erkenntnis, Ordnung und Liebe (bei der Glaubenspolaritätenaufstellung, vgl. Teil V). Die Empfindungen, die diese abstrakten Teile betreffen, nennen wir abstrakte Körperempfindungen, im Gegensatz zu den konkreten Empfindungen einer konkreten Person oder eines konkreten Teils, etwa der Geduld einer bestimmten Person als spezifischer Ressource.

6. Konkrete Körperempfindungen

Als Beispiel einer konkreten geometrischen Empfindung stellen Sie sich vor, wie es sich für Sie anfühlt, zwischen zwei größeren Personen zu stehen, oder wahrzunehmen, daß jemand ganz in Ihrer Nähe steht. Sich in einem bestimmten Raum als wirklich innerhalb dieses Raums befindlich zu fühlen, wäre eine konkrete topologische Empfindung, während die Empfindung, „im Freien zu sein", eine abstrakte topologische Empfindung darstellt.

7. Fremde Körperempfindungen

Hierunter verstehen wir solche Empfindungen, die zum repräsentierten System gehören und nicht zum System der Person, die repräsentiert. Als **spezifische fremde familiäre Empfindungen** bezeichnen wir Empfindungen von Repräsentanten, die dem spezifischen Familiensystem, das in der Aufstellung repräsentiert wird, zuzuschreiben sind, also Empfindungen, die spezifisch zu den Mitgliedern einer fremden Familie passen. Dies sind die zentralen Arten von Empfindungen, die die repräsentierende Wahrnehmung beim Familienstellen bestimmen. Als **spezifische fremde soziale Empfindungen** bezeichnen wir etwa bei einer Teamaufstellung die Wahrnehmung des Repräsentanten des Leiters, wie es wäre, Leiter dieses Teams zu sein. Hier geht es also um die Fähigkeit der Repräsentanten, auch außerfamiliäre Beziehungsstrukturen körperlich wahrzunehmen. Diese Art der Empfindungen ist für die repräsentierende Wahrnehmung bei Organisationsaufstellungen entscheidend.

8. Eigene Körperempfindungen

Hiermit sind die Körperempfindungen gemeint, die zum eigenen System gehören. Bei diesen Empfindungen können wir noch unterscheiden zwischen **eigenresonanten** und **eigenen invarianten** Empfindungen.

8.a Eigenresonante Körperempfindungen

Eigenresonant sind die Empfindungen, die beim Repräsentieren einer Person auftauchen und mit eigenen Empfindungen in Resonanz treten. Wir sind nicht so unterschiedlich, so daß häufig fremde Empfindungen mit eigenen in Resonanz treten. Dies ist auch der Grund dafür, daß beim Repräsentieren in fremden Rollen viel für die eigene Situation gelernt werden kann. Zunächst gehören die auftretenden Empfindungen, während jemand eine Rolle repräsentiert, immer zu diesem fremden System. Wenn die Empfindungen an eigene Erfahrungen erinnern, so treten sie in Resonanz mit dem eigenen System und gehören damit gleichzeitig zum fremden und zum eigenen System.

8.b Eigene invariante Körperempfindungen

Eigen invariant sind Empfindungen dann, wenn sie vor und während der Repräsentation einer fremden Person auftreten. Also wenn z. B. jemand vor einer Aufstellung bereits Rückenschmerzen hat und diese dann in der Aufstellung nicht verschwinden (was mitunter passieren kann), so sprechen wir von zum eigenen System gehörenden Empfindungen, die gegenüber einer Aufstellung invariant sind, sich also nicht verändern.

9. Aufstellungsvariante eigene Empfindungen

Natürlich gibt es durchaus neben diesen **(aufstellungs)invarianten** eigenen, also von der Aufstellung nicht beeinflußten Empfindungen, auch **(aufstellungs)variante eigene Empfindungen**, also Empfindungen, die während der Aufstellung verschwunden sind, aber danach wieder auftauchen. Dies entspricht z. B. dem aus dem Alltag bekannten Phänomen der Ablenkung von einer Empfindung oder der hypnotherapeutischen Fokusmodifikation etwa beim Umgang mit Schmerz. So kann ein vor der Aufstellung beim Repräsentanten vorhandener Kopfschmerz während der Aufstellung „vergessen" werden, taucht aber oft nach der Aufstellung wieder auf.

Wir differenzieren also zwischen folgenden

Grundkategorien zur Unterscheidung der bei der systemischen Aufstellungsarbeit auftretenden Empfindungen:

a) prototypisch vs. spezifisch
b) abstrakt vs. konkret
c) topologisch/geometrisch/sozial/familiär
d) resonant/invariant/variant
e) eigen/fremd

Die Anwendung dieser Grundkategorien wird durch ihre Kombinationen verdeutlicht; einen schematischen Überblick und Beispiele für die Kombination dieser Charakteristika finden Sie im Anhang unter der Überschrift „Strukturebenebenen der Empfindungen und Wahrnehmungen bei Systemischen Strukturaufstellungen" (vgl. VIII.8.1.1 und VIII.8.1.2).

Im Anhang haben wir darüber hinaus die für Aufstellungen relevanten Wahrnehmungsformen, die den LeiterInnen vertraut und von ihnen geübt sein sollen, in einem eigenen Abschnitt (VIII.8.2) eingeführt.

Der Querdenker stellt sich bei auftretenden Körperempfindungen also zusätzlich die Frage, ob diese Empfindungen zu seinem System gehören oder zu einem anderen System. Er zweifelt damit die allgemein angenommene Prämisse an, daß Empfindungen zu einem selbst gehören. Dabei ist es doch merkwürdig, daß wir davon ausgehen, daß etwas so Flüchtiges, wie es Empfindungen und Emotionen sind, zu uns als Person gehört. Sind wir denn eine andere Person, wenn die Emotionen sich ändern? Können Emotionen unsere Person überhaupt ausmachen? Wir gehen eher von der Annahme aus, daß Emotionen und Empfindungen nicht zur Person gehören, sondern nur flüchtige Gäste sind, die einen freundlichen Umgang wünschen und, so sie gewürdigt werden, sich auch wieder verabschieden können. Was eine Person ausmacht, ist damit natürlich noch nicht gesagt und bleibt weiter ein Geheimnis.

III.5 Exkurs: Kategorien der Symbole bei Aufstellungen

Wir erörtern die Symbolkategorien am Beispiel einer festen Tetralemmaaufstellung mit einer Personengruppe, da dabei die aus unserer Sicht wichtigsten kategorialen Unterscheidungen auftreten. Die Positionen **das Eine, das Andere, Beides** und **Keines von Beiden** nennen wir **Orte**, da die aufgestellten Personen an dem ihnen im Anfangsbild jeweils zugewiesenen Platz während der ganzen Aufstellung (weitgehend) fest stehenbleiben.

Nun brauchen wir noch wie zuvor bei der Problemaufstellung einen Fokus, nämlich den Träger des Anliegens. Auch er wird durch eine fremde Person repräsentiert und vom Fragesteller an den Platz geführt, an dem es sich für diesen stimmig anfühlt. Häufig ist dies ein Platz zwischen dem **Einen** und dem **Anderen** oder nahe bei dem **Einen**. Dieser **Repräsentant** bleibt so lange an seinem Platz stehen, bis ihn die Leiterin an einen neuen Platz führt.

Außer Orten und Repräsentanten verwenden wir in der Tetralemmaaufstellung auch noch ein **freies Element**. Dieses zeichnet sich dadurch aus, daß es sich selbständig bewegen, den Ort verändern und tun kann, was es gerade möchte. Es erhält sogar den paradoxen Auftrag „ausdrücklich nur genau das zu tun, was es selbst möchte". Die fünfte „Position" wird durch ein freies Element dargestellt, denn über die fünfte „Position" können wir letztlich nicht verfügen. Auch für die fünfte „Position" wird eine fremde Person ausgewählt und an einen für den Aufstellenden stimmigen Ort geführt, danach darf sie sich frei bewegen.

In Systemischen Strukturaufstellungen werden also im Gegensatz zur Familienaufstellung drei verschiedene Arten von Symbolen verwendet: **Orte, Repräsentanten** und **freie Elemente**.[15] (Dieses Kategoriensystem wird im Anhang VIII.7 erheblich verfeinert, u. a. durch nichtpersonale Symbole.)

Für das Aufstellen einer Person verwenden wir meist eine kurze Tranceinduktion, damit bei dem Prozeß des Aufstellens weniger gedacht wird und mehr der Intuition gemäß aufgestellt wird. Für die Induktion können Sie z. B. folgende Worte verwenden:

---

15 Repräsentanten nennen wir auch „Repräsentanten im engeren Sinne", wenn wir im selben Kontext auf Orte, freie Elemente und Repräsentanten gemeinsam als „Repräsentanten im weiteren Sinne" Bezug nehmen.

Berühren Sie die Person (die aufgestellt wird) leicht am Rücken mit Ihren Händen. Lenken Sie Ihre Aufmerksamkeit auf Ihren Atem, spüren Sie, wie Ihre Fußsohlen den Boden berühren, und machen Sie einen Schritt vorwärts. Lassen Sie sich überraschen, wo Ihre Hände Sie hinführen.

In einem geschützten Rahmen und mit einem in verwandten Verfahren erfahrenen Leiter können Sie nun beginnen, auch mit einer Gruppe von Personen erste Versuche zu machen, Ihr eigenes Anliegen als Tetralemma aufzustellen. Vergessen Sie nicht: Es ist nicht das Ziel, alle Positionen zu durchlaufen, sondern nur, den nächsten Schritt zu finden!

Teil IV: Fünf Arten der grundlegenden Veränderung – und was Querdenken dazu beitragen kann

IV.1 Sensibler radikaler Wandel

Wenn wir Probleme lösen wollen und unsere gewohnten Strategien und Methoden in einer neuen Situation nicht mehr den gewünschten Erfolg zeigen, ist eine Veränderung unserer Haltung erforderlich. In dieser Lage scheinen Querdenker, denen wir begegnen, zunächst wie ein zusätzlicher Stolperstein, den wir nur zu gerne entbehren würden. Doch dadurch wird das kreative Potential nicht genutzt, das wir als Ressource für neue (und für uns selbst zuerst noch überraschende) Veränderungen dringend benötigen. Und all das gilt auch für unseren inneren Querdenker: Erst wenn wir ihn ebenso wie äußere Querdenker freundlich zur Mitarbeit einladen und uns seinen manchmal etwas beunruhigenden Stil zumuten – erst dann haben wir begonnen, von dieser schlummernden Ressource Gebrauch zu machen.

Zu den scheinbaren Gegensätzen, die unsere Veränderungsmöglichkeiten unnötig einschränken, gehört der Gegensatz von *radikal* und *sensibel*. Damit ist oft der Glaube verbunden, grundlegende Veränderungen seien nur durch harte Schnitte und Vernachlässigung der Interessen vieler Beteiligter zu erreichen. Diese Sicht verdeckt einige der wirkungsvollsten Veränderungsmöglichkeiten.

Grundlegende Veränderung, radikaler Wandel als Wandel von Grund auf, Wandel von der Wurzel (radix) her: Diesem Thema galt ein Unternehmersymposium[1], *bei dem Gerhard Nagel die Idee des sensiblen radikalen*

---

1 Das zweite Führungsymposium der GC Graphic-Consult München in Tutzing 1995.

Wandels (vgl. Nagel 1995) einführte. **Radikal** muß keineswegs immer unsensibel bedeuten: Eine sensible Veränderung geht mit den Menschen und Ressourcen achtsam und mutig zugleich um. Die so erzielte Veränderung wird nachhaltiger und grundsätzlicher und so auch radikaler sein können, da die typischen Rückfallbedingungen besser einbezogen worden sind. Es geht also um *sensiblen radikalen Wandel*. Nach einer solchen Veränderung der Art, wie wir uns bisher verändert haben, suchen wir hier.

Wir betrachten dazu eine kleine Speisekarte möglicher Arten des sensiblen radikalen Wandels; wahrscheinlich stellen Sie bei der Lektüre dann fest, daß Sie die eine oder andere Art der Veränderung bei einem Anliegen oder Problem, das Ihnen zur Zeit wichtig ist, noch nicht ausprobiert haben. Wir laden Sie herzlich ein, einige erste Schritte in eine solche neue Richtung einfach einmal innerlich durchzuspielen und zu prüfen, ob dabei ressourcenreichere innere Haltungen und äußere Handlungsmöglichkeiten vor Ihrem inneren Auge aufzutauchen beginnen.

IV.2 Lösungsorientierte Fragen

Die Speisekarte der Möglichkeiten grundlegender Veränderung können wir durchzublättern beginnen, indem wir die Wurzeln für die bisherige Nichtveränderung betrachten. Wie kam es dazu, daß eine erfolgreiche Veränderung nicht schon eingetreten ist? Was hat uns in dem bisherigen Problemmuster gefangengehalten? Wo hat die bisherige Beschreibung des Problems wie eine hypnotische Trance uns von Teilen unserer wahren Möglichkeiten abgeschnitten? Verstehen wir, was es war, das bisher zustandsverfestigend oder problemstabilisierend gewirkt hat, kann uns dies nun helfen, den Kontext möglicher Veränderungen zu bestimmen.

Nicht immer finden wir durch direkte Fragen nach den Hindernissen eine fruchtbare neue Beschreibung der anstehenden Aufgabe. Aber eine geeignete neue Perspektive könnte uns hier als Vorspeise zum Handeln dienen. Manchmal hilft hier schon ein typisches querdenkerisches Vorgehen. Lassen wir dazu unseren inneren Querdenker einige paradoxe Fragen stellen, wie etwa die folgenden:

Wodurch könnten wir besonders zuverlässig erreichen, daß das Problem nicht gelöst wird?

Welche Ressourcen zur Verhinderung einer Lösung haben wir bisher unzureichend berücksichtigt?

Wer könnte uns bei der Sicherung der Nichterreichung des Ziels noch unterstützen, auf dessen Hilfe wir in dieser Hinsicht bislang verzichtet haben?

Wie könnten wir ihn oder sie besser dazu motivieren, die Problemlösung wirkungsvoll verhindern zu helfen?

Wo haben wir leichtfertig spontane Lösungsmöglichkeiten zu unterminieren versäumt?

Wenn es uns bislang erfolgreich gelungen ist, ein Ziel zu vermeiden, wodurch könnten wir die Sicherheit dieser erfolgreichen Zielvermeidung noch erhöhen?

Eine solche indirekte und querdenkerische Frageweise wirkt oft wie ein neu eingestellter Scheibenwischer. Wir sehen dabei nicht nur viel deutlicher, wie bisher die Lösung für uns verhindert wurde, sondern werden auf eine Vielzahl von möglichen Verschlechterungen aufmerksam, die wir erfolgreich vermieden haben, oft ohne in der Vermeidung der Verschlimmerung eine besondere Fähigkeit erkannt zu haben.

Auf diese Weise haben wir einen Zugang zu einer anderen Art von Fragen gefunden, die beim Blättern in der Veränderungsspeisekarte hilfreich sind. Es handelt sich um Fragen wie:

Was ist gut? Was soll so bleiben?

Und:

Wenn wir wirklich an der gegenwärtigen Situation etwas ändern sollten, was sollte dann unbedingt so bleiben, wie es ist?

Wenn diese Fragen nicht vor der Veränderung beachtet werden, dann wird die Veränderung vielleicht einen radikalen, aber kaum einen sensiblen Wandel darstellen. Eine solche Vorgehensweise bei der Veränderung wäre eine prächtige Vorbereitung, um einen Rückfall in die Problemsituation anzustreben.

Sie haben es vielleicht schon bemerkt: Wir behandeln gerade ganz nebenbei die Frage:

Wie führt man ein lösungsorientiertes Querdenk-Interview mit sich selbst?

Weitere Fragen der gerade begonnenen Art wären:

Welche Ressourcen kommen in dem zum Ausdruck, was bisher schon gut und erfolgreich bewältigt ist und was auch bei den anstehenden Veränderungen so bleiben soll? Und wodurch könnten diese Ressourcen noch mehr gewürdigt werden?

Zu solchen Ressourcen gehören Mitarbeiter, die bisher vielleicht in ihrem Beitrag für das Ganze noch unzureichend beachtet und wertgeschätzt worden sind, und Fähigkeiten, auch unsere eigenen Fähigkeiten, die wir bisher, solange die Situation von uns noch nicht die anstehenden Änderungen verlangte, als selbstverständlich vorausgesetzt haben.

Woran könnten Sie erkennen, daß die wesentlichen Teile des bisher Erreichten, die bei der Änderung erhalten bleiben sollten, nach der Änderung wirklich noch da sind?

Und wer würde es sonst noch merken?

Und woran?

Bei diesen Fragen ist es wichtig, wenn Sie ein guter lösungsorientierter Interviewer für sich selbst sein wollen, negativ formulierte Antworten sofort zu hinterfragen. Haben Sie also als Befragter eine Antwort wie

Dann wäre das (XYZ) nicht mehr da!

gegeben, so fragen Sie lösungsorientiert sogleich weiter:

Und was wäre statt dessen da?

Was täten Sie dann, das Sie jetzt nicht tun?

und achten in dem Gespräch darauf, möglichst klare, positiv formulierte, konkrete und handlungsbezogene Antworten herbeizuführen.

Wenn nun deutlicher geworden ist, was sich nicht geändert haben sollte, wenn wir bei der Problemlösung Erfolg gehabt haben werden, können wir uns nun den Faktoren zuwenden, die das Problem bisher gegen Lösungen stabilisiert haben. Lösungsorientierter Umgang mit solchen Faktoren heißt, sie als Bestandteile des Systems anzusehen, die sich bei einer veränderten Perspektive oft schon nach kurzem als schützend oder hilfreich erweisen.

Für jedes Problem gibt es drei grundsätzlich verschiedene Arten stabilisierender Faktoren:

1. *Hindernisse* für die Erreichung eines Ziels
2. *verdeckte Gewinne*, d. h. Gewinne daraus, daß das Ziel bisher nicht erreicht wurde
3. *Prioritätsirrtümer* bei Zielsetzungen.

Hindernisse
Ein wichtiger lösungsorientierter querdenkerischer Grundsatz für den Umgang mit Hindernissen ist dabei:

Etwas bloß als Hindernis zu betrachten ist selbst schon ein Hindernis.

Dieses Prinzip ist Ihnen längst vertraut; Sie können dabei jede erfolgreich bewältigte vergangene Krise betrachten. Bei der Bewältigung dieser Krise mußten Sie Fähigkeiten entwickeln und Ressourcen entdecken, die sonst vielleicht noch lange geschlummert hätten. Ein wichtiges Querdenkerprinzip lautet hier:

Hartnäckiges Vermeiden von Hindernissen verhindert, daß wir die im Hindernis verborgene oder durch es in uns angesprochene Ressource schneller entwickeln.

Auch eigene Fehler erweisen sich so manchmal als nützlich; bei manchen Fehlern wäre es geradezu jammerschade, sie nie gemacht zu haben. Sie waren sozusagen die für uns *richtigen Fehler*, durch die wir unvergleichlich wirksamer gelernt haben. Versuchen wir allzu krampfhaft, Fehler zu vermeiden, so hilft uns selbst der Erfolg dabei oft nicht viel: Wir leben dann mit einer *falschen Richtigkeit*, die uns übervorsichtig und unkreativ werden lassen kann. Der Querdenker fordert daher:

Lieber einen richtigen Fehler als eine falsche Richtigkeit!

Daß Querdenker eine besondere Fähigkeit haben, mit Hindernissen kreativ umzugehen, liegt natürlich auch daran, daß sie selbst von anderen häufig für Hindernisse gehalten werden. Das gilt auch für unseren inneren Querdenker. Sein Potential wird uns erst verfügbar und bewußt, wenn wir aufhören, seine Interventionen als Störgedanken abzutun. Aber natürlich ist nicht jedes Querulieren schon ein Querdenken. Hier helfen uns Fragen wie folgende zur Klärung:

Womit müßte ich fertig werden, wenn diese Einwände nicht mehr vorgebracht würden?

Was würde ich tun, was ich jetzt nicht tue, wenn diese Störung entfiele? Wer würde darauf wie reagieren? Und wie einverstanden wäre ich dann mit diesen Reaktionen?

Verdeckte Gewinne

Verdeckte Gewinne: Das sind Gewinne, die wir dem Umstand verdanken, daß wir das Ziel noch nicht erreicht haben. Sie fallen uns oft erst durch eigentümliche Fragen auf wie etwa:

Wofür war es gut, noch nicht am Ziel zu sein?

Womit müßten Sie fertig werden, wenn Sie Ihr Ziel schon erreicht hätten?

Mit wem bekämen Sie Schwierigkeiten, wenn Sie dabei schon Erfolg gehabt hätten?

Wollen Sie sich wirklich jetzt schon den Erfolg erlauben, oder wäre es nicht vielleicht angemessener, erst noch eine Ehrenrunde einzulegen, um den Wert des alten Verhaltens noch etwas genauer wahrzunehmen?

Wenn wir herausfinden, worin der verdeckte Gewinn bestand, und die in ihm enthaltene Kraft auf andere Weise zu würdigen und nutzen lernen, hört der Gewinn auf, ein potentieller Anlaß zur Destabilisierung unserer Problemlösungen zu sein.

Wenn etwa die kurzfristige Verschiebung eines Klärungsgesprächs den möglichen Zerfall einer Projektgruppe verhindert, bis ein wichtiges Teilprojekt erfolgreich abgeschlossen wurde, so kann diese Verschiebung zunächst als ein sinnvolles Hilfsmittel für die Ziele der Gruppe gesehen werden. Wird nun auch nach dem erreichten Zwischenziel das Klärungsgespräch weiter vermieden, so kann dies die künftige Arbeit der Gruppe völlig ineffizient werden lassen. Der verdeckte Gewinn besteht weiter darin, daß die bei einem erfolglos verlaufenden Klärungsgespräch mögliche Auflösung der Gruppe durch die Aufschiebung vermieden wurde. Die Aufschiebung der Klärung dient also dem verdeckten Gewinn des Zusammenhalts der Gruppe. Dieses Ziel kann aber auf viele andere Arten gefördert werden. Wird die bisherige Verschiebung in ihrem konstruktiven Beitrag für das Ganze gewürdigt, kann sie oft viel leichter zugunsten einer effektiveren Lösung aufgegeben werden.

Prioritätsirrtümer

Prioritätsirrtümer bei Zielsetzungen liegen vor, wenn jemand versucht, den übernächsten Schritt vor dem nächsten zu tun. Dafür gibt es viele Varianten. Wenn etwa relativ große Veränderungen möglich sind, wächst manchmal die Versuchung, drei Schritte in eine Planungsphase zusammenzufassen und sich dabei restlos zu überfordern, während die zwei nächsten Schritte durchaus schon beide angegangen werden könnten *(leapfrogging)*. Eine andere häufige Version von Prioritätsirrtümern besteht, wenn wir uns die Kraft für erforderliche Sofortmaßnahmen nehmen, indem wir unablässig auf der Beachtung eines bestimmten (oft durchaus angemessenen, wichtigen) umfassenderen Kontexts bestehen.

Querdenkerische Interviewfragen, durch die wir auf Prioritätsirrtümer aufmerksam werden könnten, sind:

Was wäre dran, wenn Sie jetzt schon Erfolg gehabt hätten? Wäre es nicht vielleicht besser, das, was dann dran wäre, erst deutlich später zu beginnen?

Wenn Sie dieses Ziel zurückstellen würden, was wäre dann das nächste Ziel? Was könnten Sie jetzt schon dafür tun? Und wenn Sie dann Erfolg gehabt hätten, wäre das ursprüngliche Ziel dann leichter erreichbar?

Wenn Sie sich erlauben, mit verschiedenen möglichen Anordnungen Ihrer näheren und weiteren Zielvorstellungen zu experimentieren, führen Sie eine höchst wertvolle, wenn auch schwierigere Grundform fortgeschritteneren Querdenkens durch.

Wenn Sie sich in bezug auf eigene Anliegen derartige lösungsorientierte Fragen angewöhnt haben, werden die Problemverfestigungen dieser drei Arten, die zuvor zu den wirksamsten, da indirekten Barrieren für Problemlösungen zählten, ihre Wirkung nicht mehr ungestört entfalten können – lassen Sie sich überraschen! (Daß aus den Antworten auf diese Fragen Handlungen folgen müssen, brauche ich Ihnen gewiß nicht zu verraten.)

IV.3 Das Tetralemma des radikalen Wandels

Wir können nun fünf grundlegend verschiedene Formen des radikalen Wandels auf unserer Speisekarte der Veränderungen unterscheiden. Wir folgen dabei dem Muster des Tetralemmas, das wir im vorhergehenden Teil eingeführt hatten. [2] Der Verzehr des Speisenangebots beginnt, sowie Sie die vorgeschlagene Unterscheidung auf eigene Anliegen zu übertragen beginnen.

Die Speisekarte der Veränderungsarten

1. Beziehen Sie Stellung!
2. Lassen Sie die Kraft des Nichtgewählten dem Gewählten zugute kommen!
3. Wechseln Sie die Perspektive, indem Sie scheinbar Unvereinbares in tieferem Sinne für vereinbar halten!
4. Nehmen Sie den Rahmen wahr, in dem es überhaupt zu der bisherigen Fragestellung kommen konnte!
5. Ändern Sie Ihren bisherigen Änderungsstil – und ändern Sie wiederum sogar dies (vielleicht sogar, indem Sie einmal auf Veränderung verzichten)!

---

[2] Diese Typologie der Veränderungen wurde erstmals behandelt in Varga von Kibéd (1995a).

IV.3.1 Beziehen Sie Stellung!

Radikaler Wandel der ersten Art ist eine Veränderung unserer Verhaltensmuster in einem Bereich, in dem wir bisher vermieden haben, einen klaren Standpunkt einzunehmen. Diese grundlegende Art der Veränderung besteht darin, daß wir in einer lange unentschiedenen Lage **endlich Stellung beziehen**. Hier geht es also um die Aufhebung von Schwebesituationen. *Stellung beziehen* heißt auch, daß wir z. B. klar sagen, wo unsere Grenzen sind, was unsere Bedingungen für die Zusammenarbeit sind und welche Verhaltensweisen zum Ausschluß aus einer Gemeinschaft führen. Anstelle stillschweigender Tabuisierungen werden bei dieser Art des radikalen Wandels klare Kontrakte ausgehandelt.

Die Annahme, daß die Information, um Stellung beziehen zu können – selbst nach einer längeren Zeit der Auseinandersetzung mit einer Frage –, noch nicht ausreicht, gehört wohl zu den häufigsten Hindernissen für diese Form des Wandels. Der verdeckte Gewinn besteht dabei z. B. in der Illusion besonderer Sorgfalt bei der Entscheidungsfindung. Wir müssen also ein Risiko in Kauf nehmen, das wir durch das Zögern bisher vermeiden konnten: Hier könnte uns plötzlich der Vorwurf gemacht werden, bei unserer Entscheidung manches nicht berücksichtigt zu haben. Auf diese Weise kann z. B. der Kauf eines neuen Computers beliebig lange hinausgezögert werden, da ja ständig neue relevante Information verfügbar wird.

Stabilisiert wird diese Barriere von der Illusion, ein vollständiger Informationszustand sei a) erreichbar, b) eindeutig erkennbar und c) wünschenswert. Innere und äußere Querdenker erinnern uns daran, daß alle diese drei Annahmen meist gänzlich ungerechtfertigte Einschränkungen unserer Handlungsmöglichkeiten darstellen. Also:

- *Es ist nicht möglich, die vollständige Information zur Lösung von Problemen zu erhalten.*
- *Selbst wenn es manchmal möglich wäre, derartige Information zur Lösung von Problemen zu erhalten, könnten wir sie nicht als vollständig erkennen.*
- *Selbst wenn wir vollständige Information erhalten und als vollständig erkennen könnten, wäre das keineswegs wünschenswert für die Problemlösung.*

Radikaler Wandel könnte hier also schon ermöglicht werden, wenn es gelingt, auf solche impliziten blockierenden Vorannahmen zu verzichten. Ein sensibler radikaler Wandel dieser Art könnte gerade dadurch, daß er das menschlich angemessene Maß der Informationsgewinnung berücksichtigt und dadurch die Erschöpfung vermeidet, die die alten Forderungen erzeugt haben, nachhaltiger sein.

Stellung beziehen in bezug auf die voraussichtlichen Entwicklungen etwa in einer Firma könnte dann bedeuten, daß eine unvermeidliche Unsicherheit in der langfristigen Entwicklung der Mitarbeiterzahl nicht mehr zu einem ständigen Zustand nahezu täglicher Spannung und Ungewißheit führt, indem a) kurzfristigere klare Sicherheiten und Rahmensetzungen gegeben werden und b) die Mitarbeiter über den langfristigen Planungsprozeß klare Rahmeninformationen erhalten, die es ihnen erlauben, solidarisch mit dem Gesamtsystem der Firma zu reagieren.

Ein verdeckter problemstabilisierender Mechanismus dabei ist häufig der Glaube, der in Streßsituationen erhöhte Wettbewerb sei letztlich auf jeden Fall leistungssteigernd. Diese Annahme widerspricht grundlegenden Erkenntnissen der Motivationsforschung. So besagt etwa das bekannte Yerkes-Dodsonsche Gesetz, daß die Leistung bei mittlerer Motivation im allgemeinen ihr Maximum erreicht; bei Überschreiten eines günstigen mittleren Wertes wird die Angst, Fehler zu machen oder zu versagen, letztlich leistungsmindernd wirken. Eine ungenutzte Ressource für sensiblen radikalen Wandel der ersten Art besteht also in der Überwindung derartiger Vorannahmen.

Innere und äußere Querdenker werden uns also daran erinnern, daß in manchen Situationen eine Steigerung der Motivation ein Hindernis darstellt und eher eine Art von Entspannung erforderlich ist, was natürlich den Wert motivationssteigernder Maßnahmen in anderen Zusammenhängen nicht schmälert. Ein Querdenker muß eben systemisch und kontextbezogen denken: Eine Maßnahmenform wird nicht für alle Fälle die richtige Veränderung der Motivation der Mitarbeiter bewirken.

Selbst das Setzen unangenehmer klarer Grenzen kann helfen, Energien zu mobilisieren, wenn die Zukunftsperspektiven aller Betroffenen als zur Frage gehörig betrachtet werden. Systemisch lassen sich die Perspektiven der Mitarbeiter eben nicht ohne Schaden für das Gesamtsystem aus der Betrachtung ausschließen, sondern werden durch eine neue Art von Schaden im System repräsentiert. Und ebensowenig kann das Wohl des „Gesamtorganismus" der Firma auf Kosten der Elemente des Systems ungestraft vernachlässigt werden. Dies beides gleichermaßen zu berücksichtigen bedeutet eine besonders weitsichtige Form des radikalen Wandels der ersten Art.

Wenn Mitarbeiter, die lange Zeit unter unklaren Bedingungen gearbeitet haben, nach einer solchen Veränderung wirklich wissen, woran sie sind, dann werden erstaunliche Energien freigesetzt, die dem ganzen Unternehmen zugute kommen können – natürlich unter der Voraussetzung, daß wir die Bedingungen einer sensiblen Veränderung beachtet haben. Eine sensible Veränderung bedeutet hier insbesondere eine allparteiliche Haltung: Überraschende Lösungen werden hier aus einer typisch querdenkerischen Annahme geboren, die eine auf den ersten und zweiten Blick scheinbar unerfüllbare Voraussetzung für Veränderungen dieser Art schafft:

Die radikale Veränderung, bei der wir offen und nachvollziehbar Stellung beziehen, kann gerade dann nachhaltigen Erfolg haben, wenn sie aus einer allparteilichen Haltung entsteht.

Allparteilichkeit

Das (auf Boszormenyi-Nagy zurückgehende) Prinzip der Allparteilichkeit wird uns auch in anderen Veränderungsarten wieder begegnen. Allparteilichkeit ist nicht etwa kalte Neutralität. Wer allparteilich handelt, geht von der oft scheinbar unmöglichen Annahme aus, sein Handeln habe im Dienste aller Beteiligten zugleich zu stehen. Und je länger diese Haltung geübt wird, desto öfter zeigt sich, wie diese Annahme uns ausgeblendete Möglichkeiten zugänglich werden läßt. Allparteilichkeit stellt eine der wichtigsten Vorbeugungsmaßnahmen gegen den Rückfall in überwunden geglaubte Problemzustände dar. Sie gelangen zu überraschenden Zugängen zu allparteilichen Haltungen, wenn Sie sich auf Fragen wie die folgenden einlassen:

Angenommen, es wäre ein Wunder geschehen und Sie wüßten, daß es plötzlich, über Nacht, eine Möglichkeit gäbe, die Veränderung im Dienste der Interessen aller Beteiligten durchzuführen, was wäre dann anders?

Woran würden Sie diese veränderten Möglichkeiten bemerken?

Und was würden Sie dann tun, was Sie zur Zeit nicht tun?

Viele Menschen, die Verantwortung für andere tragen und mit Fragen dieser Art zu experimentieren begonnen haben, haben erstaunliche Entdeckungen gemacht in bezug auf Möglichkeiten, die sozusagen in Reichweite lagen, aber zuvor unsichtbar waren. Verspüren Sie Appetit darauf, diese Wirkungen hinsichtlich eines lange unentschiedenen Problems, in dem Sie oder Ihr Unternehmen bislang noch nicht deutlich Flagge gezeigt haben oder wo die Grenzen unklar geblieben sind, anzuwenden? Dann finden Sie am Ende der Betrachtung der Änderungsarten unten (IV.4) ein Experiment, das Sie weiter in diese Denkmöglichkeiten hineinführen wird und die Umsetzung in neue Handlungsmöglichkeiten einleitet.

IV.3.2 Lassen Sie die Kraft des Nichtgewählten dem Gewählten zugute kommen!

Radikaler Wandel der zweiten Art bedeutet, daß wir den Wert abgelehnter oder nicht gewählter Handlungs- oder Entscheidungsalternativen voll zu würdigen lernen. Solange die nicht gewählten Alternativen nach einer Entscheidung nur abgewertet werden, schwächen sie die getroffene Wahl. Wenn das, was wir gewählt haben, uns gerade darum kostbar ist, weil es viel gekostet hat und weil die anderen Alternativen einen echten eigenen Wert hatten, dann werden wir mit der getroffenen Entscheidung sorgsamer und achtungsvoller umgehen.

Statt nach einer Entscheidung noch immer mit der getroffenen Wahl weiter zu hadern, indem wir nicht gewählten Möglichkeiten nachtrauern, lassen wir nach einem radikalen Wandel der zweiten Art die Kraft dessen, für das wir uns entschieden haben, mit der Kraft der abgelehnten Alternativen zusammenfließen. So kann die Kraft der gewählten Alternative nicht länger von den nicht gewählten geschwächt werden. Die verfeinerten und tiefer liegenden Formen derartiger Veränderungen erschließen sich uns, wenn es uns gelingt, *die Kraft des nicht Gewählten in das Gewählte* einfließen zu lassen. (Diese Formulierung (wie so vieles in den Grundideen unseres Ansatzes) verdanken wir, wie bereits erwähnt, Bert Hellinger.)

Hat etwa jemand eine Tätigkeit anstelle einer anderen aufgenommen und längere Zeit dem verlassenen Tätigkeitsfeld nachgetrauert, so fördern wir einen verfeinerten radikalen Wandel der zweiten Art, z. B. indem wir a) beachten, auf welch vielfältige Weisen die Erfahrungen der vorherigen Tätigkeit der gegenwärtigen schon zugute kommen oder b) künftig zugute kommen könnten oder, c), indem der Wert dessen, was er tut, höher geschätzt wird, weil er einen großen Preis dafür gezahlt hat.

Zu einem radikalen Wandel der zweiten Art – und für uns geht es immer um einen zugleich sensiblen Wandel – gehört auch, daß wir lernen, den Wert des von uns am meisten abgelehnten Standpunkts zu würdigen. Dazu helfen insbesondere die Formen, die wir im Abschnitt über das Tetralemma für den Umgang mit Gegensätzen (III.1.3) beschrieben haben. Wir erwerben dadurch paradox erscheinende flexible Haltungen. So könnten wir beispielsweise als Wandlungsvisionär den Wert von Phantasielosigkeit für den Gesamterfolg sehen lernen. Und wir könnten als jemand, der den Wert bestimmter tradierter Strukturen vielleicht besser sehen kann als die meisten in unserer Umgebung, entdecken, wie manche dieser Strukturen in ihrem eigentlichen Wert eben dadurch wirksamer geschützt werden können, daß wir uns auf entschiedene Veränderungsschritte einlassen. Und diese Veränderungen gehen vielleicht von den Impulsen eines Querdenkers aus, den wir zuvor eher als eine Gefährdung eines zu schützenden Gleichgewichts aufgefaßt haben.

IV.3.3 Wechseln Sie die Perspektive, indem Sie scheinbar Unvereinbares in tieferem Sinne für vereinbar halten!

Beim radikalen Wandel der dritten Art geht es darum, die dem Anschein nach unverträglichen Pole einer Handlungsalternative miteinander vereinbar zu machen. Gelingt diese Art des Wandels, ist der Wandel auf jeden Fall sensibel; es geht hier ja in besonderem Maße um eine Form der neuen Allparteilichkeit in der Haltung zu den Interessen der Beteiligten. Bei der dritten Art des radikalen Wandels geht es also darum, einen Weg zu finden, bislang für unvereinbar Gehaltenes miteinander zu verbinden – kurz und paradox –, indem wir *die Vereinbarkeit des Unvereinbaren entdecken*.

Die wichtigste Blockade für radikalen Wandel dieser Art besteht darin, die bisherige Beschreibung der Gegensätze für verbürgt zu halten. Wie gewinnen wir also Zugang zu dieser Art des Wandels, und wie lösen wir uns von der alten Art der Problembeschreibung, die uns bei dieser Suche nach Vereinbarkeit blind machte?

a) Akzeptieren wir die – zunächst unerfüllbar erscheinende – Annahme als Arbeitshypothese, daß zwei sich nach unserer bisherigen Auffassung ausschließende Möglichkeiten vereinbar sein müssen, etwa weil wir uns beiden verpflichtet fühlen, so gelangen wir dazu

b) anzunehmen, daß wir die Entscheidungsalternativen bisher nicht adäquat formuliert haben. Eine Handlungsalternative für uns kann nämlich stets als Ausdruck eines Werts angesehen werden, der in der Beschreibung der Handlung nur unvollständig zum Ausdruck kommt.

c) Da aber beide Werte, die den scheinbar unvereinbaren Alternativen zugrunde liegen, *unsere* Werte sind, gewissermaßen in unserem inneren Universum *zugleich* Geltung beanspruchen, sollten wir, sowie wir zu dieser Sicht gelangt sind,

d) nach neuen, oft nur leicht variierten Beschreibungen der Alternativen suchen, die dieser Vereinbarkeit der zugrundeliegenden Werte gerecht werden.

Für diesen Zweck finden sich in unserem Veränderungsmenü mehrere verlockende Angebote. Sehr schmackhaft und auch in den Nachwirkungen besonders empfehlenswert sind beispielsweise

1. überraschende Kompromisse oder Mittelwege. Schon die Annahme, daß bei zwei Alternativen, die für uns mit einem Prinzipienstreit oder Wertgegensatz zu tun hatten, ein Kompromiß oder ein Mittelweg existieren könnte, läßt manchmal auf verblüffende Weise bisher unsichtbare Optionen auftauchen. Wenn Unternehmer etwa beginnen, Menschen und Zahlen bei der Betrachtung der Firmenstruktur nicht mehr als Gegensatz zu begreifen, findet diese Form einer Veränderung statt.[3]

---

[3] Wie bei den meisten Beispielen für die dritte Position des Tetralemmas könnte auch dieses zu mehreren Typen von **Beides** gerechnet werden, so etwa zum Untertyp der Haltungsänderung oder der Prämissenverschiebung.

Wohl munden können auch

2. **Iterationen**, wenn in einem Team mit streitenden Parteien, statt für eine Gruppe Partei zu ergreifen, sowohl nach Situationen gesucht wird, in denen die Handlungsvorschläge der einen Partei gewählt werden, als auch nach Situationen, in denen die Vorschläge der anderen Partei ausgeführt werden.

Eine andere leckere Veränderungsmahlzeit ist

3. der **Übergang zu den den Alternativen zugrundeliegenden Werten**. Wenn wir etwa eine schwere Krise in bezug auf die Veränderungsmöglichkeiten ernst nehmen, sie aber dennoch im vollen Umfang als Krise wahrnehmen, so können wir die Werte der Handlungsalternativen deutlicher als je zuvor erfassen und dennoch die Krisensituation als verbesserte Veränderungs- und Entwicklungsmöglichkeit begreifen.

Sie erkennen auf diese Weise die vorherigen Alternativen
 a) als Scheingegensatz
 b) oder als in einer neuen These vereinbar
 c) oder als in einem größeren Ganzen aufgehoben
 d) oder, wenn Sie eine andere Haltung einnehmen, als kompatibel
 e) oder als miteinander vereinbar, indem die eine Alternative in die andere integriert werden kann[4] oder
 f) die Situation das Aufrechterhalten von Mehrdeutigkeit als kreative Möglichkeit zuläßt.

Ebenfalls kulinarisch reizvoll und noch etwas pikanter gewürzt werden Sie die

4. **Entdeckung der paradoxen Vereinbarkeit der Pole** finden. Hierzu gehört die Betrachtung von veränderten Formen der Strukturerhaltung oder von neuen Möglichkeiten der Bewahrung von

---

[4] Sie erkennen, schon tetralemmatisch geschult, hier vielleicht die **Beides**-Untertypen der Thesenverschiebung (b), Haltungsänderung (d) und Absorption oder „Kraft des Nichtgewählten ins Gewählte" (e) wieder, während c) mit einer Verbindung von Präsuppositionenverschiebung, Thesenverschiebung und/oder übersummativer Verbindung verwandt ist.

Änderungsprozessen, die eben dadurch auftauchen, daß wir Werte akzeptieren, auch wenn sie nicht unter allen Bedingungen vereinbar sind. Aber dadurch, daß wir den gegensätzlichen Werten voll zustimmen, statt uns auf blassere Kompromisse einzulassen, behalten beide Pole ihre volle Kraft.

Wenn wir etwa ein wirtschaftlich solides Vorgehen ebenso uneingeschränkt fordern wie die Wahrung der Interessen aller Mitarbeiter, so wird dies sicher manchmal einen unlösbaren Konflikt bedeuten. Aber die Kraft, uns den widersprüchlichen Forderungen zugleich zu stellen, auch wenn wir dabei nicht durchgängig Erfolg haben können, wird paradoxerweise manchmal Erfolge ermöglichen, die der frühe Kompromiß ausgeschlossen hätte.[5]

Die Kombinationsmöglichkeiten der beim Tetralemma betrachteten zehn Arten von **Beides** (vgl. III.1.3) könnten Sie zu weiteren Ideen führen, wenn Sie diese Typologie auf konkrete, für Sie interessante Beispiele anwenden!

IV.3.4 Nehmen Sie den Rahmen wahr, in dem es überhaupt zu der bisherigen Fragestellung kommen konnte!

Die vierte Art bildet der *Wandel der Frage im weiteren Rahmen*, d. h., indem wir einen größeren Zusammenhang finden, innerhalb dessen die alte Frage ihre Bedeutung verliert und der Blick ganz anderen Aspekten gilt, die neuartige Problemlösungsansätze erlauben – häufig verschwindet dabei das alte Problem einfach; wir erinnern hier nochmals an Wittgensteins oben zitierten Satz 6.521 aus seinem *Tractatus logico-philosophicus:*

„*Die Lösung des Problems des Lebens merkt man am Verschwinden dieses Problems.*"

Wenn wir uns fragen, wie es bloß zu dem Problem kommen konnte, so blockiert diese an sich recht sinnvoll erscheinende Frage uns oft, weil sie eher zur Selbstanklage oder zum Selbstmitleid führt. Aber

---

5 Das Motto „Gewinnen durch radikalen Wandel" des GC-Führungssymposiums 1995 kann selbst als Aufforderung zu einer Veränderung dieser Art aufgefaßt werden, wenn wir die Werte „Gewinnen" und „radikaler Wandel" zunächst als Gegensatz aufgefaßt haben – und als eine kreative Provokation war dieser Titel ja auch gedacht.

eine mit dieser Frage nah verwandte andere führt lösungsorientiert weiter:

In welchem Rahmen würde die bisherige Frage keinen Sinn mehr machen?
Und in welchem Rahmen schien sie uns denn gerade eben noch so sinnvoll zu sein?
Was ließ uns bisher die Frage eindeutig und unausweichlich erscheinen?
Welche veränderte Beschreibung der Ausgangsbedingungen würde diese Eindeutigkeit und Unausweichlichkeit in Frage stellen?

Diese Fragen führen zu einem Wechsel des Kontexts der Problembetrachtung. Der bisher zentrale Gegensatz wird dabei plötzlich peripher. Die Abwendung von der Betrachtung des Bruttosozialproduktes als wesentlicher Maßzahl für die Beurteilung der Wirtschaftsentwicklung ist ein derartiger Rahmenwechsel. Viele Fragen, die auf dem Hintergrund der Annahme, die Steigerung des Bruttosozialproduktes sei ein unbedingt sinnvolles Ziel, entstanden und unausweichlich schienen, verschwinden hier in einem durchaus Wittgensteinschen Sinne.

IV.3.5 Ändern Sie Ihren bisherigen Änderungsstil – und ändern Sie wiederum sogar dies (vielleicht sogar, indem Sie einmal auf Veränderung verzichten)!

Radikaler Wandel der fünften Art schließlich besteht in einem radikalen Wandel des gewohnten radikalen Wandels. Dazu gehört etwa der Wechsel von Veränderungen erster Art (also durch klares Stellungbeziehen) zu Veränderungen der zweiten Art. Es könnte etwa sein, daß wir die erste Form des radikalen Wandels übertrieben haben, indem wir auch fruchtbare kurzfristige Schwebezustände nicht mehr duldeten und durch sofortige Stellungnahme das kreative Potential chaotischer Übergangssituationen übersahen. Hier wäre der Übergang vom radikalen Wandel der ersten Art, dem *Stellungbeziehen*, zu einem der zweiten Art angemessen, bei dem wir den Wert der abgelehnten Haltung neu einbeziehen lernen, hier also: den Wert von Schwebezuständen für kreative Lösungsprozesse neu entdecken und auf überschnelle Urteile und blinden Aktionismus verzichten.

Was immer uns hier hilft, die Art des radikalen Wandels selbst zu wechseln, stellt eine solche fünfte Form des Wechsels dar – und dazu gehört auch der zeitweise Verzicht auf weiteren radikalen Wandel. Ist nicht gerade solch ein Wandel manchmal besonders radikal?

Zum Wandel der fünften Art gehört auch die Entdeckung immer neuer Möglichkeiten der Änderung von Änderungsstilen, z. B. die Suche nach „verrückten" Mitarbeitern als wertvollen Veränderungsressourcen (nach G. D. Jaslowitzer). Aus unserer Sicht gehört dazu auch eine positive Neubewertung des Potentials einer besonders verrückten Variante der Normalen, der „Beamten".

Wenn Sie zu diesen Wandelsformen eigene Beispiele finden, wird Ihnen das verdeutlichen, daß diese Typologie selbst als eine Ressource für radikalen Wandel wirken kann.

Wenn Ihnen also bisherige Veränderungsversuche unzureichend erscheinen und Sie nach übersehenen Möglichkeiten eines sensiblen radikalen Wandels suchen, meditieren Sie vielleicht einmal über:

Das Tetralemma des radikalen Wandels

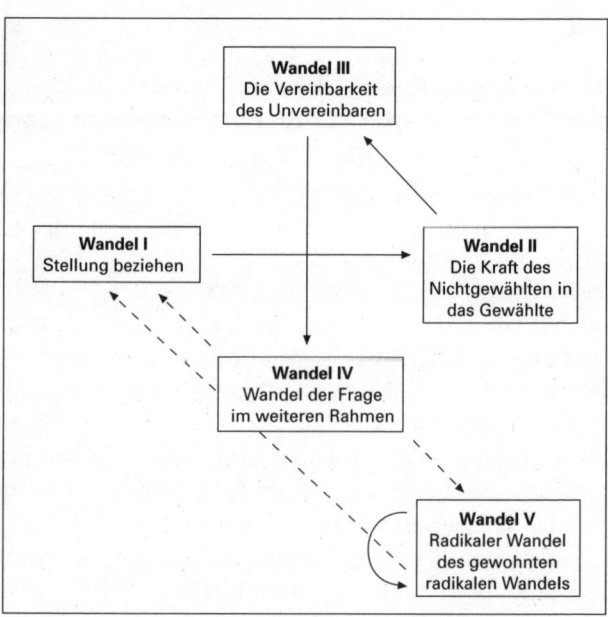

Achtung! Sorgfältige Beschäftigung mit den Möglichkeiten des radikalen Wandels erschwert den Nichtwandel!

Alle diese fünf Formen des Wandels lassen sich durch Tetralemmaarbeit unmittelbar erfahrbar machen.[6]

Nach dem langen Weg, den Sie uns bis hierher in der Landschaft der Veränderungstypen gefolgt sind, folgt nun das angekündigte Experiment!

IV.4 Ein Experiment zur Entdeckung geeigneter Formen des sensiblen radikalen Wandels

1. Vergegenwärtigen Sie sich das Anliegen, um das es für Sie gehen soll, so deutlich wie möglich. Lassen Sie es sich bildlich vor Augen treten, und spüren Sie, welche Fragen und Probleme für Sie bisher damit zusammenhingen.

2. Verdeutlichen Sie sich, welche Personen und Gruppen von einer deutlichen Veränderung durch *Stellungbeziehen* betroffen wären.

3. Wie waren bisher Ihre Erwartungen in bezug auf die Reaktionen der Betroffenen? Und welche weiteren Auswirkungen hätten die von Ihnen erwarteten Reaktionen gehabt?

4. Sie haben nun voraussichtlich eine Vielzahl von guten Gründen für die bisherige Nichtveränderung erhalten; d. h., es ist Ihnen jetzt vielleicht deutlich geworden, daß es eine Fülle möglicher unerfreulicher Konsequenzen gab, die eine Veränderung im alten Stil vielleicht nach sich gezogen hätte. Würdigen Sie daher die bisherige Nichtentscheidung als einen achtenswerten Beitrag und den Versuch, diesen sinnvollen Zielen gerecht zu werden. Ein querdenkerischer Leitsatz dazu ist:

Frühere Haltungen können dann leichter verabschiedet werden, wenn sie als geehrte Gäste gehen dürfen.

5. Nun beachten Sie einen weiteren Grundsatz, den Ihnen Ihr innerer Querdenker künftig regelmäßig in Erinnerung rufen wird:

Es ist ganz und gar irrational, nicht an die Möglichkeit guter überraschender Veränderungen zu glauben.

---

6 Vgl. dazu auch den Bericht „Neue Denkformen erleben" in der Dokumentation des ersten GC-Führungssymposiums in Tutzing 1994.

Dieses Querdenkerprinzip wird Ihnen helfen, sich auf folgende, zugegebenermaßen wirklich schwierige Übung einzulassen, die auf Ideen des großen hypnotherapeutischen Querdenkers Milton H. Erickson und des führenden systemischen Kurztherapeuten Steve de Shazer zurückgeht (sie ist schwierig – aber wer hätte denn je behauptet, Querdenken sei leicht, bloß weil es oft schnelle Ergebnisse zeitigt?).[7]

Stellen Sie sich also vor ... über Nacht ... wäre ein Wunder passiert ... und Ihr Problem, um das es hier geht ... wäre plötzlich verschwunden ... einfach so. ... Erste Veränderungen hätten schon im verborgenen begonnen ... und ein sensibler radikaler Wandel stünde vor der Tür. Und all das, da es ja um ein Wunder geht ... wäre in allparteilicher Form möglich geworden ... so daß also den Interessen aller Beteiligten wirklich gedient wäre. Aber, da es über Nacht geschehen ist ... haben Sie es ja nicht bemerken können, als es geschah. ... Woran ... könnten Sie als erstes merken, daß das Wunder eingetreten ist?

Und woran als zweites ... und als drittes?

Und wer würde es sonst noch merken? Und woran?

Und was täten Sie dann alles, was Sie jetzt noch nicht tun?

Bitte beachten Sie hier wieder die Grundsätze für lösungsorientierte Selbstinterviews! Es geht darum, möglichst klare, positiv formulierte, konkrete und handlungsbezogene Antworten durch Ihre Fragen zu erhalten.

6. Nun sind die Konsequenzen eines derartigen Wunders deutlich geworden. Gewiß, es wäre ein Wunder, wenn so etwas einträte. Aber: Wenn es einträte, wäre es nicht jammerschade, wenn wir es nicht bemerken und es dadurch vielleicht verspielen würden? Der erste Gewinn dieses Schritts ist also unsere geschärfte Aufmerksamkeit für mögliche erste Anzeichen der gewünschten Entwicklung. Möchten Sie noch einen Nachtisch?

---

7 Im folgenden stehen die drei Auslassungspunkte „..." jeweils für eine deutliche Sprechpause.

Wenn ja, dann haben wir Ihnen etwas vorzuschlagen, das noch etwas mühsamer ist. Wir schlagen Ihnen vor, daß Sie mindestens drei Wochen lang durch einen abendlichen Münzwurf entscheiden, ob Sie diese Übung am folgenden Tag durchführen oder nicht. Wenn die Zahl oben liegt, machen Sie einfach so weiter wie bisher. Wenn die Münze den Kopf zeigt, heißt das: Der nächste Tag ist ein Querdenker-Wundertag. Natürlich nur ein simulierter: Alles andere wäre ja ein Wunder. Aber lassen Sie sich, wenn Sie den Geschmack dieser Nachspeise kennenlernen wollen, einmal überraschen, welche Wirkungen die Simulation des Wunders haben kann. Ihre Aufgabe ist also die folgende:

Wenn die Münze entschieden hat, daß der nächste Tag Ihr Querdenker-Wundertag ist, dann werden Sie am folgenden Morgen, sowie Sie aufgewacht sind und sich an diese Übung erinnert haben, beginnen, einen Tag lang so zu tun, als ob das Wunder geschehen wäre. Es ist wichtig, daß Sie Ihren Versuch im geheimen durchführen. Ein Freund, Kollege oder Ihr Ehepartner darf, wenn Sie das wünschen, zwar wissen, daß Sie einen Versuch an einigen Tagen durchführen, aber niemand darf wissen, welche Tage Ihre Wundertage sind und was genau die Veränderungen sind, auf die es für Sie dabei ankommt. Und Sie registrieren bei diesem Versuch genau, was an den Tagen, an denen Sie den Versuch ausführen, anders ist, und notieren sich dazu einige Stichpunkte.

7. Es ist eine interessante und nützliche Ergänzung des Experimentes, einen Partner oder eine Partnerin einschätzen zu lassen, welche Tage nach seiner oder ihrer Beobachtung die Tage gewesen sein dürften, an denen Sie Ihre „Wunderübung" durchgeführt haben. Auch diese Beobachtungen sollten notiert werden, zusammen mit einigen Stichworten dazu, woran gemerkt wurde, daß die Übung stattfindet.

Manchen hilft eine nach außen zur Schau getragene pessimistische Haltung, einen derartigen inneren Optimismus zu nähren. In manchen Gegenden ist eine Formulierung wie:

Gar nicht so schlecht!

ja schon ein fast überschwengliches Lob. Auch aus diesem Grunde ist es wichtig, die Übung zunächst im geheimen durchzuführen.

8. Nach der gewählten Zeit können Sie Ihre Notizen zur Hand nehmen und prüfen, welche Veränderungen durch diese komplexe Querdenkübung schon begonnen haben, wahrnehmbar zu werden. Wenn Sie die Übung mit Partner gemacht haben, ist jetzt der richtige Zeitpunkt, die Ergebnisse zu vergleichen. Und wenn Sie die Übung allein gemacht haben, könnte es jetzt ein guter Zeitpunkt sein, einen geeigneten Gesprächspartner hinsichtlich des Experiments ins Vertrauen zu ziehen.

Viele haben sich diese Art von Experiment in verkürzter Form zu einer Art von ständig verfügbarer neuer Ressource werden lassen – was wieder eine Form des radikalen Wandels der fünften Art wäre: eine grundlegende Veränderung des alten Veränderungsstils.
Wir wünschen Ihnen überraschende Entdeckungen und guten Appetit zu dieser Nachspeise!

Teil V: Die Glaubenspolaritätenaufstellung: Wie Sie Ihre Ressourcen zugänglich machen und Ihre Überzeugungen überprüfen können

V.1 Die Grundlagen der Glaubenspolaritätenaufstellung

Sie haben jetzt bereits drei Arten unserer Systemischen Strukturaufstellungen kennengelernt: die Problemaufstellung, die Aufstellung des ausgeblendeten Themas und die Tetralemmaaufstellung. Eine völlig andere Form der Systemischen Strukturaufstellungen ist die Glaubenspolaritätenaufstellung. Mit ihr können Überzeugungen und Glaubenssätze überprüft und modifiziert werden. Veränderungen von Überzeugungen ändern die Grenzen unserer Wahrnehmung und beeinflussen damit die Möglichkeiten unseres Handelns. Die verschiedenen Formen des Querdenkens, die Sie bereits kennengelernt haben, zeigten andere Varianten der Infragestellung der Prämissen unseres Denkens.

Die Glaubenspolaritätenaufstellung geht auf ein Einteilungsschema aus der Religionsphilosophie von Frithjof Schuon zurück (vgl. z. B. Schuon 1981). Schuon verwendet eine auf Patanjali, den Autor der klassischen Yoga-Sutras, zurückgehende Einteilung der Yogaformen. Patanjali führte die verschiedenen Formen des Yogaweges als Schulungswege ein, die auf drei grundlegenden Formen aufbauen: dem Jnana-Yoga oder dem Yoga der Erkenntnis, dem Bhakti-Yoga oder dem Yoga der Liebe, und dem Karma-Yoga oder dem Yoga der Pflicht und Handlung.

Schuon verwendete diese Einteilung Patanjalis nun zur Kategorisierung von Religionsformen. So müssen ihm zufolge in jeder Religion der Jnana-, der Bhakti- und der Karma-Aspekt gültig vertreten sein. Wird einer dieser Aspekte nicht ausreichend berücksichtigt, so degeneriert die entsprechende Religionsform. Aus didaktischen Gründen wird in den Weltreligionen meist einer dieser Aspekte besonders betont, so etwa der Bhakti-Aspekt im Christentum, der Karma-Aspekt im Judentum und der Jnana-Aspekt im Islam [1]. Selbstverständlich sind in diesen Religionen auch die jeweils anderen Aspekte vertreten. Sogenannte Fundamentalisten [2] überbetonen im allgemeinen einen Aspekt und schließen die anderen Aspekte aus. So betonen manche sogenannte islamische Fundamentalisten z. B. den Karma-Aspekt und vergessen dabei oft den Bhakti- und den Jnana-Aspekt.

V.2 Die Teile einer Glaubenspolaritätenaufstellung

Für die Glaubenspolaritätenaufstellung verwenden wir diese drei Aspekte als Orte, die als in einem gleichseitigen Dreieck angeordnet aufzufassen sind, wobei keine der drei Ecken als übergeordnet anzusehen ist.

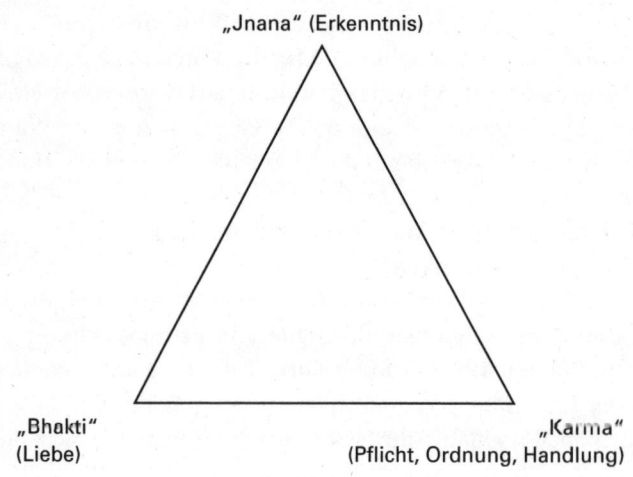

„Jnana" (Erkenntnis)

„Bhakti" (Liebe)

„Karma" (Pflicht, Ordnung, Handlung)

1 Wie hierzulande vielleicht nicht allgemein bekannt, gibt es im Islam eine religiös fundierte lebenslange Aufforderung, sein Wissen zu mehren und das Wissen auch in entlegenen Bereichen und unter großen Mühen zu suchen.
2 „Sogenannte", weil die, die heute so genannt werden, in der Regel damit beschäftigt sind, die Fundamente ihrer jeweiligen Religion nach Kräften zu verraten und zu zerstören. Das heißt natürlich nicht, daß diese Fundamente heute unzugänglich wären; nur eben selten unter der Bezeichnung „Fundamentalismus".

Da bei der Betonung eines Aspekts bzw. eines Pols dieses Dreiecks die anderen beiden ebenfalls als im Prinzip gleichwertig berücksichtigt werden müssen, erhalten wir dann folgende Figur:

"Jnana": **Erkenntnis**,
Klarheit, Wissen,
Einsicht, Vision,
das Wahre (Logik)

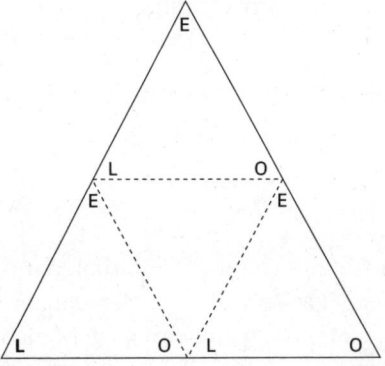

"Bhakti": **Liebe**, Vertrauen,   "Karma": **Ordnung**, Struktur,
Mitgefühl, Wertschätzung,   Pflicht, Ehrfurcht,
Sehnen, Hingezogensein,   Schuld/Unschuld, Ausgleich,
das Schöne (Ästhetik)   das Gute (Ethik)

Jedes dieser neu entstandenen Dreiecke können Sie wieder in drei gleiche Dreiecke unterteilen. Sie erhalten auf diese Weise, wenn Sie so fortfahren, schließlich eine fraktale Struktur.

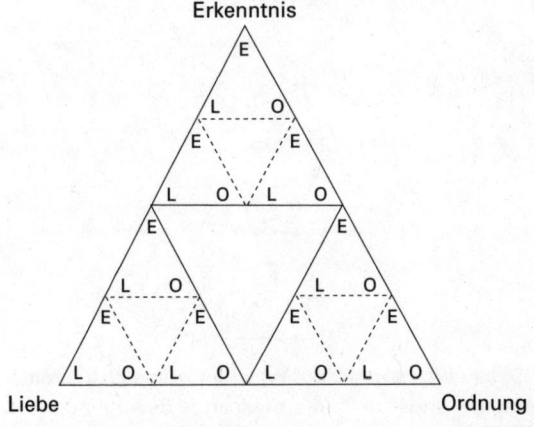

Keine Sorge, auch wenn dies zunächst kompliziert aussieht, verwenden wir zunächst in der Glaubenspolaritätenaufstellung nur die drei Orte Bhakti, Jnana und Karma. Dabei steht

- *Jnana* für den Bereich: Erkenntnis, Wissen, Klarheit, Vision, Einsicht und das Wahre,
- *Bhakti* für den Bereich: Liebe, Vertrauen, Wertschätzung, Mitgefühl, Sehnen, Hingezogensein und das Schöne,
- *Karma* für den Bereich: Ordnung, Struktur, Pflicht, Ausgleich, (Ehr-)Furcht, Schuld und Unschuld und das Gute.

(Verwandt mit dieser Einteilung ist auch die Trias von Logik, Ästhetik und Ethik.)

Für Organisationen verwenden wir meist das Begriffsdreieck Wissen / Vertrauen / Struktur.

Als vierten Teil für die Glaubenspolaritätenaufstellung brauchen wir noch den Fokus als Vertreter für denjenigen, für den die Glaubenspolaritätenaufstellung gemacht wird. Manchmal ergänzen wir noch, ähnlich wie die fünfte „Nichtposition" im Tetralemma, die **Weisheit** als freies Element, wenn wir die Glaubenspolaritätenaufstellung mit Personen als Repräsentanten durchführen.

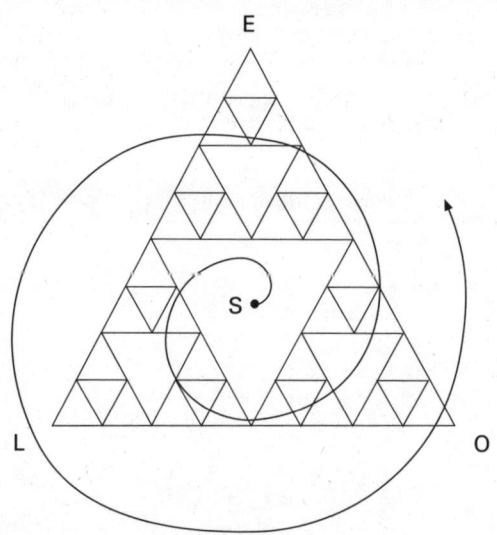

‚S' steht für *sophia*, die Weisheit, zugleich als Mittelpunkt und die anderen Pole umfassende Bewegung.

V.3 Eine Übung zur Glaubenspolaritätenaufstellung

Wählen Sie nun für sich eine Überzeugung aus, die Sie gerne ändern würden.

Meine Überzeugung:
....
....
....

Suchen Sie für die drei Aspekte Wissen, Vertrauen und Struktur drei Symbole aus, und legen Sie diese in der Form eines Dreiecks in den Raum, wobei Abstand und Größe des Dreiecks variieren können. Spüren Sie für jedes der Symbole nach, wo es sich für Sie stimmig anfühlt, wenn Sie es hinlegen. Als letztes wählen Sie ein Symbol für den Fokus, und legen Sie dieses Symbol zu dem aufgestellten Dreieck dazu.

Gehen Sie jetzt an die Stelle jedes dieser vier Teile, und spüren Sie nach, welche Körperempfindungen an den entsprechenden Orten auftreten. Notieren Sie sich danach diese Empfindungen.

Fokus:
....
....
....

Wissen:
....
....
....

Vertrauen:
....
....
....

Struktur:
....
....
....

Anschließend können Sie sich folgende Fragen stellen und beantworten:

1. War jeder dieser Pole in seiner Kraft, oder war einer von ihnen geschwächt bzw. unzugänglich?

2. Hatte der Fokus zu allen drei Polen guten Kontakt?

3. Kann der Fokus von allen drei Polen Energie nehmen?

Oft sind uns diese drei Pole nicht gleichermaßen zugänglich, sondern durch biographische Aspekte verstellt. Dies bedeutet, daß durch Erfahrungen diese reinen Kraftquellen leicht mit Personen verwechselt werden, durch die wir die Aspekte Wissen, Struktur und Vertrauen kennengelernt haben. Ist dies der Fall, so können Sie das daran merken, daß die Repräsentanten der Pole bzw. in der Einzelübung Sie selbst an dieser Stelle sich nicht wohl fühlen. In diesem Fall legen Sie hinter das entsprechende Symbol ein weiteres Symbol. Treten Sie dann an die Stelle des Fokus, und drehen Sie sich so, daß Sie diesen Pol gegenüber von sich sehen. Stellen Sie sich nun vor, daß der Pol langsam zur Seite rückt und dahinter der neue Aspekt sichtbar wird. Beantworten Sie dann folgende Fragen:

1. Was verändert sich für den Fokus, wenn er direkt den Aspekt hinter dem Pol ansieht?

2. Kann der Fokus jetzt von diesem neuen Aspekt Energie nehmen?

Der Fokus kann jetzt zu dem neuen Aspekt sagen:

„Ich hatte dich verwechselt. Jetzt erst sehe ich dich."

Im allgemeinen tritt hinter dem biographisch beeinflußten Pol die eigentliche Kraftquelle auf, von der dann „Energie" über den Blickkontakt genommen werden kann. Manchmal ist es auch nötig, noch einen Schritt weiterzugehen und auch hinter dem neuen Aspekt nochmals einen weiteren Aspekt auftauchen zu lassen.
    Sie können auf diese Weise mit allen Polen verfahren, die im ersten Bild noch nicht zugänglich bzw. biographisch gefärbt waren.

Wenn Sie einen weiteren Aspekt hinter dem ersten Pol auftauchen lassen, können Sie anschließend auch an die Stelle des Pols treten und nachprüfen, ob Sie hier angenehme Körperempfindungen haben. Ist dies der Fall, wird hier (jetzt schon oder allmählich) die eigentliche Kraftquelle repräsentiert.

Stehen Ihnen als Repräsentanten Personen zu Verfügung, dann können Sie für die einzelnen Pole und den Fokus jeweils eine Person wählen und sie im Raum aufstellen.

V.4 Feste und freie Glaubenspolaritätenaufstellung

Wir unterscheiden eine **feste** und eine **freie** Glaubenspolaritätenaufstellung. Bei der **festen Glaubenspolaritätenaufstellung** stehen im ersten Bild die drei Pole in Form eines (annähernd gleichseitigen) Dreiecks. Die Pole sind dann Orte, die nicht mehr verrückt werden. Personen als RepräsentantInnen der Pole blicken in einer festen Glaubenspolaritätenaufstellung in das Innere des Dreiecks. Bei der **freien Glaubenspolaritätenaufstellung** wählen Sie für jeden Pol einen Platz im Raum, wie er sich für Sie stimmig anfühlt, auch wenn dabei die drei Pole nicht so regulär zu stehen kommen. Die freie Glaubenspolaritätenaufstellung gibt noch mehr Hinweise auf biographische Aspekte. Bei ihr werden als erste Intervention die drei Pole im zweiten Bild in die Form eines Dreiecks gestellt, und danach wird verfahren, wie oben beschrieben.

V.5 Die Verwendung von Händen als Repräsentanten

Das Auftauchen des neuen Aspekts hinter dem Pol kann man mit Personen als Repräsentanten auch folgendermaßen gestalten: Der Leiter hält hinter den Kopf des Repräsentanten eines der Pole seine Hand. Diese wird allmählich für den Fokus sichtbar, wenn der Repräsentant langsam zur Seite rückt. Die auftauchende Hand des Leiters wirkt dann wie ein Repräsentant für den neuen Aspekt. Auf diese Weise können Personen auch durch Hände ersetzt werden, wenn nicht genügend Darsteller vorhanden sind. Diese Methode ist natürlich keineswegs auf die Glaubenspolaritätenaufstellung beschränkt; u. a. setzen wir sie auch häufig bei der Tetralemmaarbeit ein. (Anmerkung insbesondere für hypnotherapeutisch geschulte Leser: In unserer Praxis hat es sich als sehr hilfreich erwiesen, hier stets mit einer *kataleptischen* Hand eine geeignete Projektionsfläche, die vom Leiter als dissoziiert erlebt wird, anzubieten.)

V.6 DIE ÜBERPRÜFUNG DER ÜBERZEUGUNGEN IM AUFSTELLUNGSPROZESS

Immer wenn der Fokus zu einer neuen Kraftquelle Kontakt bekommen hat, können Sie, wenn Sie sich an seine Stelle begeben, Ihren Glaubenssatz bzw. Ihre Überzeugung, die Sie ändern wollen, nochmals überprüfen. Wenn Sie an die Überzeugung denken: Wie hat sie sich verändert, bzw. ist sie vielleicht ganz aus dem Gedächtnis verschwunden?

Häufig verändert sich die Überzeugung jeweils bei Aufnahme des Kontakts mit einem dieser Aspekte. Außer dieser Veränderung haben Sie bei dieser Übung erfahren, wie Sie mit den drei Ressourcen Wissen, Vertrauen und Struktur Kontakt aufnehmen können.

V.7 GLAUBENSPOLARITÄTENAUFSTELLUNGEN MIT FREIEM ELEMENT

Die Glaubenspolaritätenaufstellung kann auch noch ergänzt werden durch einen fünften Teil, der Ähnlichkeiten hat mit der fünften Nichtposition des Tetralemmas. Im Mittelpunkt des Dreiecks aus Erkenntnis, Liebe und Ordnung befindet sich die Weisheit *(sophia)*, also die, deren Freunde die Philosophen gerne wären und selten sind.[3] In der Aufstellung führen wir sie als freies Element ein. Das heißt, sie wird aufgestellt und darf sich danach frei bewegen, wie sie möchte.[4] So wie wir über die fünfte Nichtposition im Tetralemma nicht verfügen können, ist auch die Weisheit nicht in unserem Besitz. Wir können sie nur berühren und immer wieder finden.

In der Glaubenspolaritätenaufstellung kann die Weisheit wie die fünfte Nichtposition in der Tetralemmaaufstellung zwischendurch befragt werden, was sie raten würde. Gewissermaßen kann sie als Co-Leiterin fungieren – oder vielmehr: wir als ihre Assistenten. Auch die Pole als reine Kraftquellen können während der Aufstellung um Rat gefragt werden und geben oft weise Ratschläge. Lassen Sie sich überraschen!

---

[3] Aber sogar der vergeblich bleibende Versuch ist hier ehrenvoll!
[4] Der Auftrag an freie Elemente, den wir geben, ist oft noch etwas paradoxer: „Und Sie haben nun ausdrücklich die Aufgabe, nur genau das zu tun, was Sie gerade möchten!"

Teil VI: Die Idee der versehentlichen Aufstellung

VI.1 Zur Natürlichkeit des Aufstellungsverfahrens – oder: Es ist gar nicht so leicht, *nicht* aufzustellen

Das Aufstellungsverfahren ist eine ganz natürliche Methode:
1. In der Alltagssprache verwenden wir häufig Ausdrücke, die auf räumliche Anordnungen hinweisen. So erinnert z. B. „Sie stehen wirklich hinter ihm" an Eltern, die hinter ihren Kindern stehen im Lösungsbild der Ursprungsfamilie, oder „Der Platz neben ihm ist nicht frei" an das Nebeneinanderstehen der Ehepartner in der Gegenwartsfamilie.
2. Während wir sprechen, verwenden wir oft Gesten, die an Aufstellungen erinnern, etwa wenn wir beim Reden über eine Person eine Hand mitbewegen und bei der Erwähnung einer weiteren Person die andere Hand verwenden. Gewissermaßen werden hier beide Hände zu Repräsentanten für die beiden Personen, über die wir sprechen.
3. Im Arbeitsleben kennen wir Repräsentationen. Immer dann nämlich, wenn wir eine Stelle einnehmen, repräsentieren wir auf dieser Stelle eine Funktion für die Gesamtorganisation. Und wie in der Aufstellung einzelne Repräsentanten durch andere Personen ersetzbar sind, kann eine Stelle mit verschiedenen Personen besetzt werden, die im Prinzip austauschbar sind.

Vielleicht haben Sie sich inzwischen bereits befragt, ob sich im Alltagsleben nicht häufig Aufstellungen ereignen. Die etwas überraschende Antwort darauf ist unseres Erachtens: Ja, im Prinzip finden sie ständig statt!

Wir repräsentieren für andere Personen Ausgeschlossene ihres Systems, und sie können dies wiederum für uns tun. Wir laufen gewissermaßen mit den Leerstellen unseres eigenen Systems herum. Die Leerstellen stehen insbesondere für die Ausgeschlossenen. Ein Grund dafür, daß wir nicht ständig den Wirkungen von Aufstellungen unterliegen, besteht darin, daß sich diese nichtintendierten Aufstellungen gegenseitig löschen oder durch die gleichzeitigen Aufstellungen gewissermaßen das informationstheoretische Rauschen so hoch ist, daß die Aufstellungen nicht als solche wirken können.

Es gibt im Alltag jedoch Situationen, in denen genau derartige unbeabsichtigte Aufstellungen stattfinden. Ihre Wirkung besteht dann darin, daß fremde Personen andere Personen zu repräsentieren beginnen, die sie nicht kennen und deren Verhalten zu der momentanen Situation und dem gewohnten Verhalten der Repräsentanten nicht paßt, ja manchmal geradezu grotesk wirkt. Vielleicht können Sie sich auch an Situationen erinnern, in denen jemand in Ihrem Team sich plötzlich ganz anders als gewohnt und in bezug auf die Situation sehr unangemessen verhielt. Wir sprechen hier manchmal von versehentlichen Aufstellungen.

VI.2 Einige Bedingungen, die das Auftreten versehentlicher Aufstellungen begünstigen

Unter folgenden Bedingungen treten versehentliche Aufstellungen gehäuft auf:

1. Wenn eine Person im Mittelpunkt steht und die anderen Personen ihre Aufmerksamkeit insbesondere auf diese Person lenken.

Ein Beispiel hierfür sind oft Geburtstagsfeiern und Familienfeste. Hier kann es passieren, daß die Teilnehmer in die Leerstellen des Systems der Hauptperson rutschen und dann die Personen repräsentieren, die für diese Hauptperson ausgeschlossen sind. Da eine solche Aufstellung nicht beabsichtigt ist, können die entstehenden Effekte zwar beobachtet, aber meist nicht verstanden werden. So kommt es dann oft zu Konflikten, da die Personen mit ihrem Verhalten identifiziert werden und ihr Verhalten nicht als das der Repräsentierten gesehen wird. Meist kann weder die Hauptperson noch die Person, die das fremde Verhalten zu repräsentieren beginnt, ihr Verhalten verstehen. Das Geschehen wirkt wie ein Spuk, der danach wieder verschwindet – und den die meisten sofort zu vergessen beginnen, da die Situation im allgemeinen unverstehbar bleibt und damit ein kohärentes Selbst- und Weltbild erschwert.

Hier lernen Sie eine besonders interessante Form des Querdenkens kennen: Die übliche Voraussetzung, daß das Verhalten, das eine Person zeigt, zu ebendieser Person gehört, wird in Zweifel gezogen und durch die Hypothese ersetzt, daß gezeigtes Verhalten auch **repräsentierendes Verhalten** sein kann. Die Idee des repräsentierenden Verhaltens stellt eine bislang unzureichend in Betracht gezogene Erweiterung der Möglichkeiten dar, menschliches Verhalten zu sehen und zu verstehen. Sie führt zu einer unerwarteten, neuen Auffassung von der Welt und von den Menschen.

Selbstverständlich wird durch repräsentierendes Verhalten der Person nicht die Verantwortung für das Verhalten genommen. Jeder muß für die Konsequenzen seines eigenen oder repräsentierenden Verhaltens die Verantwortung tragen. Aber es fällt uns dann manchmal leichter, Menschen für ihr Verhalten nicht zu verurteilen, wenn wir in Erwägung ziehen, daß sie in ein fremdes System hineingerutscht sind. Wir erkennen dann den Teil ihres Verhaltens, in dem sie auch Opfer sind.

Vielleicht spielen versehentliche Aufstellungen auch eine Rolle bei für uns unverständlichen grausamen Verhaltensweisen bei sonst unauffälligen Menschen. Denken Sie etwa an die von der UNO mit dem Schutz der Zivilbevölkerung beauftragten Soldaten, die (in einigen schwerwiegenden Fällen in jüngster Zeit) entgegen ihrem Auftrag sogar mit den Verfolgern kollaborierten oder selbst als Verfolger agierten. Möglicherweise kann dieses Verhalten als das Hineingezogenwerden in ein fremdes Feld gesehen werden. Es könnte sein, daß wir in unserem Verhalten unter bestimmten Bedingungen einem derartigen destruktiven Feldphänomen unterliegen und nicht ein Verhalten zeigen, das zu uns als Einzelpersonen gehört. Zum Glück haben versehentliche Aufstellungen meist nicht so furchtbare Folgen.

2. Wenn durch Gestik auf eine bestimmte Stelle gewiesen wird. Ein amüsantes Beispiel hierfür ist folgende Begebenheit. Auf dem Kongreß „Weisen der Welterzeugung" 1998 in Heidelberg erzählte Steve de Shazer eine Geschichte über einen als schizophren diagno-

stizierten Patienten, als Erläuterung für seine These, daß die Logik psychotischer Patienten ganz normal sein kann. Während der Erzählung deutete er jeweils, wenn er den Patienten erwähnte, auf eine bestimmte Stelle im Raum. Genau an dieser Stelle jedoch stand auch der Übersetzer, der daraufhin sich versprach und nicht mehr übersetzen konnte. Eine Übersetzerin, deren Muttersprache Englisch ist, sprang ein und ging auf die Bühne an die gleiche Stelle. Auch sie fand nicht die passenden Worte, bildete ungrammatikalische Sätze und mußte abbrechen. Der dritte Freiwillige, der auf die Bühne trat, bereit zur Übersetzung, mußte ebenfalls aufgeben. Alle drei Übersetzer waren an die gleiche Stelle getreten, auf die davor de Shazer mit der Hand gewiesen hatte, als er den schizophrenen Patienten erwähnte. Hier hat, so glauben wir, eine versehentliche Aufstellung stattgefunden. Alle drei Übersetzer repräsentierten den Patienten und verloren vorübergehend ihre Fähigkeit, zu übersetzen.

Die versehentliche Aufstellung ist gewissermaßen das Spiegelbild zur **Projektion**. Während bei der Projektion jemand etwas Eigenes auf eine andere Person projiziert, also z. B. jemand anders in der Person sieht, geschieht die versehentliche Aufstellung passiv. Ein Teilnehmer rutscht in die Leerstelle eines anderen Systems. Er beginnt zu repräsentieren und verhält sich nicht mehr wie er selbst; oder, anders ausgedrückt: Eine Projektion liegt vor, wenn A ein Verhalten B zuschreibt, das zu einer A bekannten Person paßt, von B aber gar nicht gezeigt wird. Bei einer versehentlichen Aufstellung rutscht B in eine Leerstelle des Systems von A und verhält sich wie die entsprechende Person aus diesem System. Dieses Mal verhält sich B also tatsächlich anders, bei einer Projektion nur scheinbar.

VI.3 Die Konfliktaufstellung als Lösung eines durch eine versehentliche Aufstellung entstandenen Konflikts

Versehentliche Aufstellungen geschehen ohne Absicht. Es ist nützlich, diesen Effekt zu kennen, um, wenn er auftritt, mit ihm umgehen zu können. Manche Konflikte am Arbeitsplatz können auch auf diese Weise geklärt werden. Wenn der Verdacht besteht, daß eine versehentliche Aufstellung stattgefunden hat, ist es möglich, eine sogenannte **Konfliktaufstellung** zu machen. Diese beginnt mit der Rekonstruktion der Konfliktsituation. Aufgestellt werden die beteiligten Personen. Dadurch läßt sich manchmal feststellen, wer in welches System hineingerutscht ist und wer wen repräsentiert. Durch diese Rekonstruktion kann dann die Konfliktsituation neu gesehen und der Ablauf verstanden werden. Nach unserer Erfahrung lassen sich manche ungewöhnliche und hartnäckige Konflikte so lösen.

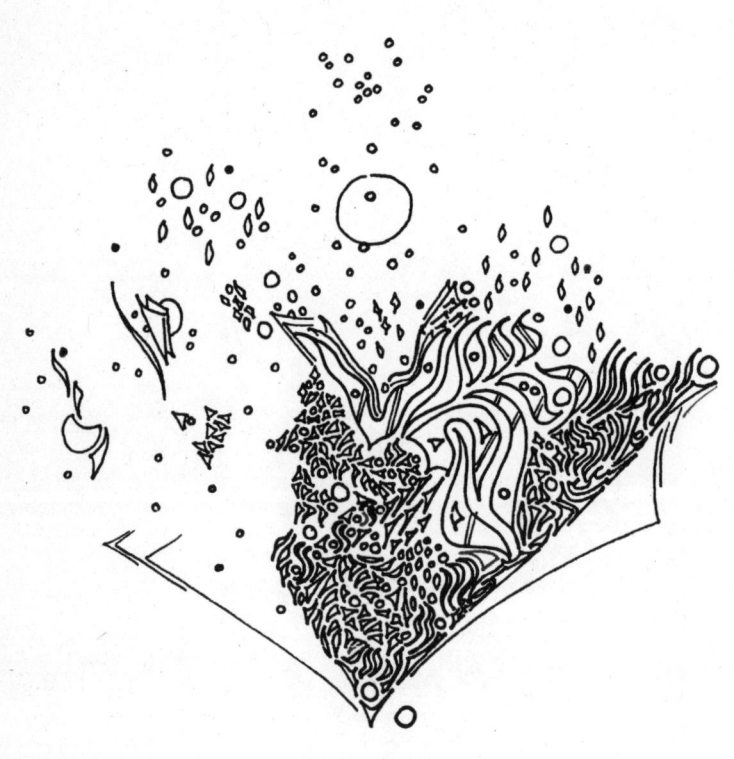

Teil VII: Kleine Typologie der Querdenker

Zur besseren Orientierung im Lande der Querdenker erhalten Sie hier einen kurzen Überblick über einige der wichtigsten Querdenkerarten; die Bevölkerung des Querdenkerkontinents ist allerdings so vielfältig, daß es den Ethnologen noch nicht gelungen ist, einen umfassenden Überblick zu gewinnen. Mögen die folgenden Notizen dem Reisenden als erste Hinweise für Begegnungen mit unterschiedlichsten Querdenkern nützlich sein.

VII.1 DER QUERDENKER IM ENGEREN SINNE

Der **Querdenker im engeren Sinne** ist, wie sein Name sagt, einfach durch den Umstand gekennzeichnet, daß seine Denkprozesse quer zu den gewohnten und erwarteten Bahnen verlaufen und er unser Denken durchquert, indem er uns immer wieder einen Strich durch die Rechnung macht. Von Natur aus an sich gutwillig, kann er durchaus reizbaren Gemüts sein, was durch den Umstand, daß seine kreativen und ressourcenorientierten Impulse fast regelmäßig mißverstanden werden, nicht weiter verwunderlich ist.

Gelingt es freilich, einen Querdenker im engeren Sinne in ein Team einzubinden, so wird er die inneren Querdenker der anderen Teammitglieder nach und nach aktivieren, was ihn selbst immer mehr entspannt und damit umgänglicher werden läßt.

VII.2 Der Diagonaldenker

Ein **Diagonaldenker** erschreckt seine Umgebung häufig durch die Geschwindigkeit, mit der er, einem Diagonalleser ähnlich, die Konsequenzen von Veränderungen erfaßt und weiterspinnt. Seine hohe Geschwindigkeit macht für ihn seine Umwelt oft unverständlich.

Dazu kommt, daß ein Schubkastendenker in Gegenwart eines Diagonaldenkers im allgemeinen in Streß gerät, was seine Geschwindigkeit nur noch weiter herabsetzt, wenn er in Panik beginnt, an irgendwelchen Schubladen zu zerren.

Der Diagonaldenker muß daher, um mit seiner Umwelt auskommen zu können, seine Geschwindigkeit verbergen. Dies gelingt ihm zwar, jedoch nur mit einem gewissen Groll, der sich leicht in einer mehr oder weniger unterschwelligen Überheblichkeit äußern kann.

Gelingt es einem Team, einen Diagonaldenker wirklich im Sinne eines Wir-Gefühls in die Gruppenstruktur einzubinden, so daß der Diagonaldenker wie ein schneller Kundschafter in unbekannten Bereichen seine Fähigkeiten im Dienste des Ganzen entfalten kann, kann sich das Team wirklich zu einer Qualitätssteigerung beglückwünschen.

VII.3 Der Kreuzundquerdenker

Dies ist eine viel verbreitetere Art des Querdenkers, der sich insbesondere als innerer Querdenker auch bei vielen Zugereisten im Querdenkerland aktivieren läßt. Der **Kreuzundquerdenker** versteht es, durch assoziative Vernetzung von Information in mehrdimensionalen Verknüpfungen zu Ergebnissen und Plänen zu gelangen, die bei rein linear gegliedertem Vorgehen gänzlich unzugänglich blieben.

Zu seinen besonderen Qualitäten gehört auch, daß er, zumindest während er kreuz und quer denkt, jegliche Neigung zur Pedanterie und zur sorgfältigen Unterscheidung von Wichtigem und Unwichtigem kurzfristig im Dienste kreativer Ansätze und Lösungen zurückzustellen vermag. Sehr im Gegensatz zum Diagonaldenker ist der Kreuzundquerdenker eher ein gemächlicher Geselle, der es versteht, Verkrampfungen aus der Situation herauszunehmen – wenn man ihn nur läßt. Das freilich geschieht oft nicht, da sein (nur scheinbar) mangelnder Sinn für Prioritäten und streng lineare Reihenfolgen ihn dem Schubkastendenker höchst suspekt macht.

Eine bekannte Grundübung, die schon manchen Schubkastendenker fremdsprachenkundig in der Provinz der Kreuzundquerdenker gemacht hat, ist das Brainstorming und die Verwendung von Mind Maps. Jede Übung, die es uns erlaubt, Assoziationen frei zu folgen und die Ergebnisse um bestimmte Schwerpunkte zu gruppieren und miteinander nichtlinear zu vernetzen, könnte in den Laboren der Kreuzundquerdenker entstanden sein. Daß Teams von dieser Querdenkerart sehr profitieren können, hat sich inzwischen schon weit herumgesprochen.

VII.4 Der lineare und der nichtlineare Denker

Ein ähnlicher Gegensatz wie der gerade besprochene ist der von **linearen und nichtlinearen Denkern.** Lineare Denker gehen davon aus, daß bestimmte häufige Abläufe von Ereignissen, die sich immer wieder sehr geähnelt haben, zwangsläufigen Charakter haben und durch Ursache-Wirkungs-Beziehungen geregelt sind. Das mag ja gelegentlich so sein, und es ist oft eine nützliche komplexitätsreduzierende Annahme. Aber der Preis ist hoch: Von den zahllosen möglichen Erklärungen wird eine einzige gewohnheitsmäßig bevorzugt, und dadurch werden alle Handlungsalternativen, die auf alternativen Annahmen beruhen, ausgeblendet.

Der nichtlineare Denker sieht zu jedem Ergebnis viele mögliche Abläufe, die dazu geführt haben könnten. Die Möglichkeiten, den Ist-Zustand zu deuten und zu modifizieren, sind für ihn entsprechend reichhaltig. Wenn er sieht, wie jemand, nennen wir ihn A, läuft und andere, nennen wir sie die B, kurz darauf in dieselbe Richtung laufen, bemerkt er, daß die Beschreibung

A wird von den B verfolgt

gewiß nicht die einzige ist – es könnte ja auch gelten

A hat die B diesen Weg entlanggelockt,

und viele andere Deutungen sind möglich; einige ungewöhnliche entdeckt man durch nichtlineare Querdenkerfragen wie:

Wie macht der Weg das, daß erst A und dann die B ihn entlanglaufen?

Eine wichtige nichtlineare Denkübung ist das Erfinden von neuen Fragen zu vorliegenden Antworten – ein Spiel, das Fynns kleine Anna in *Hallo, Mr. Gott, hier spricht Anna* (Fynn 1998) meisterhaft spielt.

Eine andere wichtige nichtlineare Denkübung besteht in der Erkenntnis, daß die Deutung von Verhaltenssequenzen interpunktionsabhängig ist (worauf Watzlawick wiederholt hinwies). Steht etwa K für Kontrollvermehrung und S für Störung, so könnte ein Ablauf

... K S K S K S K S K S K S ...

beschrieben werden durch:

Die Kontrolle wird vermehrt, weil die Störung immer wieder auftritt,

oder durch:

Die Störung tritt wegen der ständigen Verstärkung der Kontrollmaßnahmen immer wieder auf.

Der nichtlineare Denker erkennt sofort, daß „Stets S auf K" und „Stets K auf S" zwei unvollständige lineare kausale Beschreibungen desselben zirkulären und endlosen Musters

... K S K S K S K S K S K S ...

sind.

Nichtlineare Denker verunsichern ihre Umgebung, da sie gewohnte lineare Eindeutigkeiten in Frage stellen. Aber ein Team, das solche Denker zu integrieren lernt, ist wie kein anderes vor den Folgen einseitiger Deutung von Prozessen geschützt.

VII.5 Der labyrinthische Denker

Der labyrinthische Denker versetzt seine Umgebung regelmäßig in Konfusionstrancen unterschiedlicher Tiefe. Er benötigt ein trancefreundliches Umfeld, da er sonst dahinwelkt; die labyrinthische Konfusion und das sensible kreative Chaos sind sein Lebenselixier. Seine Sätze können endlos sein oder uns in immer neue Zirkel und Paradoxien hineinführen.

Wenn ich wüßte, wieviel zwei und zwei sind, würde ich sagen: vier!

sagt der Mullah Nasreddin, einer der großen Meister dieser Denkform. Im labyrinthischen Denken gelangen wir immer wieder aus verschiedenen Richtungen an dieselbe Stelle – und der Meisterlabyrinthiker erkennt dabei die Struktur der verschlungenen Pfade und verflochtenen Ebenen.

Typische Fragen des Labyrinthikers sind etwa:

Wodurch könnten Sie besonders wirksam verhindern, daß Sie Erfolg haben, und wer könnte Ihnen noch wirksamer als bisher helfen, dieses Problem ungelöst zu lassen? Wie könnten Sie ihn dabei unterstützen, Sie an der Problemlösung weiter zu hindern?

„Furcht ist multidirektional!" sagt Nasreddin zu einem armen Derwisch, den er gerade in völlige Verwirrung hineinlabyrinthisiert hat, und er nutzt die entstandene Trance der Erschöpfung zu der Mitteilung des Lehrsatzes:[1]

Und man braucht die Furcht nicht einmal selbst zu haben, um darunter leiden zu können!

Nur Teams, die in der Integration querdenkerischer Ressourcen schon weiter fortgeschritten sind, werden die Flexibilität aufbringen, die dieser Querdenkertyp ihnen abverlangt. Die Gewinne sind, wo es gelingt, natürlich auch außerordentlich.

VII.6 QUERDENKEN HÖHERER ORDNUNG: SPIRALIGE UND TETRALEMMATISCHE DENKER

Gerne hätten wir Ihnen hier noch viele andere interessante Stämme der Querdenker vorgestellt; wir dachten da z. B. an die zwei- und die mehrdimensionalen, die abstrakten und die sinnlichen, die kausalen und die korrelativen Denker, an Denker, die pfadförmig, und solche, die flächig denken, an monolithische Denker und an Collagendenker und wie sie alle heißen mögen. Doch davon vielleicht ein andermal – vielleicht haben wir ja Ihre Lust zu Exkursionen in diese Landschaften etwas zu steigern vermocht.

Doch eine wichtige Spezies der Querdenker, der wir einen guten Teil dieses Textes gewidmet haben, ohne sie bisher explizit hervor-

---

1 Vgl. dazu und zu weiteren Meisterquerdenkerinspirationen die wunderbaren Nasreddin-Lehrgeschichtensammlungen von Idries Shah (Shah 1975, 1987, 1992)!

zuheben, soll noch abschließend gewürdigt werden, ist doch sie es, durch die das Querdenken sich selbst überwindet und nie in Erstarrung verfallen kann. Es handelt sich um die **spiraligen** und die **tetralemmatischen Denker**.

Ein **tetralemmatischer Denker** hat gelernt, die vier Haltungen des Tetralemmas auf jede Frage und jeden Konflikt anzuwenden. Er sieht wie von selbst die Einseitigkeit der üblichen Problembetrachtungsweisen. Er ist zwar ein anstrengender Zeitgenosse, da er uns keine leichtfertigen Ausschlüsse von Gegnern und Gegenmeinungen durchgehen läßt, aber er verhilft zu überraschenden neuen Sichtweisen in bezug auf alte Probleme – und daher zahlt es sich aus, tetralemmatische Querdenker einzubeziehen.

Der **spiralige Denker** hat die Negation des Tetralemmas tiefer erfaßt und findet von der fünften Position, dem **All dies nicht — und selbst das nicht!** aus nicht nur neue Standpunkte, sondern neue Veränderungsstile. Die fünf Arten des radikalen Wandels, mit denen wir uns oben befaßt haben, entstammen der Werkstatt der Spiraliker.

Spiraliker haben Humor – und man braucht Humor, um sie wirksam in Teams mitarbeiten zu lassen. Ob man sie integriert hat, weiß man nie genau; aber das macht nichts. Hauptsache, der spiralische Denker weiß, daß er uns integriert hat. Dann kommen uns seine Querdenkerqualitäten zugute. Der Spiraliker ist die ausgereifte Form des **Metaquerdenkers** (vgl. I.5).

VII.7 Wie gerade der Querdenker einen geraden Weg hat

Nach alledem sollte deutlich geworden sein, daß wir nicht viel Hoffnung haben dürfen, ohne die Integration der Ressource des Querdenkens und der Querdenker zu immer neuen guten Problemlösungen zu kommen. Für lebendige Prozesse gilt eben eine etwas ungewöhnliche Geometrie:

Die kürzeste Verbindung hat hier oft die Form einer Spirale.

Da aber eine Gerade als kürzeste Verbindung zwischen zwei Punkten definiert ist, hat eben gerade der Querdenker einen geraden Weg – was freilich eine typische querdenkerische Behauptung ist.

Nachklang I: Wie wir Lösungen finden, statt sie zu suchen

DAS WIR-GEFÜHL

Betonen wir den Titelsatz zunächst auf dem zweiten Wort „wir". Die Suche nach Lösungen ist ja kein einsames Unterfangen, und wir haben die Kunst, innere und äußere Querdenker in unsere Empfindung von Zusammengehörigkeit einzubeziehen, in diesem Text schon in vielfacher Weise einzuüben begonnen.

Bedenken Sie bei all diesen Formen der Veränderung, mit denen wir uns hier befaßt haben, stets auch, wie wichtig es ist, eine gute Energie, ein deutliches Wir-Gefühl in der Gruppe, mit der Sie zusammenarbeiten, zu ermöglichen. Dazu tragen auch die synergetischen Effekte in Teams viel bei, die Peter Molzberger (1993) in seinem Band *Synergetische Zusammenarbeit* so lebendig dargestellt hat. Er betont dort: „Ein Team wird synergetisch durch die Aufgabe, die es sich stellt."

Im vorliegenden Text finden Sie viele Formen, die Ziele eines Teams so umzugestalten, daß synergetische Zusammenarbeit möglich wird.

Werner Stöger weist darauf hin, das neue Denken, um das es auch uns hier geht, beinhalte „das Entwickeln von gemeinsamen Visionen über Zielvereinbarungen (nicht Zielvorgaben), um mit gebündelten Kräften ein ‚Wir-Gefühl' entstehen zu lassen".

Hier klingt die Offenheit der Ziele, die wir als Eigenschaft des dialektischen Problemlösens (im Sinne von Dörner, vgl. II.2, Punkt 3) betrachtet haben, an. Lassen Sie in diesem Sinne die Entwicklung des **Wir-Gefühls** stets zu einem zentralen Bestandteil Ihrer Arbeit mit der Wunderfrage werden! Die Versöhnung und Integration abgelehnter Standpunkte in der Tetralemmaarbeit ist ein weiterer

Zugang zur Entwicklung eines synergiefördernden visionären Wir-Gefühls.

Querdenker kennen die Bedeutung des folgenden Prinzips:

Fassen wir entgegengesetzte Meinungen als Aufforderung zur Integration vernachlässigter Standpunkte auf, so fördern Gegensätze das Wir-Gefühl.

SUCHEN UND FINDEN

Wenn wir nach einer Lösung, einer neuen Perspektive oder einer ungenutzten Ressource suchen, so kann uns die Suche manchmal lang werden, und wir können den Mut verlieren. Querdenken als Ressource des Problemlösens bedeutet auch, daß wir das Verhältnis von **Suchen** und **Finden** auf überraschende und neue Weise ansehen.

Wenn zu unserem alten Glaubenssystem die Annahme gehört haben sollte, daß wir wohl noch nicht lange angestrengt und hartnäckig genug gesucht haben dürften, wenn wir noch nicht zum Ziel gekommen sind, so vermitteln uns geeignete weise Querdenker vielleicht folgende Idee:

Die Form der Suche ist häufig das Haupthindernis bei der Suche.

Wenn wir vorher glaubten, daß erfolgreiches Suchen eine Handlung ist, die wir einfach willensmäßig durchziehen können, so erfahren wir jetzt vielleicht den dazu queren Gedanken:

Erfolgreiche Suche wird nicht durch die Suche erfolgreich, sondern dadurch, daß wir uns von der Lösung finden lassen.

Wenn Sie nun allerdings meinten, sich von einer Lösung finden zu lassen sei eine rein passive Haltung, dann war dies vielleicht oft der Grund, warum es schwer war, sich von einer Lösung finden zu lassen.

Sich von einer Lösung finden zu lassen setzt sehr viel Einsatz voraus – aber einen Einsatz von Haltungen, aus denen die Handlungen folgen und nicht umgekehrt.

Wenn wir diese veränderte Haltung zu Haltungen und Handlungen der Veränderung suchen, so kann uns das Tetralemma helfen, uns von solchen Haltungen finden zu lassen.

Eine unerläßliche Voraussetzung dafür, sich von Lösungen finden zu lassen, besteht in der Annahme, daß die Lösung und alle dafür erforderlichen Ressourcen wirklich existieren. Diese Haltungsänderung haben wir früher im Text mit der Wunderfrage einzuüben begonnen. Ein Querdenker begibt sich in die Haltung von jemandem, der schon gefunden hat, und fragt sich:

Wenn ich über Nacht, wie durch ein Wunder, das, worum es mir ging, schon gefunden hätte – was wäre dann alles anders? Was täte ich dann, was ich jetzt noch nicht tue?

Der Querdenker hat sich das Wunder durch diesen Sprung in eine mögliche Zukunft vergegenwärtigt, indem er es als etwas Vergangenes statt als etwas Zukünftiges betrachtet (ein Vorgehen, das Erickson als *Pseudoprojektion in der Zeit* bezeichnet und untersucht hat; vgl. u. a. Erickson 1998, S. 178–181).

Wenn Sie die Konsequenzen der Lösung durch die Wunderfrage betrachten, können Probleme oft in der spurlosen Weise verschwinden, die wir anhand Wittgensteins Beispielen erläutert haben; denn dabei werden die Problemaspekte aufgelöst, die nur in einer hinderlichen Anordnung der Teile bestanden.

Für die Umordnung der Teile gibt uns die Grammatik des Worts „Problem" und die Betrachtung möglicher Anordnungen von Fokus, Ziel, Hindernissen, Ressourcen, Gewinn und künftiger Aufgabe wichtige querdenkerische Impulse, die wir in der Idee der Problemaufstellung eingeführt haben.

Wer sich von Lösungen finden lassen will, erinnert sich hier an weitere lösungsorientierte Querdenkerprinzipien:

Hindernisse bloß als Hindernisse zu betrachten ist ein großes Hindernis.

Hindernisse sind Knospen, die als Ressourcen aufblühen.

Es ist unvernünftig, nicht mit unvernünftigen Chancen zu rechnen.

Ein Problem als sinnvolle Frage akzeptiert zu haben heißt schon, auch an die Existenz relevanter ungenutzter Ressourcen zu glauben.

Wenn Sie manches in diesem Text vielleicht verwirrend fanden, so laden wir Sie dazu ein, diese Art der Verwirrung als verkappte

Ressource zu begrüßen, indem Sie sich künftig an das arabische Sprichwort[1] erinnern:

Aus der Knospe der Verwirrung hebt sich die Blüte der Verwunderung.

Und dann läßt sich schließlich sagen, daß das, was wir als das Gegenteil der Problemsituation sahen, die Lösung, von der wir uns finden lassen wollen und können, nie ganz von uns getrennt gewesen sein kann. Es gilt also:

Das Gegenteil ist nicht abgetrennt, ganz im Gegenteil!

Lassen Sie sich – ganz im Gegenteil – von Ihren Lösungen finden!

---

[1] Diesen Satz aus der Tradition des Tassawuf hörten wir erstmals von Hussein Abdel Fatah.

Nachklang II: Drei kostbare Ressourcen

Wir wollen Ihnen hier zum Ausgang unserer Überlegungen noch drei kraftvolle Helfer vorstellen, die unserer Erfahrung nach zu den kostbarsten Ressourcen gehören. Sie sind unter anderem Ressourcen für das systemische Handeln, für das Querdenken, für verschiedenste Arten von kreativen Prozessen und nicht zuletzt auch für die Leitung von Systemischen Strukturaufstellungen.

Diese drei haben Namen, die es vielen, die ihnen begegnen, unnötigerweise erschwert haben, sich mit ihnen zu befreunden. Darum sagen wir hier vorsichtshalber noch etwas über die Geschenke, die die Bekanntschaft mit ihnen bringt, in der Hoffnung, unseren Lesern den Zugang zu und den Umgang mit den dreien dadurch vielleicht etwas zu erleichtern. Sie sind schon echte Herausforderungen – wie es wichtige Begegnungen und Freundschaften eben sind.

Es handelt sich um

> das **Nichtwissen**,
> die **Hilflosigkeit**

und

> die **Verwirrung**.

Das Nichtwissen als Freund hilft uns beim Verzicht auf Interpretationen und Hypothesen. Das Nichtwissen macht es uns leichter, die meist unerfüllbare Forderung des völligen Verstehens durch „nützliche Formen des Mißverstehens" (de Shazer) zu ersetzen. Es entspricht dem systemischen Grundprinzip des „Anerkennen, was ist", denn die meisten Formen eines inhaltlich abgegrenzten Wissens sind nur zweifelhafte oder partielle Formen der Gewißheit. Es erlaubt uns, den Zugang zur Wahrnehmung und vor allem zur Selbstwahrnehmung als nicht besitzhafte Form der Teilhabe an Wissen zu finden. Und es verzichtet darauf, den Inhalten des Gewußten fragwürdige Dauer zu verleihen, und dient so der Haltung, immer wieder neu und offen hinzuschauen, zu fragen und wahrzunehmen.

Die Hilflosigkeit zeigt uns ihre Freundschaftsdienste, indem sie uns daran erinnert, daß wir etwas so Komplexes wie z. B. eine systemische Aufstellung niemals alleine „machen" oder gar zu einem geplanten Ziel führen können. Wir sind vielmehr nur Begleiter, Anteilnehmende und bestenfalls gute und kunstfertige Gastgeber eines unermeßlich subtilen, reichen Geschehens, dessen Ablauf niemands Besitz oder Leistung darstellt. Gute Aufsteller erkennen diesen Freund als Grundlage der Dankbarkeit, wenn eine Aufstellung wirklich gut gelungen ist, und sie sehen, wie absurd es wäre, anstelle dessen Stolz und Besitzanspruch zu empfinden. Hilflosigkeit ist darüber hinaus ein guter Freund, der uns auf eine Lücke, eine Leere hinweist. Wenn es uns gelingt, diese Leere willkommen zu heißen, statt sie als Mangel zu diffamieren, so wird sie zu einer Pforte überraschender, plötzlich aufsteigender Einsichten – bei uns und bei den anderen Beteiligten. Und schließlich erinnert uns Hilflosigkeit daran, daß die besten Leistungen, die wirklich wunderbaren Schritte, Geschenke sind (und keine willkürliche, kleinliche Bastelei).

Und schließlich zu Dir, Verwirrung, liebe Freundin, Gefährtin aller Querdenker und wahren Systemiker, Frucht der Paradoxien, Botin des Wandels und Aufbruchs – wie konnte es je geschehen, daß die Menschen die Kostbarkeit Deiner Gaben nicht mehr sahen?

Aus der Knospe der Verwirrung
  hebt sich die Blüte der Verwunderung

hieß es im Tassawuf – und wie oft verwelkte die Blüte des Wunders aus Furcht vor der Verwirrung! Aber der Versuch, Dich, Verwirrung, zu meiden, entstammt meist dem Wunsch, umfassend zu beherrschen. Und dieser Wunsch, so hoffnungslos er auch stets vom Leben widerlegt wird, hat doch einen hohen Preis: Er verhindert wirkliches Lernen.

Verwirrung, Du, und Deine beiden Geschwister, Hilflosigkeit und Nichtwissen: Vielleicht wird es künftig einigen von uns leichter sein, Eure Freundschaft zu gewinnen.

Teil VIII: Anhang

VIII.1 Übersicht über die verschiedenen Systemischen Strukturaufstellungen

Es folgt eine Übersicht über die bisher von uns entwickelten Systemischen Strukturaufstellungen. Sie sind durch gemeinsame grammatische Grundannahmen und Metaprinzipien [1] miteinander verbunden. Wenn nicht anders vermerkt (in Klammern hinter der jeweiligen Aufstellungsart), ist die Aufstellungsform von beiden Autoren zusammen entwickelt worden.

VIII.1.1 Arten von Systemischen Strukturaufstellungen

a) Problemaufstellung
Es werden die Teile, die zur „Grammatik" (im Sinne des späten Wittgenstein) des Wortes „Problem" gehören, aufgestellt.

b) sprachliche Oberflächenstrukturaufstellungen
Bei dieser Aufstellungsart werden die Segmente eines geringfügig paraphrasierten zentralen Satzes aus der Problembeschreibung der KlientInnen aufgestellt. Die sprachliche Oberflächenstrukturaufstellung verwendet in der Regel die Problemaufstellung, seltener die Tetralemmaaufstellung als Hintergrundgrammatik.

c) Aufstellung des ausgeblendeten Themas
Eine Problemaufstellung enthält u. a. folgende drei Aufstellungen des ausgeblendeten Themas:

– Fokus, Ziel, Hindernis
– Fokus, Ziel, verdeckter Gewinn
– Fokus, Ziel, künftige Aufgabe

1 Vgl. dazu Anhang VIII.3 und VIII.4.

Die Teile der allgemeinen Aufstellung des ausgeblendeten Themas sind: Fokus, offizielles Thema und ausgeblendetes Thema, d. h. „etwas, um das es bei dem offiziellen Thema (präsentierten Anliegen) eigentlich (auch noch) geht".

d) Tetralemmaaufstellung
Es werden die Teile des negierten Tetralemmas im Sinne des Madhyamika-Buddhismus nach Nargarjuna aufgestellt. Es gibt
feste Tetralemmaaufstellungen und
freie Tetralemmaaufstellungen.

Tetralemmaaufstellungen bieten Auswege aus erstarrten Entweder-oder-Situationen, indem diese als in mindestens drei Hinsichten unvollständig erfahrbar werden.

e) polare Entscheidungsaufstellung
Verläuft im wesentlichen wie eine partielle Tetralemmaaufstellung, bei der die Schritte bis vor die oder zur dritten Position zur Klärung ausreichen.

f) multiple Entscheidungsaufstellung
Hier geht es um mehr als zwei relevante Entscheidungsalternativen.

g) Glaubenspolaritätenaufstellung
Sie geht zurück auf die Einteilung religiöser Systeme nach Schuon (1981) nach der primären didaktischen Betonung der Prinzipien von Erkenntnis, Liebe und Ordnung/Pflicht.
Wir unterscheiden dabei die

- freie Glaubenspolaritätenaufstellung,
- feste Glaubenspolaritätenaufstellung,
- kombinierte Glaubenspolaritätenaufstellung.

Bei letzterer wird im von der Glaubenspolaritätenaufstellung aufgespannten Raum eine weitere Aufstellungsform durchgeführt (eine Grundform der **Metaaufstellungen**: Aufstellungen als Rahmen anderer Aufstellungen).

h) Core-Transformationsaufstellung
Sie geht zurück auf den Core-Transformationsprozeß, den Connirae, Steve und Tamara Andreas im NLP entwickelt haben (vgl. C.

u. T. Andreas 1995) und Siegfried Essen für die Arbeit an Grundüberzeugungen modifiziert hat. Wir haben diesen Prozeß dann in eine Aufstellungsform umgewandelt.

Aufstellungen, die eine direkte Kombination mit der lösungsfokussierten Kurztherapie darstellen (nach Sparrer i. Vorb. b):

    i) **Neunfelderaufstellung,**
    j) **Zielannäherungsaufstellung,**
    k) **Lösungsaufstellung** und schließlich
    l) **das lösungsgeometrische Interview,** bei dem Anordnungseigenschaften der Repräsentanten mit einem lösungsfokussierten Gruppeninterview kombiniert werden.

    m) **syllogistische Aufstellung** (nach Varga von Kibéd)
Diese Aufstellungsform geht auf das syllogistische Quadrat der Aristotelischen Logik zurück. Auch hier gibt es eine **feste** und eine **freie** Form.

Semiotische Aufstellungen:
Aufstellungen von Klassen von Zeichen

    n) **kenopythagoräische Aufstellungen,**
    o) **Hauptzeichenaspektaufstellungen,**
    p) **Hauptzeichenklassenaufstellung.**

Diese Aufstellungsarten bauen auf den zeichentheoretischen Grundbegriffen der Semiotik von Charles S. Peirce auf.

    q) **Enneagrammaufstellung**
Hierbei werden die neun Charaktertypen des Enneagramms zusammen mit dem Fokus in bezug auf eine spezifische Handlungstendenz oder Entscheidungssituation aufgestellt.

    r) **Simultane Gruppenthemenaufstellung** (nach Varga von Kibéd)
Diese Aufstellungsart ist insbesondere dann geeignet, wenn in einer sehr inhomogenen oder zerstrittenen Gruppe etwas gemeinsam aufgestellt werden soll.

Aufstellungen zu psychosomatischen Themen

s) **Körperaufstellung,**
t) **Körperstrukturaufstellung** (nach Sparrer),
u) **Aufstellung der fünf Funktionskreise** nach der traditionellen chinesischen Medizin (TCM) [2],

v) **homöopathische Systemaufstellungen** (nach Wiest u. Varga von Kibéd 1998; i. Vorb.), bestehend aus einer Kombination von

w) **Klientensymptomaufstellung** und
x) **Leitsymptomaufstellung** (Aufstellung der Leitsymptome eines Arzneimittelbildes) mit einer Familienaufstellung (in der Regel einer Ursprungsfamilienaufstellung),

y) **Chakrenaufstellung,**
z) **Wertpolaritätenaufstellung,**
eine modifizierte Version der Glaubenspolaritätenaufstellung, die zur Überprüfung des Einflusses von Wertsystemen auf Handlungen dient und zur Modifikation der Wertsysteme und auf sie bezogenen Glaubenssätze herangezogen werden kann, häufig unter Verwendung einer Glaubenspolaritätenaufstellung als Metaaufstellung.

VIII.1.2 Typen von Systemischen Strukturaufstellungen

Hier handelt es sich nicht um einzelne, eigenständige Aufstellungsarten, sondern um übergeordnete Aspekte, die auf die unter VIII.1.1 aufgeführten Aufstellungsarten zur weiteren Differenzierung des Vorgehens angewendet werden können. So kann eine Tetralemmaarbeit mit bekannten Alternativen offen oder ohne inhaltliche Charakterisierung der Alternativen als verdeckte Aufstellung durchgeführt werden.

i) **verdeckte Aufstellungen**

ii) **(multifokale =) mehrperspektivische Aufstellungen**

iii) **gemischtsymbolische Aufstellungen**

---

[2] Nikolas Behrens hat eine Variante dieser Form für die Hauptachsen in der TCM entwickelt.

iv) Aufstellungen mit Strukturebenenwechsel

v) systematisch ambige Aufstellungen

vi) Aufstellungen zusammengesetzter Systeme

vii) kombinierte Aufstellungen

viii) partielle (Formen von) Aufstellungen

ix) schichtenweise aufgebaute Aufstellungen

x) Supervisionsaufstellungen

xi) (Aufstellungen in der Aufstellung =) Metaaufstellungen

VIII.1.3 Aufstellungen für verschiedene Bereiche
Hier ist die Kategorisierung der Aufstellung primär durch den Anwendungsbereich gegeben; dabei finden sich auch eigenständige Aufstellungsarten.

1.) Aufstellungen im Organisationsbereich

A) Organisations-Strukturaufstellungen
Die Organisations-Strukturaufstellungen sind eine Weiterentwicklung der klassischen Organisationsaufstellungen auf der Basis der Grammatik der Systemischen Strukturaufstellungen. Sie betonen syntaktische, systematisch ambige und verdeckte Aufstellungsformen und unterscheiden sich dadurch von den **klassischen Organisationsaufstellungen** (die entwickelt wurden von Bert Hellinger, Gunthard Weber, Brigitte Gross, Siegfried Essen, Guni Baxa, Christine Essen, Insa Sparrer, Matthias Varga von Kibéd, Friedrich Wiest, Thomas Siefer, Gerd Metz, Werner Messerig und anderen); Organisations-Strukturaufstellungen verbinden in der Regel Formen der

B) Hierarchieebenenaufstellung sowie der

C) Teamaufstellung (Aufstellung der Mitglieder eines Teams). Weitere Arten von Systemischen Strukturaufstellungen für den Organisationsbereich sind die

D) Projektaufstellung (Projektteammitglieder, Ziele, Werte, Ressourcen, Marktanforderungen, etc. werden aufgestellt)
E) Wertsystemaufstellung (kann als gemischte symbolische Aufstellung mit handelnden Personen kombiniert werden; oft als Wertpolaritätenaufstellung (vgl. VIII. 1.1.z)
Die Wertsystemaufstellung ist eine Modifikation der Glaubenspolaritätenaufstellung, die wir u. a. für die Arbeit an den Grundwerten von Firmenphilosophie u. ä. entwickelt haben.

Als **Aufstellungen für Teamkonflikte** sind u. a. geeignet: spezielle Tetralemmaaufstellungen, insbesondere
F) simultane doppelte Tetralemmaaufstellung mit doppeltem Fokus (nach Varga von Kibéd)
G) mehrperspektivische Aufstellungen des ausgeblendeten Themas
simultane Gruppenthemenaufstellungen u. a.
H) Die Aufstellung des abwesenden Teams (nach Sparrer) ist ein Spezialfall des lösungsgeometrischen Interviews, das lösungsfokussierte Gesprächsführung (mit Hilfe des repräsentierenden Verhaltens von Rollenspielern) für ein nur teilweise anwesendes Team erlaubt, als wäre das Gesamtteam anwesend.

2.) Aufstellungen im Kreativitätsbereich

Drehbuchaufstellungen (nach Varga von Kibéd)
I) Aufstellung der Hauptpersonen
J) Aufstellung der Hauptcharakterzüge
K) Supervisionsaufstellungen für Drehbuchautoren
L) mehrperspektivische Drehbuchaufstellungen
(Verbindung dieser Formen mit Berücksichtigung von Produzenten, Zuschauern ...), Tetralemma und Problemaufstellungsarbeit zur Lösung von Kreativitätsblockaden.[3]

---

[3] Johannes C. Hoflehner hat in höchst kreativer Weise für die Theaterarbeit eigene, auf den Strukturaufstellungen aufbauende Aufstellungsformen entwickelt, o. a. Dramaaufstellungen, Rollenperspektivenaufstellungen, Theaterorganisationsaufstellungen und Theaterzeichenaufstellungen (vgl. Hoflehner i. Vorb.). Von Karen Schlimp liegt ein anregender Forschungsbericht über „Systemische Aufstellungsarbeit mit Musikern" vor.

Aufstellungen für professionelle MärchenerzählerInnen u. a.:

M) – **Märchenaufstellungen,**
– **Aufstellungen zur Klärung der Vermischung von Familienkonflikten mit der erzählten Geschichte,** z. B. durch systematisch ambige Arbeit an einer Märchenaufstellung mit dem Erzähler und dem Publikum als doppeltem Fokus.

N) **Aufstellungen von Filmszenen**

O) **Aufstellungen von Gemälden** (nach Thomas Hölscher)

3.) **andere Bereiche für Aufstellungen**

P) **Aufstellungen zur Beseitigung von Hindernissen beim Sprachenlernen**

Q) **politische Aufstellungen** (auch von S. Essen in anderer Form entwickelt)

R) **Konfliktaufstellung**
Hier geht es um Konfliktlösung durch Rekonstruktion einer versehentlichen Aufstellung.

S) **prismatische Balintgruppenaufstellung**
Zur Förderung der Resonanz einer Gruppe mit einem Problemfall oder einer Ressourcenmöglichkeit verwenden wir diese Kombinationen der prismatischen Balintgruppenarbeit (nach Drees 1995) mit einer spezifischen Systemischen Strukturaufstellung.

VIII.2 Zur Grammatik der Systemischen Strukturaufstellungen

Die Grundideen der anschließend kurz zusammengefaßten grammatischen Prinzipien der Systemischen Strukturaufstellungen entstanden durch Überlegungen zur Verallgemeinerung und Erweiterung der Grundprinzipien des Familienstellens. Bert Hellinger hat die methodischen Grundprinzipien der Interventionen für das von ihm entwickelte Verfahren der systemischen Familienaufstellungen nur knapp angedeutet; er gibt die philosophischen Grundideen seines Vorgehens an und erläutert sie an einer Fülle von Beispielen, oft unter Zuhilfenahme metaphorischer Lehrgeschichten.

Spezifischere, vorwiegend auf Familienkontexte[4] bezogene Formen einiger der folgenden Prinzipien finden sich, zum Teil implizit, in seiner therapeutischen Praxis und in den Ausformulierungen seiner tiefgründigen und klaren familientherapeutischen Einsichten (vgl. dazu insbesondere Hellinger 1997c; Weber 1997). Hellinger fußt dabei in wichtigen Aspekten auf Gedanken der kontextuellen Therapie von Ivan Boszormenyi-Nagy (1987); der Begriff der systemischen Schuld läßt sich über Martin Buber (vgl. Buber 1992) auf chassidische Quellen zurückverfolgen.

Die Differenzierung und Klärung der verschiedenen Ausgleichsformen in seinen berühmt gewordenen Ausführungen zu Schuld und Unschuld aus systemischer Sicht und die Darlegung einer Fülle subtiler Anwendungsformen der Idee der systemischen Schuld stammen aus dem systemisch-phänomenologischen Ansatz Bert Hellingers in der Familientherapie. Schuld wird hier aus der ethischen Deutung in eine ökonomische Deutung übersetzt; der Schuldige wird als zu Ausgleich verpflichtet, aber nicht als „böse" gesehen. Systemische Schuld als Ausgleichsbedürftigkeit erlaubt Systemstabilisierungen, die durch den ethischen Schuldbegriff unmöglich gemacht werden.

Systemische Schuld in diesem Sinne kann nämlich auch bestehen, wenn keine Handlungsfreiheit vorlag. Hier kann im Sinne einer Auffassung von Schuld als ethischer Schuld (mit Wertungen von „gut" und „böse") gar nicht nach dem geeigneten Ausgleich gefragt werden, da die betreffende Person bei fehlender Handlungsfreiheit ja als unschuldig anzusehen ist. Die „ökonomische" Deutung von Schuld als Ausgleichsbedürftigkeit, durch die der Begriff der systemischen Schuld (manchmal auch „unschuldige Schuld" genannt) dem Begriff der Schulden näher ist als dem des Bösen, erlaubt nun Ausgleich, wo der ethische Schuldbegriff nicht einmal die Frage nach der Ausgleichsmöglichkeit einzubeziehen vermag. Auf dieser Überlegung beruht das enorme Potential einer derartigen ökonomischen Umformung des ethischen Schuldbegriffs.

Die folgenden Prinzipien („Grundannahmen") und Metaprinzipien sind weder *deskriptiv* noch *normativ* zu verstehen; vielmehr sollten sie als Mittel zur Aufhebung von Störungen verstanden

---

4 ... und gelegentlich auf Organisationskontexte; vgl. dazu die Texte von Bert Hellinger, Johannes Neuhauser und Gunthard Weber in Weber (2000).

werden.[5] Diese Auffassung von Prinzipien, die wir *kurativ* nennen wollen, läßt sich am ehesten durch folgende Anweisung zum praktischen Vorgehen bei vorliegenden Störungen eines Systems charakterisieren. Wenn in einem System ein gestörter Zustand vorliegt und nach einer Verbesserung des Zustands bzw. einer Bedingung, bei der die Störungen verschwinden können, gesucht wird, sollten die Prinzipien und Metaprinzipien wie folgt verwendet werden:

Prüfe unter Berücksichtigung der Metaprinzipien nach, ob der gegenwärtige Systemzustand versuchsweise als Ausdruck einer Verletzung einer der Grundannahmen rekonstruiert werden kann. Beginne dann den Modifikationsversuch bei der höchstrangigen in der folgenden Liste der Grundannahmen.

Die **kurative Prinzipienauffassung** nimmt Prinzipien also weder als Beschreibung eines Ist-Zustandes (deskriptiv) noch als die eines Soll-Zustandes (normativ), sondern verwendet sie als Als-ob-Konstruktionen, deren Verletzung Hinweise auf Heilungsansätze bietet. Damit stellen die Prinzipien ein präventives Mittel dar (ähnlich wie Russells Typenlogik als eine Methode zur Prävention der Entstehung von Paradoxien zu sehen ist).

Man beachte aber:
- Grippe ist nicht eine Form von Antibiotikamangel,
- Kopfschmerz ist kein Aspirinmangel,
- und wenn man wegen eines neuen Buchs seinen Hunger vergißt, heißt das noch lange nicht, Hunger sei Büchermangel.

Ist der Heilungsversuch dann erfolgreich, folgt daraus keineswegs, daß das Prinzip deskriptiv oder normativ richtig gewesen wäre. Die kurative Prinzipienauffassung hilft bei der Verbindung konstruktivistischer und phänomenologischer Auffassungen in der systemischen Arbeit.

VIII.3 METAPRINZIPIEN UND GRUNDANNAHMEN DER SYSTEMISCHEN STRUKTURAUFSTELLUNGEN[6]

1. Metaprinzip:
Das Gegebene muß anerkannt werden.

---

[5] Im Buddhismus bezeichnet man derartiges als kunstfertige Mittel zur Aufhebung menschlichen Leidens.
[6] Näheres dazu in Sparrer (1997).

2. Metaprinzip:
Folgende vier impliziten Grundannahmen für die Wiederherstellung einer heilsamen Ordnung gelten in der Reihenfolge 1.–4.:

1. Grundannahme:
Prinzip der Gleichwertigkeit der Zugehörigkeit:
Jedes Systemelement hat gleiches Recht auf Zugehörigkeit.

2. Grundannahme:
Prinzipien der zeitlichen Reihenfolge:
a) **Prinzip der systeminternen direkten Zeitfolge**:
Innerhalb von Systemen hat das Frühere vor dem Späteren Vorrang.
b) **Prinzip der intersystemischen inversen Zeitfolge**:
Zwischen Systemen hat das Spätere Vorrang vor dem Früheren.

3. Grundannahme:[7]
Prinzip des Vorrangs des höheren Einsatzes (commitment)

4. Grundannahme:[8]
Prinzip des Fähigkeitsvorrangs

Anwendungsprinzip für das 2. Metaprinzip:
Bei einer Störung auf der Ebene der n-ten Grundannahme prüfe zuerst die Ebenen 1, ..., n-1.

3. Metaprinzip:
Systeme werden durch angemessene Formen des Ausgleichs von Geben und Nehmen stabilisiert. Daher ist dieser Ausgleich für alle Systemebenen in jeweils geeigneter Form zu berücksichtigen. So ist zwischen Ausgleich

    durch **Austausch**,
    durch **Rückgabe** und
    durch **Weitergabe**

---

7 Diese Grundannahmen sollten weiter differenziert werden; Näheres dazu findet sich in Insa Sparrers Artikel „Von der Familienaufstellung zur Aufstellungsarbeit mit Organisationen", in Weber (2000).
8 Siehe die vorhergehende Fußnote.

in Abhängigkeit von den spezifischen Bedingungen des Systemkontexts zu unterscheiden.

Ferner ist die Aufrechterhaltung der Bindung im System durch das **Prinzip des nichtexakten Ausgleichs** zu sichern; dieses Prinzip fordert einen etwas verminderten Ausgleich im Übel und einen etwas vermehrten Ausgleich im Guten als Bedingung der Förderung einer guten Bindungsstärke innerhalb des Systems.[9]

VIII.4 Allgemeine systemtheoretische Motivation der Metaprinzipien und Grundannahmen

Die vier Grundannahmen erweisen sich für Systeme unter folgenden Bedingungen als fast zwingend:

Das **Prinzip der Gleichwertigkeit der Zugehörigkeit** sichert die **Existenz** des Systems, da sonst der Zugehörigkeitsbegriff und damit die Systemgrenze problematisch wird.

Das **Prinzip der direkten Zeitfolge** sichert die Möglichkeit des **Systemwachstums**, da sonst der Raumverlust der früheren Systemelemente in der Regel zu Gegenreaktionen gegen das Systemwachstum führt.

Das **Prinzip der inversen Zeitfolge** sichert die Möglichkeit der **Systemfortpflanzung**, da sonst die schwächere Grenze des jüngeren Systems häufig zu dessen Reabsorption durch das ältere oder zur Diffusion führt.

Das **Prinzip des Vorrangs des höheren Einsatzes** sichert die **Immunkraftbildung** des Systems, da ohne die Förderung derartiger Funktionen das System potentiell stabilisierende Kräfte nicht in ausreichendem Maße ausbilden dürfte. Bei Organisationen fallen unter dieses Prinzip die systemische und die offizielle Hierarchie sowie interne und externe Einflüsse (vgl. VIII.5).

Das **Prinzip des Leistungs- und Fähigkeitsvorrangs** sichert die Reifung und individuelle Ausprägung des Systems (**Individuation**), da sonst der pure Weiterbestand des Systems als einzige Systemausrichtung alles dominieren kann.

---

[9] Exakter Ausgleich wird als Trennungsbedingung, die Forderung danach oft als Trennungsursache gesehen.

Das **1. Metaprinzip,** das auch als Prinzip der Nichtleugnung der Wirklichkeit bezeichnet werden könnte, erlaubt die Ableitung aller Grundannahmen für wachstums- und fortpflanzungsfähige, durch Immunkräfte gegenüber Krisen stabilisierte und individuell ausgeprägte Systeme. Seine Verletzung kann sich auf jede dieser Systemeigenschaften schädigend auswirken.

Das **2. Metaprinzip** kann als Ausdruck des Primats der Systemexistenz vor Systemwachstum und Systemfortpflanzung vor Immunkraftbildung vor Individuation gesehen werden.

Das **3. Metaprinzip** sichert eine Elastizität der Bindungskräfte des Systems auf jeder Systemebene. Dadurch fördert es die Stabilität und Adaptionsfähigkeit des Systems. (Ein zu geringer Austausch würde Systeme erstarren oder „vertrocknen" lassen, ein zu starker würde zur Diffusion des Systems führen.) Man könnte es als Prinzip zur Förderung von Umsatz und Stoffwechsel im System charakterisieren.

Ein detailliertes und erweitertes Schema der Grundannahmen zeigen die Darstellungen auf den folgenden Seiten.

Systemische Strukturaufstellungsarbeit: Zugrundeliegende Metaprinzipien und Grundannahmen
Systemische Strukturaufstellungsarbeit (SySt), Insa Sparrer und Prof. Dr. Matthias Varga von Kibéd

Analogie zu biologischen/evolutionären Systemen:

4. Grundannahme: Prinzip des Kompetenzvorrangs
a) Vorrang der höheren Leistungen und Resultate
b) Vorrang der größeren Fähigkeiten und der inneren Reife

In der Regel a) vor b)

Wer ist wofür effektiver und fähiger?

… Fähigkeitsvorrang sichert die Reifung und individuelle Ausprägung des Systems (**Individuation**), da sonst der pure Weiterbestand des Systems als einzige Systemausrichtung alles dominieren kann.

3. Grundannahme: a) Prinzip des **Vorrangs des höheren Einsatzes** (*commitment*), in dem sich jemand für das Ganze verantwortlich fühlt
b) Berücksichtigung von **systemischer und offizieller Hierarchie**
c) Berücksichtigung von **internen und externen Einflüssen**

Wer fühlt sich verantwortlich? (für das Ganze)
Wer wird verantwortlich gemacht? (Verantwortung)

Wer ist übergeordnet? (Hierarchie)
Wer hat mehr Einfluß? (Einflüsse)

… sichert die **Immunkraftbildung** des Systems, da ohne die Förderung derartiger Funktionen das System potentiell stabilisierende Kräfte nicht in ausreichendem Maße ausbilden kann.

2. Grundannahme: Prinzipien der zeitlichen Reihenfolge
a) direkte Zeitfolge innerhalb von Systemen (das Frühere vor dem Späteren)
Wer (intern) war zuerst da? Wer kam danach?
Zeitaspekt: In der Familie verliere ich das Recht auf meinen Platz nie; in der Warteschlange oft noch nach wenigen Augenblicken.

b) inverse Zeitfolge zwischen Systemen
Was (welches System) war vorher da? Was kam danach?

zu a): … die direkte Zeitfolge sichert die Möglichkeit des **Systemwachstums**, da sonst der Raumverlust der früheren Systemelemente in der Regel zu Gegenreaktionen gegen das Systemwachstum führt.

zu b): … die inverse Zeitfolge sichert die Möglichkeit der Systemfortpflanzung, da sonst die schwächere Grenze des jüngeren Systems häufig zu dessen Reabsorption durch das ältere oder zur Diffusion führt.

1. Grundannahme: Prinzip der Gleichwertigkeit der Zugehörigkeit
Jedes Systemelement hat gleiches Recht auf Zugehörigkeit. Niemand darf einfach ausgeschlossen werden, auch nicht in Organisationen.
- Bei „Ausschluß" werden die Grenzen schwächer, die dann inferiore Maßnahmen wiederherstellt werden.
- Zugehörigkeit in Familien entsteht über Ehe und Partnerschaft (Bindung) oder wenn bzw. einem Familienmitglied das Überleben ermöglicht wird.
- Besondere Beispiele: Ärzte, die Leben retten — Bezahlung, sozialer Status/wenn beides sinkt: Ausgleich über Schicksal, Verhalten, Erkrankung?
- Besondere Verdienste: Graue Eminenzen, die eine oder der andere, ohne die das System nicht weiterbestehen würde, wird zum Systemmitglied.

Wer gehört dazu?

Gleichwertigkeit der Zugehörigkeit sichert die **Existenz des Systems**, da sonst der Zugehörigkeitsbegriff und damit die **Systemgrenze** problematisch wird.

1. Metaprinzip: Das Gegebene muß anerkannt werden
(Wahrheit, Demut, Hingabe, Verneigung, Verzicht auf Größenphantasien, Anerkennung des Vergänglichen)
- Sprache ist nicht nur deskriptiv. Das Aussprechen der (kognitiv bekannten) Wahrheit wirkt! Bsp.: „Du warst schon lange vor mir hier.", „Du bist meine Mutter, und ich bin dein Sohn."
- Anerkennung von Vergänglichkeit: bspw. in Unternehmen, Projektgruppen, wenn keine Aufgaben mehr da sind.
Hinweise: starkes Festhalten an Vergangenem; permanentes, zu aufwendiges Suchen nach Kunden

Was ist? Was ist gegeben? Was ist als gegeben hinzunehmen?

… Prinzip der **Nichtleugnung der Wirklichkeit**; es erlaubt die Ableitung aller Grundannahmen für wachstums- und fortpflanzungsfähige, durch Immunkräfte gegenüber Krisen stabilisierte und individuell ausgeprägte Systeme. Seine Verletzung kann sich auf jede dieser Systemeigenschaften schädigend auswirken.

3. Metaprinzip: Das Prinzip des Ausgleichs von Geben und Nehmen wirkt als zusätzliche Dimension bei allen Grundannahmen

2. Metaprinzip: Anwendungsreihenfolge (bezüglich der Grundannahmen), „von unten nach oben"; Arbeit/Lösung auf höherer Ebene ist nicht wirkungsvoll, wenn bei einer tieferen Ebene Störungen vorliegen

Die Beachtung dieser Ebenen fördert das Wir-Gefühl, Überleben, Erschließen von Ressourcen, die Effektivität und beinhaltet ethische Forderungen (Konkurrenz anerkennen etc.)
© GFS, Werner Nagel, Bülach/M. Varga von Kibéd, I. Sparrer, SySt München.

VIII.4.1 Überblick über die Grundprinzipien für den Systemerhalt

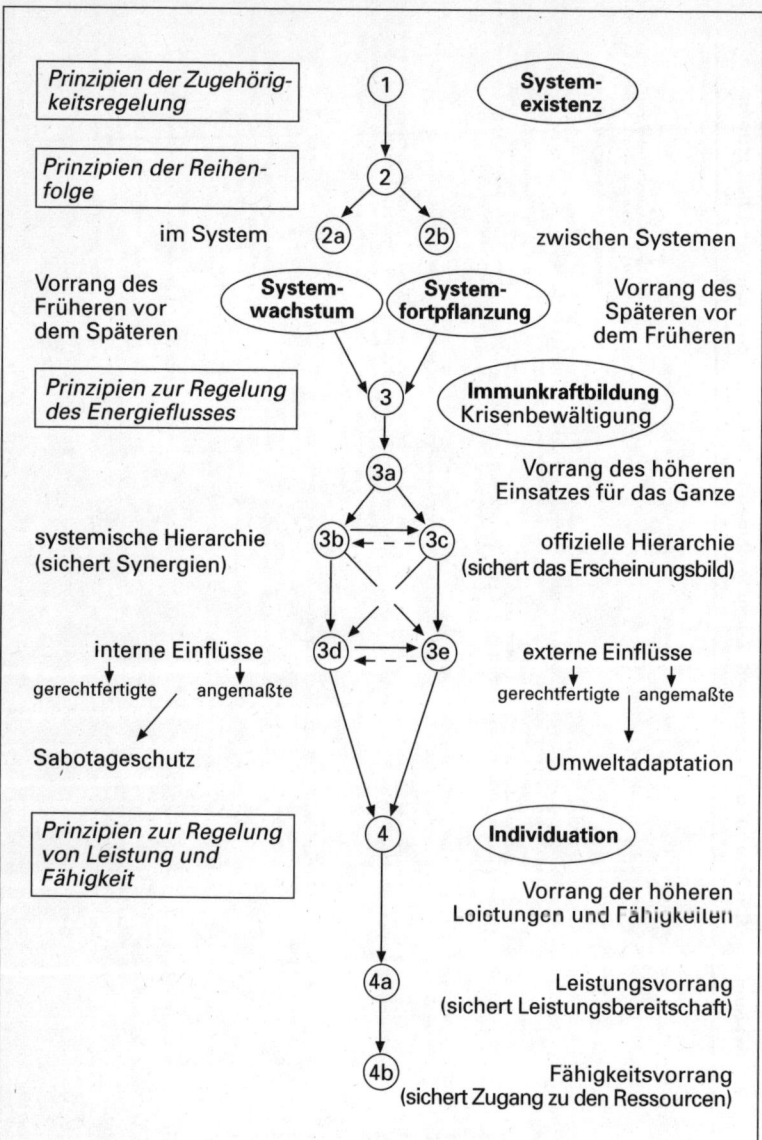

VIII.5 Zur Grammatik der Anordnungen von Repräsentanten im weiteren Sinne [10]

Die Grammatik der Standardauswirkung von Anordnungen von Repräsentanten i. w. S. ist selbst für den einfachsten Fall der Anordnung zweier Repräsentanten zueinander noch unvollständig untersucht. Die folgenden Schemata geben einige der Fragmente dieser Anordnungsgrammatik wieder, die wir in den Beobachtungen bei systemischen Aufstellungen und in Vorversuchen zu künftigen Experimenten in den letzten zehn Jahren gefunden haben. Es handelt sich dabei nicht um strikte Regeln, sondern um relativ starke Tendenzen, deren Kenntnis den LeiterInnen von Aufstellungen für den praktischen Gebrauch heuristisch hilfreich ist. Es ist aber zweifellos erforderlich, diese Systematik durch weitere Untersuchungen zu überprüfen und zu erweitern. Auf die Angabe schwächerer Tendenzen sowie auf die Ansätze zu einer Systematik der erheblich komplexeren Regularitäten bei drei und mehr Repräsentanten i. w. S. haben wir hier verzichtet.

---

10 Für „Repräsentanten im weiteren Sinne" steht im Folgenden auch kürzer: „Repräsentanten i. w. S." oder „R. i. w. S." und analog „i. e. S." für „im engeren Sinne".

VIII.5.1 Grammatik der Anordnungen von zwei Repräsentanten i. w. S.

VIII.5.1.1 Zur Wirkung von Winkeln

Betrachten wir zunächst die Wirkung des Winkels, den zwei RepräsentantInnen in einer systemischen Aufstellung zueinander einnehmen. Wir gehen dabei von Beobachtungen für die RepräsentantInnen eines Paares bei einer Familienaufstellung aus. Wir haben auf dieser Grundlage geeignete generalisierte Beschreibungen für die Wirkung der relativen Anordnungen von im Prinzip gleichrangigen RepräsentantInnen sowie für RepräsentantInnen von Mitgliedern derselben Hierarchieebene des repräsentierten Systems gefunden. Dadurch erhalten wir ein erstes methodisches Fragment der Anordnungsgrammatik für die Systemischen Strukturaufstellungen.

(Im folgenden bezeichnet „$\frac{R}{\downarrow}$" Schulterstellung und Blickrichtung eines Repräsentanten R (i. w. S.), „$\overset{d}{\rightleftarrows}$" bezeichnet einen Abstand von d cm, „$\overset{\beta}{\diagup}$" einen Winkel von $\beta°$; $R_0, R_1, ...$ seien Repräsentanten i. e. S., „O" steht für einen Ort und „$\hat{R}$" für einen Repräsentanten i. e. S. oder einen Ort.)

I)

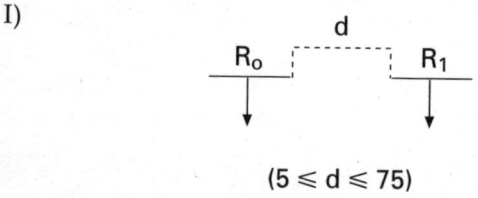

$(5 \leq d \leq 75)$

R_0 und R_1 stehen im Prinzip unabhängig voneinander, wobei die Empfindung von Zugehörigkeit zueinander jedoch leicht durch vorübergehenden Blickkontakt, u. U. zusätzlich durch rituelle Sätze unterstützt, entsteht.

II) wie in I, jedoch $d < 5$

(Fast-)Berührung bewirkt in der Regel Aufhebung des Unabhängigkeitserlebens; die Semantik ist hier komplizierter und stärker vom spezifischen Anwendungskontext abhängig.

III)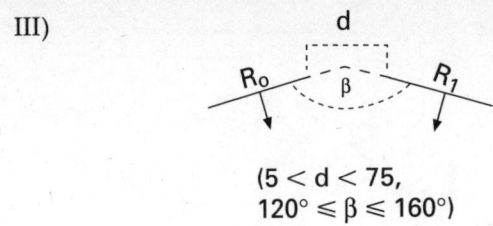

(5 < d < 75,
120° ≤ β ≤ 160°)

In dieser Position ist ein weiter Außenweltbezug und zugleich ein deutlicher Bezug von R_0 und R_1 aufeinander möglich. (Daher stehen Eltern in Lösungsbildern oft in einer solchen Anordnung den Kindern gegenüber, und das Bild erlaubt dann sowohl das Erleben der Paarbeziehung als das der Eltern-Kinder-Beziehung.)

IV) wie III, jedoch 90° < β < 120°
Hier wird der Außenweltbezug von R_0 und R_1 immer mehr auf ein engeres Feld oder Teilsystem eingeschränkt.

V)

(5 ≤ d ≤ 30,
45° ≤ β ≤ 90°)

Beginnender Außenweltausschluß; R_0 und R_1 erleben sich im wesentlichen als nur aufeinander bezogen. (Ein frisch verliebtes Paar wird oft so angeordnet gestellt.)

VI)

(5 ≤ d ≤ 60,
β < 45°)

Diese Stellung von R_0 und R_1 liegt zwischen einer Darstellung von Konfluenz und beginnender Konfrontation.

VII)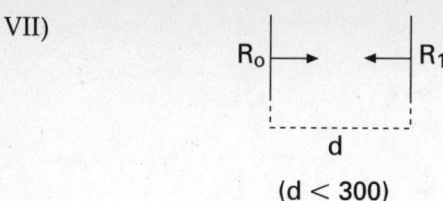

(d < 300)

Direkte Gegenüberstellung wird selbst bei relativ großen Abständen noch häufig als Konfrontation erlebt. Gehören R_0 und R_1 zu verschiedenen Hierarchieebenen, so entspricht diese Anordnung einer klaren Hierarchieebenentrennung. (Im Familienbild entspricht dies etwa der Generationentrennung. Da bei Paarbeziehungsbildern Gegenüberstellung meist die Darstellung einer Situation mit Abbruch der sexuellen Beziehungen bedeutet, entspricht die Gegenüberstellung von Eltern und Kindern zur Betonung der Generationentrennung zugleich dem Inzestschutz.) Zu beachten ist, daß die Wirkung der Anordnungen in der Prozeßarbeit, etwa bei Gegenüberstellung vor einem Desidentifikationsritual, modifiziert ist.

VIII)

($5 \leqslant d \leqslant 30$)

R_0 und R_1 stehen hier hochgradig ambivalent zueinander: zugleich nah und kontrovers.

IX)

($5 \leqslant d \leqslant 150$,
$45° \leqslant \beta \leqslant 90°$)

Ist in dieser Anordnung R_1 hierarchisch oder auf derselben Hierarchieebene gegenüber R_0 vorgeordnet, so wirkt diese Anordnung auf R_0 meistens als von R_1 kontrolliert, überwacht.

Auf eine Fülle weiterer derartiger Anordnungen in bezug auf Winkel gehen wir hier nicht ein; für die Aufstellungspraxis genügt die Kenntnis dieser neun Formen vorläufig.

Wir haben bei diesem Beispiel die Wirkung der Vertauschung von rechts und links bei den RepräsentantInnen zunächst ebenso vernachlässigt wie die Frage, ob etwa bei einer heterosexuellen Paarbeziehung die RepräsentantInnen des Mannes oder der Frau rechts stehen. Auf Teile der ersten Frage gehen wir in VIII.5.2 und VIII.5.3 kurz ein; die zweite Frage wird dabei jeweils berührt.

VIII.5.2 Ein Beispiel für ein Anordnungsprinzip für Umstellungen

Die immense Fülle von Detaileinsichten, die in dieser Hinsicht vorliegen, läßt sich auf eine zwar kleinere, aber immer noch schwer überblickbare Anzahl von Prinzipien zurückführen. Zu diesen Prinzipien gehört das folgende

Anordnungsprinzip für lineare Reihenfolge auf einer Systemebene: Externe Regulation ist funktional dominant gegenüber interner Regulation.

Die rechte Seite wird bei Aufstellungen im allgemeinen als die extern regulierende, die linke als die intern regulierende erlebt. Externe Regulation ist meist funktional dominant gegenüber interner Regulation. In einem Lösungsbild steht daher das Systemelement, welches das Erscheinungsbild, die Wirkung oder das Verhalten des Systems nach außen bestimmt, in der Regel rechts von den Elementen, die eher das Verhalten nach innen bestimmen.

In spontan gestellten Anordnungen von Paarbeziehungen steht daher in der Regel der berufstätige Teil rechts; sind beide Teile berufstätig, so steht derjenige Teil rechts, dessen Berufstätigkeit für die Versorgung der Familie deutlich relevanter ist oder das Erscheinungsbild der Familie stärker prägt. Ist ein Paar entgegen dieser Tendenz aufgestellt, so ist das System der rechts stehenden Person häufig deutlich schwerer belastet – so z. B. wird ein(e) behinderte(r) Partner(in) in der Mehrzahl der Fälle spontan rechts gestellt, da hier wohl die Behinderung stärker auf die Wahrnehmung des Systems von außen wirkt als die Berufstätigkeit.

Diese Beobachtungen von Mustern bei Familienaufstellungen generalisieren wir durch die Idee der funktionalen Dominanz externer Regulation auf den Bereich der Systemischen Strukturaufstellungen. Dabei steht „externe Regulation" hier für Bestimmung der Art und Weise, wie ein System von außen wahrgenommen wird, sich verhält und nach außen auswirkt. (*Daß* funktionale Dominanz eher rechts als links erlebt wird, haben wir aus der langjährigen Beobachtung von Aufstellungsmustern geschlossen.)

VIII.5.3 Zur Grammatik der relativen Anordnungen von einem Repräsentanten i. e. S. zu einem Repräsentanten i. w. S.

Betrachten wir nun zunächst die Standardauswirkung von Anordnungen eines **Repräsentanten i. e. S. R_0** relativ zu einem **Repräsentanten i. w. S. $\hat{R}$**, der entweder ein Ort oder ebenfalls ein Repräsentant i. e. S. ist. Wir fassen unsere grammatischen Grundmuster für die R_0-$\hat{R}$-Anordnungen schematisch zusammen, wobei im folgenden Diagramm die Position von $\hat{R}$ als fest bleibend, die von R_0 als wechselnd aufzufassen ist, so daß in dem Diagramm insgesamt fünf Anordnungen von jeweils zwei Repräsentanten, nämlich von R_0 relativ zu $\hat{R}$, erfaßt sind. Es geht also um eine Folge von fünf Positionen, die R_0 zu $\hat{R}$ einnehmen kann und die, etwa bei Tetralemmaaufstellungen, auch tatsächlich in dieser Reihenfolge zu berücksichtigen sind. (Zur Erleichterung des Verständnisses schlagen wir den LeserInnen vor, sich $\hat{R}$ zunächst als eine Handlungsalternative vorzustellen, die eine der beiden ersten Positionen einer Tetralemmaaufstellung bildet, und R_0 als den Fokus einer Person, die diese Handlung in Erwägung zieht.)

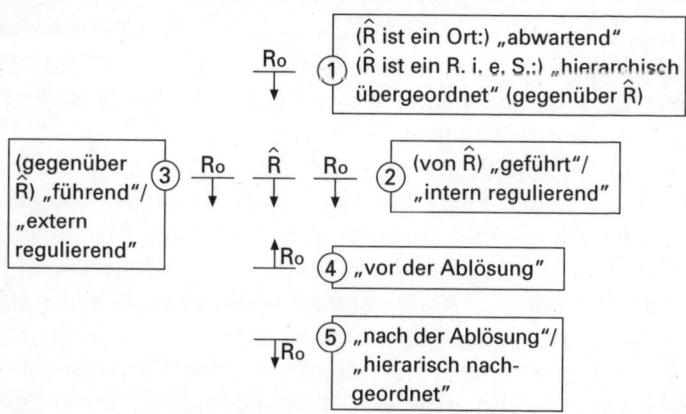

Betrachten wir zunächst das Verhältnis eines **Repräsentanten** R_0 i. e. S. zu einem **Ort** $\hat{R}$. Die erste Situation, bei der R_0 hinter $\hat{R}$ steht, ist im obenstehenden Diagramm mit „abwartend" gekennzeichnet. Die Standardwirkung dieser Anordnung ist hier, daß R_0 gewissermaßen von $\hat{R}$ „verdeckt" oder „geschützt" wird, sich hinter $\hat{R}$ verbergen kann oder $\hat{R}$ vorsichtig über die Schulter blicken könnte. Ist $\hat{R}$ eine Handlungsalternative, so entspricht ① einem „inneren Probehandeln", bei dem R_0 die Handlung $\hat{R}$ in Erwägung zieht, noch ohne die relevanten Schritte einzuleiten.

Ist dagegen $\hat{R}$ ein **Repräsentant i. e. S.** (wie R_0), so ist die Anordnung von R_0 hinter $\hat{R}$ im Diagramm als „hierarchisch übergeordnet" bezeichnet (vgl. dazu ebenfalls ① im Diagramm). Diese Charakterisierung läßt sich gut an zwei Analogien bei systemischen Familienaufstellungen begründen: Ist R_0 hierarchisch vorgeordnet gegenüber $\hat{R}$, etwa als Repräsentantin eines Elternteils von $\hat{R}$, so entspricht diese Anordnung einer Standardanordnung in vielen Lösungsbildern von Familienaufstellungen; ist dagegen R_0 hierarchisch nachgeordnet gegenüber $\hat{R}$, etwa als Repräsentantin eines Kindes von $\hat{R}$, so erhalten wir ein Bild einer „angemaßten Überordnung", die häufig dem Problembild für ein parentifiziertes Kind entspricht.

Zur Erläuterung der Situationen ②–⑤ im Diagramm seien noch einige Beispiele kurz angeführt; hier kommt es nicht darauf an, ob $\hat{R}$ ein **Repräsentant i. e. S.** oder ein **Ort** ist.

Ist $\hat{R}$ ein **Ort**, etwa als einer der beiden ersten Pole einer Tetralemmaaufstellung und steht für eine berufliche Tätigkeit von R_0, so stellt die Situation ②, bei der R_0 links von der „Tätigkeit" $\hat{R}$ steht, eine Situation dar, in der R_0 bei der durch $\hat{R}$ repräsentierten beruflichen Tätigkeit von den Erfordernissen dieser Tätigkeit weitgehend ohne kreative Eigeninitiative bestimmt wird, also etwa die Situation einer Studentin zu Beginn ihres Studiums oder eines Berufsanfängers.

Die Situation ③ (R_0 rechts von $\hat{R}$) stellt unter den gleichen Vorannahmen eine Situation dar, bei der R_0 die Tätigkeit $\hat{R}$ ganz zu seiner eigenen Sache gemacht hat und sie eigenverantwortlich ausübt; Situation ④ entspräche dann einer Phase der Klärung für R_0 vor oder bei der Beendigung dieser Tätigkeit $\hat{R}$, und Situation ⑤ der Situation, bei der R_0 die Tätigkeit $\hat{R}$ hinter sich gelassen hat und sie nun, wenn die Phase ④ auf gute Weise stattfand, als unterstützende Kraft nach seiner Ablösung von $\hat{R}$ im Rücken spüren kann.

Die Analogien zu ④ und ⑤ für Ablösungsthematiken bei Familienaufstellungen liegen auf der Hand. Schließlich noch eine Organisationsaufstellungsanalogie zu ② und ③: Seien R_0 und $\hat{R}$ jeweils RepräsentantInnen i. e. S., die für zwei Abteilungen einer Firma stehen. Hier wird die im Diagramm bei ② und ③ verwendete Terminologie von „intern" vs. „extern regulierend" zur Geltung kommen, da es sich für Lösungsbilder oft als stimmig erweist, die Abteilung, deren Tätigkeitsfeld das Erscheinungsbild der Firma nach außen stärker bestimmt (z. B. eine Werbeabteilung), funktional dominant (vgl. VIII.5.2!) gegenüber der anderen (z. B. einer Abteilung für Qualitätssicherung oder Datenschutz) zu stellen. (Wir gehen davon aus, daß kein Leser, der unserem Text bis hierher gefolgt ist, noch der Versuchung ausgesetzt ist, funktionale Dominanz im Lösungsbild mit der absurden Annahme zu verwechseln, deswegen sei das extern regulierende Element, z. B. die Werbeabteilung, *wichtiger* als das intern regulierende, z. B. die Personalabteilung. Systemprinzipien sind keine Werturteile!)

Betrachten wir abschließend für diesen Abschnitt noch kurz die Anordnungen von R_0 zu einem $\hat{R}$, das ein **freies Element** ist, wie etwa die Anordnungen, die der Fokus einer Tetralemmaaufstellung zur fünften „Nichtposition" einnehmen kann. Die Situationen ① und ② wirken hier für R_0 analog zu dem Fall, bei dem $\hat{R}$ ein Ort ist (mit dem Unterschied, daß hier R_0 die spontanen Platzveränderungen von $\hat{R}$ mitmacht; ebenso im folgenden). Situation ③ macht nur Sinn, wenn R_0 selbst ein übergeordnetes freies Element ist; für einen Repräsentanten R_0 entspricht diese Anordnung manchmal dem „angemaßten Domestikationsversuch" gegenüber einer übergeordneten unverfügbaren Dynamik. Situation ④ und ⑤ machen in der Prozeßarbeit Sinn, wenn ein übergeordnetes freies Element (wie z. B. Humor oder Weisheit) ein geschwächtes freies Element (z. B. kindliche Kreativität in Verbindung mit einem durch eine traumatische Erfahrung belasteten Lebensalter) „auflädt" oder stärkt.

VIII.5.4 Probleme der Anordnungsgrammatik für mehr als zwei RepräsentantInnen

Wir haben den LeserInnen in den vorangegangenen Abschnitten zwar diejenigen Grundelemente der Anordnungsgrammatik in die Hand gegeben, deren Beachtung für einen großen Teil der Interventionen in der Arbeit mit Systemischen Strukturaufstellungen ausreicht; doch natürlich sind die realen Aufstellungsbilder erheblich komplexer und nicht vollständig auf die genannten Schemata reduzierbar. Schon die Wiedergabe der uns bisher bekannten Fragmente der Anordnungsgrammatik für mehr als zwei Repräsentanten würde eine Abhandlung erfordern, deren Umfang den des vorliegenden Textes um ein Mehrfaches überträfe – und wir stoßen immer wieder auf neue Muster und Variationen der Grundprinzipien.

Es gibt jedoch aus unserer praktischen Erfahrung mit der Aus- und Fortbildung im systemischen Aufstellen eine ermutigende Einsicht im Hinblick auf die enorme Komplexität der zu bewältigenden Aufgabe: Wenn jemand die Variationen und die Methodik von Drei-Personen-Aufstellungen wirklich gut beherrscht, so kann sie oder er in der Regel die Analogien zu solchen triadischen Situationen in den komplexeren Aufstellungsbildern wiedererkennen. Diese Mustererkennungsfähigkeit führt in der Regel relativ bald zu einem sehr viel souveräneren Umgang mit komplexeren Aufstellungsbildern.

Zur Förderung dieser Mustererkennungsfähigkeit betonen wir deshalb anfangs besonders das Training der Aufstellung des ausgeblendeten Themas, der partiellen Problemaufstellung sowie der Zielannäherungsaufstellung, da hier der Umgang mit den auch für das Verständnis von Familienbildern zentralen triadischen Strukturen exemplarisch eingeübt werden kann.

Für die Betonung der triadischen Strukturen im Aufstellungsprozeß haben wir darüber hinaus noch zwei wesentliche Gründe:

- Zum einen sind wir nachhaltig beeindruckt und beeinflußt von der hocheffektiven Form der Triadenarbeit, die Virginia Satir zum Training der Familienrekonstruktion eingesetzt hat.

- Zum anderen gibt es tiefliegende theoretische Gründe für die Reduzierbarkeit komplexer Strukturen auf triadische Strukturen in der Semiotik von Charles Sanders Peirce.[11]

11 Da der Peircesche Struktur- und Relationsbegriff nicht mit dem heute üblichen äquivalent ist, ist der von modernen Logikern gegen diese These von Peirce unter Verweis auf Ergebnisse von Quine vorgebrachte Einwand, daß alle Relationen sogar auf dyadische Relationen reduzierbar seien, nicht stichhaltig.

Jedenfalls erlauben die Kenntnis der grundlegenden Schemata einer dyadischen Anordnungsgrammatik (VIII.5.1–VIII.5.3) und das praktische Training mit Drei-Personen-Aufstellungen unserer Erfahrung nach auch in ausreichendem Maße Einsicht in die für komplexere systemische Aufstellungen relevanten heuristischen Anordnungsschemata.

Die heuristischen Schemata erlauben zügigere Überprüfungen von Hypothesen und geben den LeiterInnen mehr Raum, ihre eigenen Fähigkeiten der rezeptiven, interagierenden und modulierenden Feldwahrnehmung wirken zu lassen. (Vgl. dazu auch VIII.8.2.) Und schließlich wollen wir die LeserInnen nochmals an drei besonders wichtige Ressourcen für LeiterInnen bei Systemischen Strukturaufstellungen gerade in komplexen Situationen erinnern: Bestimmte Formen von Nichtwissen, Hilflosigkeit und Verwirrung als freundliche Instanzen hatten wir Ihnen ja schon zuvor (im Nachklang II) wärmstens anempfohlen!

VIII.6 Grundkategorien der Interventionsformen bei Systemischen Strukturaufstellungen:

– **Stellungsarbeit**
– **Prozeß-**(Energie-, Informations-)**Arbeit**
– („diagnostische") **Tests**

Methoden der Stellungsarbeit: ergeben sich aus den Parametern dazu!

Parameter der Stellungsarbeit:
a) **strukturmodifizierende**: Entfernung, Winkel, Berührung (nur ja/nein), Blickrichtung
b) **strukturerweiternde**: Ergänzung „fehlender" Systemelemente
c) **strukturreduzierende**: Herausnahme „redundanter" Systemelemente

Ziel der Stellungsarbeit: Verbesserung der Befindlichkeit der Repräsentanten aller Systemelemente durch Anordnungsänderung.

Methoden der Prozeßarbeit: [12] Aufladen, Änderung der Blickqualität, Gesten, symbolische Sätze (insbesondere wahre Strukturbeschreibungen), Ausgleichsrituale für Geben und Nehmen, Richtigstellung von Bezeichnungen für Systemelemente, Metaphern, komplexere Rituale u. a.

Ziel der Prozeßarbeit: Verbesserung der Befindlichkeit der Repräsentanten aller Systemelemente ohne Anordnungsänderung, d. h. bei anschließendem Übergang zur vorherigen Anordnung

Methoden der Arbeit mit Tests bei systemischen Aufstellungen: Austausch der Stelle von zwei Systemelementen, Setzenlassen und Hinausgehenlassen von Repräsentanten, probeweises Weglassen und Hinzunehmen von Systemelementen, Verbalisierung vermuteter destruktiver dynamischer Grundmuster u. a.

Ziele der Arbeit mit Tests bei systemischen Aufstellungen: Verdeutlichung impliziter Veränderungsdynamiken von Systemen

VIII.7 GRUNDKATEGORIEN DER BEI DER SYSTEMISCHEN STRUKTURAUFSTELLUNGSARBEIT VERWENDETEN SYMBOLE

Wir geben hier einen schematischen Überblick über die in III.5 eingeführten Symbolkategorien und fügen einige Ergänzungen hinzu. Alle aufgestellten Personen bezeichnen wir auch als **Repräsentanten im weiteren Sinne**. Bei den aufgestellten Personen unterscheiden wir **Orte**, **Repräsentanten (im engeren Sinne)** und **freie Elemente**. Diese sind durch Varianz und Invarianz der Stelle, an der sie sich während der Aufstellung befinden, charakterisiert. Daß diese Einteilung ein vollständiges Schema liefert, wird deutlich, wenn wir die folgende Analogie zu der Einteilung der Symbole in der Theorie formaler Sprachen betrachten:

---

12 Siehe dazu ausführlicher Sparrers Artikel, „Heilsame Rituale und systemische Resonanz", in Scheiblich (1999).

Symbole bei Systemischen Strukturaufstellungen	Platz des Symbols		
	im Aufstellungsbild	zwischen den Aufstellungsbildern	
Orte	fest	fest	**Konstanten**
Repräsentanten i. e. S.	fest	frei	**Parameter**
freie Elemente	frei	frei	**freie Variablen**
	im Kontext	zwischen den Kontexten	Symbole in formalen Sprachen
	Bedeutung des des Symbols		

Die vierte mögliche Kombination der Eigenschaften „fest" und „frei" ist widersprüchlich und entfällt daher: Ist ein Repräsentant i. w. S. schon **im** Aufstellungsbild beweglich, macht die Forderung nach einem festen Platz **zwischen** den Bildern keinen Sinn mehr.

Noch eine Anmerkung sei hinzugefügt zur Verdeutlichung der im Schema angedeuteten Analogie zwischen Symbolen in Systemischen Strukturaufstellungen und in formalen Sprachen:

So wie die Bedeutung einer Konstante nicht variiert, wenn der Kontext wechselt, so ändert sich für Repräsentanten i. w. S., die **Orte** sind, die Stelle, an der sie sich befinden, nicht, wenn das Aufstellungsbild wechselt. (Beispiele für Konstanten in den formalen Sprachen: „2", „p", „10^{23}"; Beispiele in der natürlichen Sprache: Vorname und Familienname (gegebenenfalls mit Geburtsort und -zeit), „Australien", „der Vater von Leonardo da Vinci"; Beispiele für **Orte** bei Systemischen Strukturaufstellungen: **das Eine**, **das Andere**, **Beides**, **Keines von Beiden** beim festen Tetralemma, die drei Pole von Erkenntnis, Liebe und Ordnung bei der festen Glaubenspolaritätenaufstellung.)

Ein Parameter ändert seine Bedeutung bei Kontextwechsel, hat aber in einem festen Kontext eine feste Bedeutung; analog dazu ändert sich bei einem **Repräsentanten i. e. S.** unter Umständen von Aufstellungsbild zu Aufstellungsbild die Stelle, an der er sich befindet, bleibt aber innerhalb eines Aufstellungsbildes fest. (Beispiele für Parameter in formalen Sprachen: „a" und „b" in einer Ungleichung wie „a + x > b - 2"; Beispiele für **Repräsentanten i. e. S.** bei Systemischen Strukturaufstellungen: alle Repräsentanten in den üblichen Familienaufstellungen, alle Teile der Problemaufstellung, der Fokus im Tetralemma.)

Eine freie Variable ist sogar innerhalb eines Kontexts in ihrer Bedeutung nicht (völlig) festgelegt, analog dazu kann ein **freies Element** bei einer Systemischen Strukturaufstellung sich sogar innerhalb eines Aufstellungsbildes frei bewegen. (Beispiele für freie Variablen in formalen Sprachen: „X" in „0 x X = 0" oder „ein X mit A + X < 7"; Beispiele für freie Variablen in natürlichen Sprachen: „irgendwer" in „Kann bitte irgendwer Brötchen holen?"; Beispiele für **freie Elemente** bei Systemischen Strukturaufstellungen: die fünfte (Nicht-)Position beim Tetralemma, die Weisheit bei der Glaubenspolaritätenaufstellung.)

Orte, **Repräsentanten i. e. S.** und **freie Elemente** werden manchmal auch durch Gegenstände oder in anderer Weise symbolisiert; wir sprechen dann von **nichtpersonalen Repräsentanten i. w. S.** [13]; die Verwendung derartiger nichtpersonaler Symbole in der Systemischen Strukturaufstellungsarbeit ist besonders für Organisationskontexte, bei Mangel an zusätzlichen Darstellern und für die Anwendung Systemischer Strukturaufstellungen im Einzelcoaching und der Einzeltherapie von erhöhter Bedeutung.

Wir unterscheiden ferner u. a. folgende verschiedene *Unterkategorien* der Grundkategorien der Symbole bei Systemischen Strukturaufstellungen.

VIII.7.1 Unterkategorien der Kategorie der Orte
a) **Designierte Orte** werden anfangs als **Repräsentanten i. e. S.** behandelt und nach einem der ersten Aufstellungsbilder in eine Standardanordnung umgestellt und zum Ort gemacht (Beispiele: **das Eine**, **das Andere**, **Beides** und **Keines** bei der freien Tetralemmaaufstellung).

---

13 Und analog von *personalen* vs. *nichtpersonalen Orten, Repräsentanten i. e. S.* und *freien Elementen.*

b) **Bereiche/Felder** sind Teilgebiete des Raums, in dem die Aufstellung stattfindet, die eine besondere und während der Aufstellung feste semantische Funktion einnehmen. So sind die neun Felder einer Neunfelderaufstellung scharf begrenzte **Orte**, die z. B. die semantische Funktion „externer vergangener Kontext" oder „künftiger interner Kontext" wiedergeben. Der Bereich, in dem alle Repräsentanten der Teilfamilie aus einem bestimmten Ursprungsland stehen, kann zu einem **nichtpersonalen Ort** für dieses Land werden.

b') **Aufgeladene Plätze** sind Stellen im Aufstellungsbild, an denen sich kein Symbol befindet und auf die von anderen Repräsentanten immer wieder Bezug genommen wird („Dort fehlt etwas!", „Es zieht mich dorthin!"). Sie werden dann häufig durch einen **statischen symbolischen Gegenstand**, der also für die Aufstellung nicht mehr verrückt wird, als Ort markiert. Manchmal sind die **aufgeladenen Plätze** im Bild bei Umstellung beweglich; sie werden dann (nach Markierung) zu **symbolischen Gegenständen** (vgl. f').

c) **Zeitlinien** sind analoge **Orte** mit einer Richtung, die eine verfeinerte Prozeßarbeit bei bestimmten Entwicklungsschritten insbesondere für den Fokus (bzw. Protagonisten als Repräsentanten der KlientInnen) erlauben. Im Gegensatz zu üblichen Anwendungen des Zeitlinienkonzepts fragen wir die Klienten sowohl nach der Richtung der Zukunft wie nach der der Vergangenheit und erhalten dabei in etwa 30 % der Fälle gekrümmte **Zeitlinien**, was unserem Eindruck nach die Idee, daß ein Wendepunkt einer Entwicklung ansteht, sinnfällig symbolisiert.

d) **(Statische) Grenzen** sind insbesondere nichtverfügbare räumliche Gegebenheiten, wie Wände, Fenster und Türen, sowie diese im Aufstellungsprozeß relevant werden. (Tritt dies ein, hört das Aufstellungsbild auf, in seiner Wirkung invariant gegen Drehung zu sein.) Zu den **statischen Grenzen** zählt auch die **Grenze** zwischen Ziel und Wunder im **Bereich** der Zukunft bei einer Zielannäherungsaufstellung oder einer Neunfelderaufstellung.

VIII.7.2 Unterkategorien der Kategorie der Repräsentanten im engeren Sinne

e) **Designierte Repräsentanten (i. e. S.)** sind Personen, die schon für eine Rolle als **Repräsentant i. e. S.** ausgewählt, aber noch nicht aufgestellt wurden. Häufig zeigen diese Personen schon vor dem Gestelltwerden Reaktionen, die das Aufstellungsbild sinnvoll ergänzen und daher berücksichtigt werden sollten. (**Designierte Repräsentanten** sollten am Ende der Aufstellung ausdrücklich mit entrollt werden!)

f) **Bereichsrepräsentanten (i. e. S.)** sind Symbole, die einen Bereich wiedergeben, dessen Lage sich während der Aufstellung verschieben kann. Dies kann manchmal durch Personen, die etwa die Ecken eines Dreiecks als Bereich kennzeichnen, häufiger durch symbolische Gegenstände, z. B. einen Teppich als Bereichsmarkierung, symbolisiert werden.

f') **Symbolische Gegenstände** sind **nichtpersonale Repräsentanten i. e. S.**, die den Platz eines Systemelements kennzeichnen oder im Rahmen von Ritualen der Prozeßarbeit verwendet werden. Als Repräsentant eines Systemelements bringt man sie zum Sprechen, indem der Klient selbst (oder ein anderer verfügbarer Darsteller) kurzfristig an die Stelle des symbolischen Gegenstands gestellt und befragt wird. Bei der Prozeßarbeit repräsentieren symbolische Gegenstände (Taschen, Kissen, Steine, Decken …) u. a. übernommene Lasten und übernommene Schuld bei Rückgaberitualen. Auch bloß **designierte symbolische Gegenstände**, die bei der Aufstellung gar nicht zum Gebrauch kamen, sollten zur Vermeidung unkontrollierter assoziativer Nebenwirkungen am Ende der Aufstellung explizit umdeklariert werden.

g) **Evolutionäre Repräsentanten i. e. S.** sind **Repräsentanten i. e. S.**, die verschiedene Entwicklungsphasen des repräsentierten Systemelements in zeitlicher Folge wiedergeben, etwa vom Kind bis zur erwachsenen Person. Gegebenenfalls werden sie (durch Hinzunahme weiterer **Repräsentanten i. e. S.**) in mehrere gewöhnliche **Repräsentanten i. e. S.** aufgespalten, die dann jeweils eine einzelne Zeitphase des ursprünglichen **evolutionären Repräsentanten i. e. S.** repräsentieren. In der Prozeßarbeit verwenden wir dies z. B. manchmal als „Alter-ego-Methode" [14]; darunter verstehen wir die simulta-

---

[14] In der Praxis haben wir die gleichzeitige Arbeit mit Klient und seinem Stellvertreter im Aufstellungsbild erstmals in der kreativ immer wieder sehr anregenden Arbeitsweise von Siegfried Essen beobachtet.

ne Arbeit mit der Klientin und ihrer Stellvertreterin im selben Aufstellungsbild.

Wir wenden diese Vorgehensweise u. a. gelegentlich dann an, wenn die Repräsentantin der Klientin während der Aufstellung deutliche Züge einer Altersregression zeigt. Wir klären dann (mit einfachen Ericksonschen Interventionen und im Gespräch mit den Klient-Innen), um welches Alter der Klientin es dabei geht, und verwenden dann in der Prozeßarbeit Formen aus Gilligans Self-Relations Therapy (dt. 1999), etwa indem die Klientin als erwachsene Person angesprochen und gebeten wird, Kontakt zu ihrem früheren Zustand aufzunehmen, etwa durch:

Diese Sechsjährige konnte nicht wissen ... daß es dich als erwachsene vierzigjährigen Frau einmal geben wird – aber du weißt, daß es sie gab. ... Und jetzt kann sie sich nur noch an dich wenden ... Und vielleicht kannst du ... wenn sie sich wieder bei dir meldet ... zu ihr sagen: ... Willkommen!

Wenn dann die Klientin schließlich ihren eigenen früheren Anteil in den Arm zu nehmen vermag, kann man im Stile von Gilligan, ähnlich wie beim Übergang zur dritten Position des Tetralemmas, fortfahren mit:

Und es ist gút zu wíssen ... daß du séchs Jahre alt sein kannst ... und víerzig Jáhre ... zur gléichen Zeit!

h) **Variable Grenzen** sind **Grenzen als Repräsentanten i. e. S.** Sie sind (in der Regel nichtpersonale) Symbole der Aufstellungsarbeit (z. B. eine Schnur), die zwei Personengruppen, Bereiche o. ä. trennen und von Bild zu Bild verschoben werden können.

VIII.7.3 Unterkategorien der Kategorie der freien Elemente

i) **Designierte freie Elemente** werden anfangs als Repräsentanten i. e. S. gestellt und nach einem oder mehreren Aufstellungsbildern umgewandelt in freie Elemente, d. h. ab da dürfen sie sich frei bewegen. (Diese Symbolkategorie verwenden wir z. B. dann, wenn der Einfluß der Veränderungsdynamik des (**designierten**) **freien Elements** durch nachträgliche Einführung der Beweglichkeit sichtbar werden soll.)

j) **Wandernde Bereiche** sind nichtpersonale räumliche Felder, die sich verändern können, z. B. hinsichtlich ihrer Größe ausdehnen oder schrumpfen. Diese Veränderung kann von den anderen **Repräsentanten i. e. S.** im Aufstellungsbild durch entsprechende Veränderungen ihrer körperlichen Selbstwahrnehmung registriert werden. Ein anderes Mittel, diese Änderungen wahrzunehmen, stellt die kataleptische (autohypnotisch dissoziierte) Hand des Leiters dar, die prüfend innerhalb und über die Grenzen des Bereichs gehalten werden kann.

k) **Dynamische Zeitlinien** sind analoge **Orte** mit einer Richtung, die sich im Verlauf der Aufstellung verändern kann. Die Veränderungen, z. B. eine Ausdehnung einer zunächst auf den Bereich der näheren Zukunft beschränkten Zeitlinie in den Bereich der ferneren Zukunft, können wieder von den Repräsentanten i. e. S. (oder vom Leiter mit Hilfe der kataleptischen Hand) wahrgenommen werden.

l) **Dynamische Grenzen** sind Grenzen zwischen Bereichen. Sie können mit mehreren Personen belegt werden, die (in irgendeiner Weise) Berührung miteinander aufrechterhalten sollen und ansonsten Ort und Richtung frei nach ihren Impulsen, jedoch nur gemeinsam verändern dürfen.

Analog zu der Einteilung in VIII.7.1–3 kann jede Grundkategorie der Symbolarten in vier Unterkategorien unterteilt werden, wobei

- die 1. Unterkategorie das Symbol als designiert (zur späteren Umwandlung in diese Kategorie) einteilt,
- die 2. Unterkategorie nichtpersonal ist und eine räumliche Ausdehnung oder Platzzuordnung hat,
- die 3. Unterkategorie einen zeitlichen Aspekt symbolisiert, und
- die 4. Unterkategorie eine Grenze darstellt.

VIII.8 Wahrnehmungen und Wahrnehmungsformen bei Systemischen Strukturaufstellungen

VIII.8.1 Grundkategorien zur Unterscheidung der bei Systemischen Strukturaufstellungen spontan auftretenden Empfindungen und Wahrnehmungen

a) prototypisch vs. spezifisch
b) abstrakt vs. konkret
c) topologisch / geometrisch / sozial / familiär
d) resonant / invariant / variant
e) eigen / fremd

Die Anwendung dieser Grundkategorien wird durch ihre Kombinationen verdeutlicht:

VIII. 8.1.1 Strukturebenen der Empfindungen und Wahrnehmungen bei Systemischen Strukturaufstellungen

1.) prototypische Empfindungen:
1.1) abstrakte topologische Empfindungen
1.2) abstrakte geometrische Empfindungen
1.3) prototypische soziale Empfindungen
1.4) prototypische familiäre Empfindungen

2.) spezifische Empfindungen:
2.1) konkrete topologische Empfindungen
2.2) konkrete geometrische Empfindungen
2.3a) spezifische fremde soziale Empfindungen
2.3b) eigenresonante soziale Empfindungen
2.4a) spezifische fremde familiäre Empfindungen
2.4b) eigenresonante familiäre Empfindungen
2.5) aufstellungsvariante eigene Empfindungen
2.6) aufstellungsinvariante eigene Empfindungen

VIII. 8.1.2 Beispiele für die Strukturebenen der Empfindungen und Wahrnehmungen:

ad 1.1): dazugehören, abgetrennt sein
ad 1.2): vor einer Mauer stehen, beengt sein
ad 1.3): eine Leitfigur sein, ein Underdog sein
ad 1.4): ein älterer Bruder sein, eine Geliebte sein
ad 2.1): zu einer spezifischen Gruppe gehören, in einem bestimmten Raum sein
ad 2.2): zwischen zwei Größeren stehen, jemand nahe bei sich fühlen
ad 2.3a): wie es wäre, Leiter dieses Teams zu sein
ad 2.3b): wie (2.3a), zusätzlich Resonanz mit eigenen Empfindungen
ad 2.4a): Empfindungen, die spezifisch zu den Mitgliedern einer fremden Familie passen
ad 2.4b): wie (2.4a), zusätzlich Resonanz mit eigenen Empfindungen
ad 2.5): Empfindungen, die während der Aufstellung verschwinden und danach wiederkehren
ad 2.6): von der Aufstellung nicht beeinflußte Empfindungen

VIII.8.2 Überblick über die wichtigsten Wahrnehmungsformen, deren Kenntnis für die Leitung von Systemischen Strukturaufstellungen relevant ist

A) Repräsentierende Wahrnehmung

Die **repräsentierende Wahrnehmung** umfaßt das, was in der Familienaufstellung als „fremde Gefühle" bezeichnet wird. Es geht hier um die Repräsentation der Beziehungsmuster der Systemelemente eines repräsentierten Systems mit Hilfe der spontanen Modifikation der körperlichen Selbstwahrnehmung der „Rollenspieler", d. h. der personalen Repräsentanten im weiteren Sinne. Die repräsentierende Wahrnehmung spiegelt den Zustand des von einem Repräsentanten i. w. S. repräsentierten Systemelements im Beziehungsgeflecht von dessen System wider.

Durch repräsentierende Wahrnehmung können z. B. fremde Personen auf der Basis rein syntaktischer Informationen Beziehungsqualitäten unseres Familiensystems wahrnehmen, wenn sie als Mitglieder unserer Familie aufgestellt werden.

Wesentlich für diese Wahrnehmungsform ist, daß wir über sie nur als Mitglied des repräsentierenden Systems, also während der Dauer der Aufstellung, verfügen. Diese Wahrnehmungsform kann also, ebenso wie die drei folgenden Formen der Feldwahrnehmung, nicht analog zu einer Einzelpersoneneigenschaft gesehen werden, sondern nur als eine Fähigkeit, die sich unter geeigneten Bedingungen in einer Person manifestiert.

B) Rezeptive Feldwahrnehmung
Die **rezeptive Feldwahrnehmung** findet bei Systemischen Strukturaufstellungen vor allem bei den Repräsentanten i. w. S. statt. Sie geht über die repräsentierende Wahrnehmung insofern hinaus, als der Einfluß der Veränderung von Beziehungsqualitäten „Dritter", d. h. anderer Mitglieder des repräsentierten Systems zueinander, auf das Befinden und die Stellung des repräsentierten Systemelements unmittelbar repräsentiert wird. Diese Wahrnehmungsform kann in erster Linie von den RepräsentantInnen der KlientInnen, d. h. vom Fokus oder der Protagonistin, erfahren und geübt werden. Sie kann als eine Art passiver Wahrnehmung des repräsentierten „Feldes", insbesondere also der Beziehungsstruktur des repräsentierten Systems, aufgefaßt werden und ist in abgeschwächtem Maß auch den Beobachtern und Leitern der Aufstellung zugänglich.

Manchmal ist das „Feld" um die Aufgestellten so stark, daß Zuschauer in das Aufstellungsbild buchstäblich hineinrutschen und daß an solchen gewissermaßen aufgeladenen Plätzen Zuschauer ohne besondere Aufforderung oder Induktion zu Repräsentanten werden. Hier ergreift die rezeptive Feldwahrnehmung Außenstehende, die dadurch zu Repräsentanten werden.

C) Interagierende Feldwahrnehmung
Unter **interagierender Feldwahrnehmung** verstehen wir die Wahrnehmung des Einflusses, den unser eigenes „Feld", d. h. die Gesamtheit der relevanten Beziehungsstrukturen, in denen wir uns befinden, auf den Aufstellungsprozeß hat. Bei einer Aufstellung tritt der Leiter mit dem Klienten und dessen „Feld", in abgeschwächtem Maße auch mit den „Feldern" der personalen Repräsentanten i. e. S., Orte und freien Elemente in Interaktion. Hierbei verändert sich das Feld. Die Wahrnehmung dieser Veränderung bezeichnen wir als interagierende Feldwahrnehmung. Diese Wahrnehmungsform ist

erforderlich, um einschätzen zu können, inwieweit unsere nichtbearbeiteten eigenen Konflikte es den KlientInnen einer Aufstellung bei uns als LeiterInnen erschweren können, sich mit ihrem Thema bei uns in den Aufstellungsprozeß hineinzubegeben. (Dieser Begriff stellt natürlich ein Analogon zur Übertragungs-/Gegenübertragungsthematik dar.)

D) Modulierende Feldwahrnehmung

Bei dieser Wahrnehmungsform nimmt die Leiterin einer Systemischen Strukturaufstellung wahr, in welcher Weise die von ihr induzierten Interventionen das umgebende „Feld" der RepräsentantInnen der Aufstellung und indirekt das „Feld" der KlientInnen beeinflussen und modulieren. Die Wahrnehmung dessen, wie wir durch unsere Interventionen in ein fremdes Beziehungsgefüge eingreifen, ist Voraussetzung für einen achtsamen, achtungsvollen, auftragsgerechten und bescheidenen Umgang mit KlientInnen. Die **modulierende Feldwahrnehmung** erfolgt in der Regel über spezifische, individuell jedoch höchst unterschiedliche Formen der körperlichen Selbstwahrnehmung der LeiterInnen. (Hier erweist sich wieder die Arbeit mit der kataleptischen Hand als sehr hilfreich.) Die Fähigkeit, diese Formen der Propriozeption mit der Veränderung im Feld des Klientensystems korreliert zu sehen, erfordert auch, daß wir die Reaktionen der KlientInnen ständig peripher registrieren. Dadurch wächst im Lauf der Zeit auch die Fähigkeit der modulierenden Feldwahrnehmung.

E) Wahrnehmung der Assoziations-Dissoziations-Vertauschung

Ein Problemzustand zeichnet sich dadurch aus, daß die Klientin mit dem Problem assoziiert ist und dadurch keinen Abstand zu ihm gewinnt. Es ist daher ein Vorteil des Aufstellungsverfahrens, daß die Klientin als Beobachterin am Rande sitzen bleiben kann, während die Repräsentantin die zum System passenden Körperempfindungen direkt erlebt. So kann die Klientin ihr Problem wie eine Zuschauerin dissoziiert erleben. Im Lösungsbild wird die Klientin an die Stelle ihrer Protagonistin gestellt, so daß sie die Ressourcen, die anfangs dissoziiert waren, und Teile der Lösung als assoziiert erleben kann. Dieser Wechsel, das Problem dissoziiert zu erleben und die Lösung assoziiert, ist zur Distanzierung vom Problem besonders hilfreich („**Assoziations-Dissoziations-Vertauschung**"). Die Wahrnehmung dieser Vertauschung von Problem- und Ressourcenerleben ist ein wesentlicher Teil der Umstimmung bei der Klientin in einem Aufstellungsprozeß.

F) Pseudoprojektion im Raum

Wenn die ZuschauerInnen im Raum die Aufstellung auch zunächst primär als dissoziiert erleben, so ist es doch für sie möglich, indem sie sich in der Vorstellung körperlich in die Haltung der RepräsentantInnen hineinversetzen, deren Körperwahrnehmungen partiell mitzuerleben. Die Entwicklung dieser Fähigkeit, die wir „**Pseudoprojektion im Raum**" nennen, wird durch Teilnahme als Beobachterin, Klientin (und Leiterin) einer Aufstellung nachhaltig gefördert und hilft, fremde Wahrnehmungen und Erlebnisweisen in einem gewissen Umfang zugänglich zu machen. Pseudoprojektion im Raum dürfte damit zu den Vorbedingungen des Verstehens von Verhalten (und sprachlichen Mitteilungen über Erleben und Verhalten) gehören. Der Körper spielt für den Verstehensprozeß eine sehr viel prominentere Rolle, als die meisten heute üblichen Theorien des Verstehens annehmen. **Pseudoprojektion im Raum** findet zwar oft spontan statt, sollte aber in Ausbildungskontexten bewußt geübt werden, auch wenn dies zunächst oft als erhebliche Anstrengung erlebt wird. Ein derartiges hochaktives Zuschauen erhöht nämlich die Lernmöglichkeiten bei Aufstellungen außerordentlich.

G) Fremd- vs. Eigenresonanzdifferenzierung

Unter **Fremdresonanz** verstehen wir, daß Menschen als RepräsentantInnen in einer Aufstellung über die repräsentierende Wahrnehmung und die rezeptive Feldwahrnehmung mit den Elementen (Personen u. a.) des repräsentierten Systems in Resonanz treten können und für sie dadurch in gewissem Umfang Fremdwahrnehmung auf rein syntaktischer Basis möglich wird. Diese Effekte treten in abgeschwächter Form natürlich auch (in der Regel kaum bemerkt) im Alltag auf; bei Aufstellungen ist dieser Effekt um ein Vielfaches deutlicher. Es ist natürlich möglich, daß die wahrgenommenen Empfindungen der Repräsentanten aufgrund besonderer Ähnlichkeiten mit ihren eigenen Gefühlen in Resonanz treten; wir können ja auch durch einen Roman, ein Theaterstück oder einen Film an etwas in unserem eigenen System erinnert und davon berührt werden. Wir sprechen in solchen Fällen von **Eigenresonanz** bzw., hier spezifischer, von **fremden eigenresonanten Wahrnehmungen und Empfindungen.** Es sind also bei Repräsentanten die zum fremden System gehörenden Körperwahrnehmungen zu unterscheiden von denjenigen Wahrnehmungen und Empfindungen, die zum fremden System gehören und mit dem eigenen in Resonanz treten, die also in gewissem Sinne zum fremden wie auch zum eigenen System gehören. Die Fähigkeit der RepräsentantInnen, zwischen fremd und eigenresonant zu unterscheiden (und davon noch die von der Aufstellung unbeeinflußten eigenen invarianten Empfindungen zu trennen) ist bei Personen, die erstmals als RepräsentantInnen stehen, oft noch etwas schwächer ausgeformt, bildet sich aber überraschenderweise in der Regel schnell weiter aus, so daß nach wenigen Aufstellungen die Frage „Was davon gehörte vielleicht doch nur zu mir?" kaum noch eine Rolle spielt. Diese Fähigkeit wächst auch im Laufe der Jahre mit der Aufstellungspraxis weiter und erlaubt im Therapie- und Beratungskontext einen kompetenteren Umgang mit Projektionen, „übernommenen Gefühlen" usw. Die Wahrnehmungsform, die uns die Unterscheidung **fremd** vs. **fremd eigenresonant** vs. **eigen invariant** erlaubt, bezeichnen wir als **Fremd- vs. Eigenresonanzdifferenzierung** .

VIII.9 Phasen einer Systemischen Strukturaufstellung

1.) **Auswahl des Klienten**, dessen Anliegen bearbeitet werden soll.
- Mit wem in einer Gruppe wird als nächstes gearbeitet?
- Wo ist am meisten Energie verfügbar?
- Bei Anliegen eines Teams, eines Paars, etc.: Aus der Perspektive von wem soll das Anliegen zunächst betrachtet werden?
- Gegebenenfalls Auswahl von Team- oder Teilgruppenvertretern, die deren Anliegen aufstellen sollen.

2.) **Wahl der Systemebene** und damit des entsprechenden Aufstellungsverfahrens
Was spricht für eine
- Familienaufstellung? (Gegenwarts- oder Ursprungssystem?)
- Problemaufstellung?
- Zielannäherungsaufstellung?
- Tetralemmaaufstellung?

- Organisationsaufstellung? (Wahl des Beschreibungsrahmens für die Organisationsstruktur?)
- Körperaufstellung?
- sprachliche Oberflächenstrukturaufstellung?
- gemischte symbolische Aufstellung?
- Aufstellung mit Strukturebenenwechsel?
- Glaubenspolaritätenaufstellung?
- andere Strukturaufstellungsformen?

Genügt vielleicht schon eine
- Aufstellung des ausgeblendeten Themas?

Ist hier eventuell eine
- systematisch ambige Aufstellung angebracht? ...

3.) **Klärung der Systemelemente** im Gespräch mit dem Klienten

4.) **Auswahl der Repräsentanten** für die Systemelemente durch den Klienten
(Rollenspieler oder symbolische Gegenstände, je nach Rahmen der Aufstellung)

5.) **Aufstellung der Repräsentanten** durch den/die Klienten oder die in 1.) bestimmten Vertreter
(zügige und gesammelte Vorgehensweise; dreifache Aufmerksamkeit; Hinweise auf Sinneskanäle, Submodalitäten und Unterscheidungsmöglichkeiten für die Repräsentanten)

6.) **Überprüfung des Ergebnisses durch den Klienten** und eventuelle Korrektur.

7.) **Befragung der Repräsentanten** über ihr Befinden durch den Therapeuten/Berater
(Betonung von Fragen nach körperlicher Befindlichkeit; Sinneskanäle und Submodalitäten ansprechen; Betonung von Unterschieden, „die einen Unterschied machen" (könnten).)

8.) **Überprüfung der Kongruenz des Bildes** für den Klienten (gegebenenfalls Modifikationen oder neu stellen lassen oder Abbruch)

9.) **Umstellung des Bildes** durch den Therapeuten/Berater
(nach den Prinzipien der Stellungsarbeit)

10.) **erneute Befragung** wie bei 7.)
(ab jetzt in der Regel nicht mehr alle Repräsentanten befragen oder nur kurze Auskünfte über relevante Unterschiede gegenüber dem vorherigen Bild einholen!)

11. a) **erneute Umstellung** wie bei 9.) oder
11. b) **Prozeßarbeit** oder
11. c) **diagnostische Tests für Systemdynamiken**
(jeweils durchgeführt vom Therapeuten/Berater)
(a–c) wieder nach den Prinzipien für diese Interventionsformen bis zur Entwicklung eines Lösungsbildes oder bis zum Abbruch)

12.) **Hineinstellen des Klienten** an den Platz seines Repräsentanten im Lösungsbild

13.) **Überprüfung des Lösungsbildes**
und gegebenenfalls

14.) **Modifikation oder Nachkorrektur** des Lösungsbildes
(gemäß 11.) mit nochmaliger **abschließender Überprüfung**

15.) **Ankern des Lösungsbildes**
(als Anfang, nicht als Ende eines Lösungsprozesses!; evtl. Änderungsrichtung mit Bewegung mit ankern!)

16.) **Entlassen der Rollenspieler** aus ihren Rollen durch den Klienten (dabei wichtige Hinweise, wie weit das Bild genommen werden konnte)

17.a) (bei Aufstellungen außer Familienaufstellungen:)
evtl. eine **Aufgabenverschreibung** zur Verbesserung des Transfers in Alltagskontexte
(Verwendung von Ideen aus der lösungsorientierten systemischen Kurztherapie/-beratung nach de Shazer)
17.b) (bei Familienaufstellungen:)
evtl. **Hinweis darauf, das Bild über längere Zeit wirken zu lassen**
(… und gar nichts Besonderes zu tun)

18.) (evtl. erst kurzes Feedback der Rollenspieler; in der Regel aber besser gleich:) **Verabschiedung** des Klienten.

Bei Abbruch in einer dieser Phasen: Überleitung zu Zielarbeit und lösungsorientierter Arbeit nach de Shazer zur Förderung eines ressourcenreicheren Zustands bei Sitzungsende!

VIII.10 GESTEN UND RITUELLE SÄTZE IN DER PROZESSARBEIT BEI SYSTEMISCHEN STRUKTURAUFSTELLUNGEN

Aus dem umfangreichen Methodeninventar für die Prozeßarbeit bei Systemischen Strukturaufstellungen geben wir hier nur einige kurze Fragmente an, deren Kenntnis sich für die Anwendung als besonders hilfreich erwiesen hat. Die Fragmente betreffen Rituale zur Desidentifikation, zur Unterbrechung von Nachfolgedynamiken und zur Klärung von Rangfolgen sowie die Generalisierung von familienspezifischen Ritualsätzen.

Entscheidend für die Anwendung der Ritualsätze ist die Haltung, in der sie gesprochen werden.

Die LeiterInnen sollten in einem Zustand des Gewahrseins des eigenen Körpers geeignete Sätze „kommen lassen", „zuhörend sprechen", die Sätze als Vorschlag anbieten und gewissermaßen darauf achten, ob sie „die innere Erlaubnis haben", diesen Satz (den RepräsentantInnen bzw. den KlientInnen) vorzuschlagen. In diesem Sinne ist die Prozeßarbeit bei Systemischen Strukturaufstellungen niemals eine „Technik"; selbst für einen einfachen Satz wie „Ich sehe dich" muß jedes Mal neu geprüft werden, ob er gesprochen werden „darf" – und zwar erst von der Leiterin der Aufstellung und dann vom Repräsentanten bzw. Klienten, dem der Satz vorgeschlagen wurde. Und je besser die LeiterInnen beim Vorschlagen „bei sich" sind, desto leichter können auch RepräsentantInnen und KlientInnen wahrnehmen, was für sie paßt und was nicht und es in einer für sie passenden Form abändern.[15]

„Im Gewahrsein des eigenen Körpers geeignete Sätze kommen lassen", „zuhörendes Sprechen" und „auf die innere Erlaubnis, den

---

15 Es geht dabei insbesondere um die Förderung der drei Formen der Feldwahrnehmung; vgl. dazu VIII.8.2.

Satz vorzuschlagen, achten" sind verschiedene metaphorische Umschreibungen für eine Haltungsänderung, die nur höchst unvollkommen schriftlich angedeutet werden kann. Wir haben den Eindruck, daß es hier eine offenkundige Verwandtschaft mit Grundprinzipien des Focusing bei Eugene Gendlin gibt.[16] (Wir hoffen, diese Parallele künftig in geeigneter Weise praktisch fruchtbar machen zu können).

Eine weitere Metapher, die uns für die Haltung, in der rituelle Sätze gesprochen werden sollten, hilfreich erscheint, ist die Aufforderung, die Sätze zu sprechen, als hörte und spräche man sie zum ersten Mal (und zwar ganz gleich, wie oft wir „denselben Satz" scheinbar schon früher gesprochen haben.)

Steve de Shazer exemplifizierte diese Haltung auf besonders nachdrückliche Weise, als er bei einem Seminar (am SySt in München 1997) einer Klientin die „Wunderfrage" stellte (vgl. z. B. IV.4.5) und diese erwiderte, ihr Therapeut habe ihr genau diese Frage schon gestellt. De Shazer nickte und wartete ab. Nach kurzer Pause antwortete die Klientin, und die Sitzung kam – zu unserer Überraschung ohne jede Störung durch die „Fragenwiederholung" – zu einem guten Ende (mit guten Nachwirkungen). Von einer über das Ausbleiben einer Störung an dieser Stelle wie wir überraschten Teilnehmerin dazu befragt, ob er nicht darüber erschrocken gewesen sei, daß die Klientin „dieselbe Frage schon zuvor gehört hatte", antwortete de Shazer nur, präzise und lakonisch:

"I did not regard this as the same question" (Ich habe das nicht als dieselbe Frage aufgefaßt).

Diese Antwort verdeutlicht das, was wir mit „den Satz sprechen, als spräche man ihn zum ersten Mal" meinen, in unnachahmlicher Kürze.

Im Sinne von Martin Bubers „Ich und du" (vgl. Buber 1992) kann das Grundwortpaar „Ich – Du" nur mit dem ganzen Wesen gesprochen werden; vielleicht ist etwas davon in dem mit enthalten, was wir mit unseren Metaphern zur angemessenen Haltung beim Sprechen ritueller Sätze in der Prozeßarbeit anzudeuten versuchen.

16 Diese Verbindung zeigt sich besonders deutlich in Gendlins Aufsatz „Die umfassende Rolle des Körpergefühls im Denken und Sprechen" (1993).

Und schließlich erinnern wir an Nachklang II und die kostbaren Helfer des Nichtwissens, der Hilflosigkeit und der Verwirrung, auf die keine Leiterin und kein Leiter einer Systemischen Strukturaufstellung verzichten sollte – schon gar nicht bei der Prozeßarbeit!

VIII.10.1 Methodeninventar der Desidentifikation (ausgewählte Grundideen)

Terminologie:
Desidentifikation = Aufhebung einer Identifikation
Identifikation = (meist partielle) Repräsentation eines fremden Schicksals- oder Verhaltensmusters

Abkürzungen:
I = der bei diesem Prozeß betrachtete Identifizierte (d. h. derjenige, der hier ein fremdes Schicksalsmuster (unbewußt) wiederholt)
R = **R(I)** = derjenige, den I repräsentiert (d. h. derjenige, dessen Schicksalsmuster I (unbewußt) wiederholt)

Methoden:
1. **Einbeziehung**

   1.1 **Einbeziehung durch Worte**

   1.1.1 „Ich sehe dich!" (ritueller Satz, gesprochen von **I** zu **R**)

   1.1.2 „Ich weiß, daß es dich gibt."   ("   )

   1.1.3 „Du gehörst dazu."   ("   )

   1.1.4 „Ich gebe dir deinen Platz."   ("   )

   1.1.5 „Wir – *und* du!"   ("   )
   (eventuell zusammen mit **1.3**)

   1.2 **Einbeziehung durch Gesten**

   1.3 **Blickkontakt aufnehmen** (I mit R)

1.4 einbeziehende Handbewegung (z. B. mit Handfläche nach oben erst auf sich, dann auf die offensichtlich schon Zugehörigen, dann auf den Repräsentierten, dann wieder auf sich – eventuell noch aufs eigene Herz zeigen)

1.5 Verneigung (I verneigt sich ehrerbietig vor R)

2. Test und Ausführung

2.1 Platztausch (I und R den Platz tauschen lassen, anschließend wieder ins vorherige Stellungsbild zurückgehen lassen)

2.2 auf den Repräsentierten zugehen lassen (d. h. mit Blickkontakt und gut durchatmend I langsam auf R zugehen lassen (Vorsicht, wenn es I schwindelt!), ca. 40 cm vor R stellt man dann I rechts neben R mit gleicher Blickrichtung ohne Körperkontakt zwischen den beiden und eventuell noch Möglichkeit des Ansehens zwischen I und R erschweren durch Dazwischenhalten einer Hand)

3. Würdigung (I spricht R die Achtung aus, z. B. durch einen oder mehrere von folgenden Sätzen:)

3.1 „Ich achte dich (sehr)!"

3.2 „Bei mir hast du deine Ehre."

3.3 „Ich gebe dir den Platz, der dir zusteht (wer immer du auch bist)."

4. Rückgabe

4.1 Rückgabe mit Worten (rituelle Sätze, von I zu R gesprochen)

4.1.1 „Ich achte dein Schicksal – und ich lasse es jetzt ganz bei dir."

4.1.2 „Dein(e) Schicksal/Last/Schuld/Ruhm gehört ganz allein dir – ich habe darauf keinerlei Anspruch."

4.1.3 „Ich habe es lange (aus Liebe) für dich getragen. Jetzt ist es genug. Es gehört dir – und nicht mir – und ich gebe es dir jetzt wieder zurück." (eventuell mit Verneigung von **I** vor **R**)

4.2 Rückgabe mit Gesten

4.2.1 symbolische Rückgabe mit Gegenstand[17]

I hält Gegenstand als Symbol für das Zurückzugebende, spricht eventuell einen der **4.1**-Sätze (o. ä.), geht dann auf **R** zu und legt **R** den symbolischen Gegenstand vor die Füße, so daß der Gegenstand beide Füße von **R** berührt, richtet sich dann wieder auf, geht einen Schritt zurück und sieht zu, wie **R** den Gegenstand aufnimmt und dann mit beiden Armen ganz an den Oberkörper drückt. Anschließend bestätigt **R** für **I**, daß **I** davon nichts zusteht und **I** es auch nicht mehr zurückbekommt; eventuell mit Worten wie

4.2.1.1 „Es gehört mir – ganz."

4.2.1.2 „Das ist meins (und nicht deins) – und für das Meine bin ich groß genug. (Ich bin der/die Große (und du der/die Kleine).)"

4.2.1.3 „Laß das bei mir. Ich gebe es dahin weiter, wohin es gehört, und behalte nur meinen Teil. Du hast darauf keinerlei Anspruch."

4.2.1.4 „Bei mir ist es am rechten Ort. Für mich ist es leicht."

4.2.2 symbolische Rückgabe ohne Gegenstand (analog zu 4.2.1)

4.3 iterierte symbolische Rückgabe

---

17 Als Beispiel für ein besonders ausführliches Rückgaberitual vgl. Essen (1998).

I sieht zu, wie R nach Annahme des Zurückgegebenen dies weiter zurückreicht (meist mit Einführung entsprechender zusätzlicher Repräsentanten).

5 Künftig auf andere Weise ehren

(I spricht zu R einen der folgenden Sätze (o. ä.):

5.1 „Künftig ehre ich dich auf andere Weise – ich gebe dir den Platz, der dir zusteht (und immer schon zustand)."

5.2 „In Zukunft ehre ich dich anders als bisher – ich gebe dir einen guten Platz in meinem Herzen. (Und bitte sieh freundlich auf mich, auch wenn es mir gut ergeht, wo es für dich so schwer war.)"

5.3 „Für mich (und meine Kinder) gehörst du ganz dazu – und all den Unfug, den sie über dich gesagt haben, den vergesse ich jetzt – und gebe dir die Ehre auf andere Weise als bisher: In meinem Herzen hast du einen Ehrenplatz. Und meinen Kindern sage ich etwas Gutes über dich. Lieber …!"

5.4 „Was zwischen dir und … war, das lasse ich ganz bei euch. Das ist allein die Sache von euch Großen. Und ich kümmere mich jetzt um meine eigenen Sachen – und dich achte ich sehr. Und künftig ehre ich dich, indem ich dir Raum im Herzen gebe."

5.5 „Ich mach's künftig auf meine Weise – ganz wie du! Und du bekommst einen Ehrenplatz bei mir. Und die anderen sollen von dir wissen (und von deinem Schicksal)."

5.5.a „Ich mach's genau wie du … *(lange Pause!)* – nur ein bißchen anders."

5.5.b „Liebe(r) …, ich werde ganz wie du – *(lange Pause!)* – und noch ein wenig anders."

5.5.c „Ich mach' es ganz wie du – *(lange Pause!)* – nur auf meine Weise."

VIII.10.2 Zur Generalisierung der familienaufstellungsnahen Ritualsätze

All diese Prozesse und Sätze können vom Familienkontext auf Systemische Strukturaufstellungen (SySt) verallgemeinert werden; dazu müssen Verwandschaftsbezeichnungen und anderes Familienspezifisches geeignet ersetzt werden, z. B. durch Phrasen wie „Diese(n/r) da" u. a. So wird etwa **5.3** ersetzt durch:

5.3 (SySt): „**Für mich (und diese da** *(mit Geste!)*/**die nach mir/ die nach uns/die, die von uns kommen) gehörst du ganz dazu – und all den Unfug, den sie über dich gesagt haben, den vergesse ich jetzt – und gebe dir die Ehre auf andere Weise als bisher: In mir hast du einen Ehrenplatz. Und diesen da** *(mit Geste!)* **sage ich etwas Gutes über dich!"**

Oder **4.1.1** und **4.1.2** durch:

4.1.1 (SySt): „**Ich achte deine Last – und ich lasse sie jetzt ganz bei dir."**

4.1.2 (SySt): „**Dies** *(auf Gegenstand weisen, der zurückgegeben wurde!)* **gehört ganz allein dir – ich habe darauf keinerlei Anspruch."**

Oder **4.2.1.2** durch:

4.2.1.2 (SySt): „**Das ist meins (und nicht deins) – und das Meine ist mir gemäß. (Ich war schon lange vor dir da – du kamst erst lange nach mir.)"**

Oder **5.2** durch:

5.2 (SySt): „**In Zukunft ehre ich dich anders als bisher – ich gebe dir einen guten Platz. (Und bitte sieh freundlich zu, auch wenn mir gelingt, was deine Lage nicht zuließ.)"**

Mit derartigen Variationen lassen sich Ritualsätze aus der Familiensystemform in eine allgemeine Strukturaufstellungsform bringen.

VIII.10.3 Prozeßarbeit zum Thema der modifizierten Nachfolge bei Systemischen Strukturaufstellungen

Familienaufstellungsversion (Hellinger):
„Liebe(r) Papa/Mama/Vater/Mutter, ich mach's genau/mach es ganz wie du – nur ein bißchen anders."[18]
„Liebe(r) ..., ich werd' genau wie du – nur ein bißchen anders."

modifizierte Versionen für Familien- und Systemische Strukturaufstellungen:
„(Liebe(r) ...) Ich (mach's ganz/mache es wie du – nur ein wenig anders."
„(Liebe(r) ...) Ich mach's ganz/mache es wie du – nur auf meine Weise."
„(Liebe(r) ...) Ich mach's ganz/mache es wie du – nur nach meiner Art."
„Genau wie bisher – nur ein bißchen anders."[19]
„Ganz wie bisher – und noch ein wenig anders."

Eine paradoxere Form des Pacing ist dabei möglich durch *(langsam gesprochen!)*:
„(Liebe(r) ...) Ich mach's auf meine Weise – so wie du."
„(Liebe(r) ...) Ich mach's genau auf meine Weise – ganz wie du."
Oder etwas ausführlicher und feierlicher:
„Ich mach's künftig auf meine Weise – ganz wie du! Und du bekommst einen Ehrenplatz bei mir. Und die anderen sollen von dir wissen (und von deinem Schicksal)."

(Diese Formulierungen erlauben, erheblich weniger provokativ zum Ziel zu kommen, denn sie verwenden ein paradoxes Pacing: Ich mach' es wie du, liebe(r) ..., nämlich *anders* als die davor!)

---

18 Jeweils mit deutlichen Sprechpausen bei „–"!
19 von Friedrich Wiest im Kontext der Unternehmensnachfolge verwendet.

VIII.10.4 Beispiel zur Verwendung ritueller Sätze in der Prozeßarbeit zur Klärung der Art der Reihenfolge zwischen Repräsentanten in abstrakten Aufstellungen

Dú vor mír, ich nách dir   –   und vón dir![20]

Geeignet zur Klärung der
Reihenfolge in einer Ebene
oder zwischen Ebenen
(wird dieser Satz genommen,
so kann der Sprecher auf einer
Hierarchieebene dem Angesprochenen
nachgeordnet sein *oder* einer
der des Angesprochenen
nachgeordneten Hierarchieebene angehören).

Geeignet zur Klärung der
Reihenfolge zwischen Ebenen
(wird diese Ergänzung nach der
Sprechpause akzeptiert, so wird
die Reihenfolge als Hierarchie-
ebenenunterschied gewertet).

In ähnlicher Weise kann verwendet werden:

„Du warst vor mir da – schon lange davor!"

„Du vor mir – du bist der / die Große, ich der / die Kleine."

„Du, dann ich – erst lange danach."

---

20 Das Akzentzeichen „´" steht für betonte Silben!

"Stammbaum" der wichtigsten Einflüsse auf die Entwicklung der Systemischen Strukturaufstellungen (SySt)

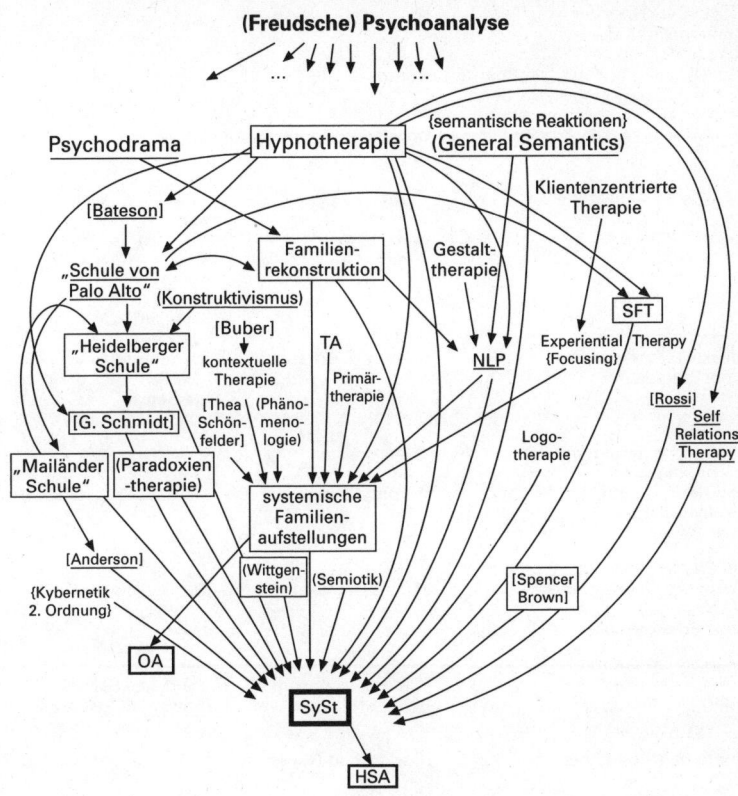

Legende:

x ⟶ y	:	x hatte Einfluß auf die Entwicklung von y
☐ x ☐	:	x ist besonders zentraler Faktor für die Entwicklung der SySt (OA, HSA)
x	:	x ist ebenfalls wichtiger Einfluß für die Entwicklung der SySt (OA, HSA)
[x]	:	Person
„ x "	:	Schule
(x)	:	theoretische Richtung/Begriffssystem
{ x }	:	einzelne Methode, Begriff

Zum Stammbaum der Systemischen Strukturaufstellungen (SyST):

Liste der wichtigsten
Therapierichtungen,
„Schulen",
(theoretischen Richtungen, Begriffssysteme),
{Methoden, Begriffe}, sowie der
[Personen], von denen sie stammen.
[x] ──── ► [y] : „Die Arbeiten von x wurden von y weitergeführt."

(Freudsche) Psychoanalyse	[Sigmund Freud]
Psychodrama {Soziometrie}	[Jakob Levy Moreno]
(Klinische/moderne/ indirekte/Ericksonsche) Hypnotherapie	[Milton H. Erickson] → [Rossi] [Gilligan] [Satir] [G. Schmidt] [Cheek] [de Shazer] [Michael Kahan]
Entwicklungsorientierte Familientherapie {Familienrekonstruktion} {Familienskulptur} {Parts Party}	[Virginia Satir]
(General Semantics) {Semantische Reaktionen} {Zeitbindung} {Landkartentheorie}	[Alfred Graf Korzybski] → [S. I. Hayakawa]
{Double bind theory} {Theorie des Lernens höherer Ordnung}	[Gregory Bateson] → „Palo Alto Schule" [Edward B. Keeney]
Klientenzentrierte Therapie	[Carl Robert Rogers]
Gestalttherapie	[Fritz Perls]
Experiential therapy {Focusing}	[Eugene Gendlin]
Neurolinguistic Programming NLP {Metamodell} {Submodalitäten} {Zeitlinie}	[Richard Bandler, John Grinder] → [Wyatt Woodsmall] [Robert Dilts]
Kontextuelle Therapie {Transgenerationelle Solidarität} {Allparteilichkeit}	[Iván Boszormenyi-Nagy]
Primärtherapie	[Arthur Janov]
Transaktionsanalyse	[Eric Berne, Thomas Harris]
„Schule von Palo Alto" kommunikationstheoretisch orientierte Psychotherapie {Lösungen 2. Ordnung} {Metakommunikation}	[Janet Beavin, Don Jackson, Virginia Satir, Paul Watzlawick, John Weakland]

„Mailänder Schule Paradox und Gegenparadox} {Zirkuläres Fragen} {Hypothetisieren} {Neutralität}	[Mara Selvini Palazzoli, Giuliana Prata, Luigi Boscolo, Gianfranco Cecchin]
{Reflecting Team}	[Tom Andersen]
{Fingersignalarbeit}	[David Cheek]
Logotherapie {Paradoxe Intentionen}	[Victor Frankl]
(Konstruktivismus)	[Ernst von Glasersfeld, Heinz von Foerster, Nelson Goodman ...]
{Kybernetik zweiter Ordnung}	[Heinz von Foerster]
((Husserlsche) Phänomenologie) {Phänomenologische Methode} {Phänomenologische Reduktion} {eidetische Variation}	[Edmund Husserl]
{Logische Typentheorie}	[Bertrand Russell, Alfred North Whitehead]
{typentheoretische Modelle der Kommunikation}	[Alfred Graf Korzybski, Gregory Bateson]
(Paradoxientheorie)	[Bertrand Russell, Saul Aron Kripke, Ulrich Blau]
Hypnosystemische Therapie {Symptome als Tranceelemente}	[Gunther Schmidt]
{Psychobiology of Mind-Body-Healing}	[Ernest Rossi]
Self Relations Therapy	[Stephen Gilligan]
Solution focused therapy SFT Lösungsfokussierte Therapie Lösungsorientierte Kurztherapie „Schule von Milwaukee" {Wunderfrage} {Skalierungen}	[Steve de Shazer, Insoo Kim-Berg] → „Korzybski-Institut Brügge" → [Scott Miller] → [Gale Miller] → [Luc Isebaert] → [Louis Cauffman] → [Yvonne Dolan]
„Heidelberger Schule" (systemisch-konstrukti- vistischer Ansatz)	[Helm Stierlin, Gunthard Weber, Arnold Retzer, Fritz Simon, Hans Rudi Fischer, Jochen Schweitzer, Gunther Schmidt, Peter W. Gester, Ingeborg Rücker-Embden-Jonasch, Andrea Ebbecke-Nohlen, Bernd Schumacher]
{Familienstellen mit Figuren}	[Thea Schönfelder]
{Dialogisches Prinzip} {Ich-Du-Beziehung}	[Martin Buber]

(Semiotik)
{kenopythagoräische Kategorien}
{Drittheit}   — [Charles Sanders Peirce]
{Hauptzeichenklassen}
{Semiose}

(Tractatus-Philosophie)
{Bildtheorie der Sprache}
(Wittgensteins Spätphilosophie)
{Sprachspieltheorie}   — [Ludwig Wittgenstein]
{Regelfolgen}
{Privatsprachenargument}

{Gesetze der Form}
{re-entry}
{primäre Algebra}   — [George Spencer Brown]
(Unterscheidungstheorie)

Systemische
Familienaufstellungen
(systemisch-phänomenologischer
Ansatz)
Familien-Stellen   — [Bert (= Anton Suitbert) Hellinger]
{Ordnungen der Liebe}
{Systemische Schuld}
{Fremde Gefühle}

{Organisationsaufstellungen}   { [Bert Hellinger,
({OA})   Gunthard Weber]
                                            ↓
                                  [Brigitte Gross,
                                  Siegfried Essen,
                                  Christine Essen,
                                  Guni Baxa,
                                { Matthias Varga von Kibéd,
                                  Insa Sparrer,
                                  Friedrich Wiest,
                                  Thomas Siefer,
                                  Werner Messerig,
                                  Gerd Metz]

{Homöopathische   { [Friedrich Wiest,
Systemaufstellungen} ({HSA})   Matthias Varga von Kibéd]

Systemische
Strukturaufstellungen
Systemische
Strukturaufstellungsarbeit
SySt
{Tetralemmaarbeit}
{Systematisch ambige Arbeit}   — [Insa Sparrer,
{Strukturebenenwechsel}   Matthias Varga von Kibéd]
{Lösungsgeometrie}
{repräsentierende
Wahrnehmung}
{Organisations-Strukturaufstellung}
{Körper-Strukturaufstellung}

Liste der für die Systemische Strukturaufstellungsarbeit (SySt) angewandten Fachtermini, Schemata und Kategorisierungen

(Fachtermini, die von den Autoren geprägt wurden, sind durch Fettdruck hervorgehoben)

Aufstellung des abwesenden Teams
Aufstellung der fünf Funktionskreise
Aufstellung des ausgeblendeten Themas (Aufstellung des eigentlichen Themas), Teile: Fokus, offizielles Thema, ausgeblendetes Thema
Aufstellung mit **Strukturebenenwechsel**
Aufstellungen von Filmszenen
Aufstellungen zur Beseitigung von Hindernissen beim Sprachenlernen
Aufstellungen zusammengesetzter Systeme

Chakrenaufstellung
Core-Transformationsaufstellung

Desidentifikation
Drehbuchaufstellung, Arten: Aufstellung der Hauptpersonen, **Aufstellung der Hauptcharakterzüge**, Supervisionsaufstellungen für Drehbuchautoren, mehrperspektivische Drehbuchaufstellungen

eigenresonante Körperempfindungen
Enneagrammaufstellung
Entscheidungsaufstellung, polare vs. **multiple**

Feldwahrnehmung, rezeptive, modulierende, interagierende

gemischt-symbolische Aufstellung
Glaubenspolaritätenaufstellung, einfache vs. **kombinierte**

Hierarchieebenenaufstellung
homöopathische Systemaufstellung (Wiest u. Varga von Kibéd 1998), umfaßt: **Klientensymptomaufstellung, Leitsymptomaufstellung**, Familienaufstellung

Interventionsformen, Grundkategorien: Stellungsarbeit, Prozeßarbeit (Energiearbeit, Informationsarbeit), Tests
interventionsrelevante Wahrnehmungsformen für SySt: **repräsentierende Wahrnehmung, rezeptive Feldwahrnehmung, interagierende Feldwahrnehmung, modulierende Feldwahrnehmung, Wahrnehmung der Assoziations- und Dissoziationsvertauschung, Pseudoprojektion im Raum, Fremd- vs. Eigenresonanzdifferenzierung**

kombinierte Aufstellungen
Körperaufstellung
Körperstrukturaufstellung
Konfliktaufstellung
kurative Prinzipienauffassung

Lösungsaufstellung, Teile: Fokus, Ziel, Ausnahmen, Wunder, Kontext des Wunders
Lösungsgeometrie, lösungsgeometrisches Interview

Märchenaufstellungen
mehrperspektivische Aufstellung (= multifokale Aufstellung)
Metaaufstellungen

Neunfelderaufstellung

Oberflächenstrukturaufstellung, sprachliche
Organisationsstrukturaufstellung

partielle (Formen von) Aufstellungen
partielle Musterrepräsentation
Primat der Prozeßarbeit
Prismatische Balintgruppenaufstellung

Perspektiven der SySt, interne vs. externe
Problemaufstellung, Teile: Fokus, Ziel, Hindernisse/Schutzwälle/Helfer, Ressourcen, Gewinn/Preis, künftige Aufgabe
Projektaufstellung
repräsentierendes Verhalten
repräsentierende Wahrnehmung
Repräsentanten im engeren Sinne vs. im weiteren Sinne

Schema des **Tetralemmaprozesses**: die vier Positionen, die **fünfte Nichtposition**, schwache fünfte Position, starke fünfte Position = **reflexive Musterunterbrechung**, Beides (3) = **internes Reframing** (übersehener Zusammenhang der Pole des Dilemmas), Keines von Beiden (4) = **externes Reframing** (übersehener Dilemmakontext); Kategorien der Pozeßarten nach der vierten Position: Rückfall, Ehrenrunde, kreativer Schritt, Symptomverschiebung, larvierter Rückfall, larvierte Symptomverschiebung
schichtenweise aufgebaute Aufstellungen

Semiotische Aufstellung, Arten: kenopythagoräische Aufstellung, Hauptzeichenaspektaufstellung, Hauptzeichenklassenaufstellung
Simultane Gruppenthemenaufstellung
sprachliche Oberflächenstrukturaufstellung
Systemische Strukturaufstellungen, feste vs. freie Aufstellungen mit Orten
Strukturaufstellungsarten
Strukturaufstellungsbereiche
Strukturaufstellungstypen
Strukturebenen, Strukturebenenwechsel
Strukturebenen der Empfindungen
Syllogistische Aufstellung, Teile: universell positiv, universell negativ, partikulär positiv, partikulär negativ
Symbolkategorien der SySt: Grundkategorien: **Orte**, Repräsentanten i. e. S., freie Elemente; Unterkategorien für Orte: **designierte Orte, Bereiche/Felder/aufgeladene Plätze**, Zeitlinien, **statische Grenzen**; Unterkategorien für Repräsentanten i. e. S.: **designierte Repräsentanten, (designierte) symbolische Gegenstände, evolutionäre Repräsentanten, variable Grenzen, Bereichsrepräsentanten**; Unterkategorien für freie Elemente: **designierte freie Elemente, wandernde Bereiche, dynamische Zeitlinie, dynamische Grenze**
systematisch-ambige Aufstellung
Systemische Strukturaufstellungsarbeit
Systemische Strukturaufstellungen

Teamaufstellung
Tetralemmaarbeit
Tetralemmaaufstellung, Teile: das Eine, das Andere, Beides (Iteration, Kompromiß, Thesenverschiebung, Rekonstruktion als Scheingegensatz, paradoxe Verbindung, **Prämissenverschiebung/Präsuppositionenverschiebung/Haltungsänderung**, die Kraft des Nichtgewählten ins Gewählte, Absorption, übersummative Verbindung, Mehrdeutigkeit), Keines von Beiden (4 Hauptarten), **Und auch dies nicht — und selbst das nicht**

verdeckte Aufstellung
versehentliche Aufstellung

Wahrnehmungs- und Empfindungsarten, Grundkategorien (prototypisch vs. spezifisch, abstrakt vs. konkret, topologisch vs. geometrisch vs. sozial vs. familiär, resonant vs. invariant vs. variant, eigen vs. fremd, **eigenresonant** vs. eigen invariant)
Wertpolaritätenaufstellung
Wertsystemaufstellung

Zielannäherungsaufstellung

Ein paar Worte zum Abschluß

Insa Sparrer

„Wenn wir uns fragen, wie die Information bei Systemischen Strukturaufstellungen übermittelt wird, stellen wir vielleicht einfach die falsche Art von Fragen. Vielleicht sollten wir von Metaphern der Verbindung ausgehen statt von Metaphern der Trennung."

„Emotionen sind wie herumflatternde Vögel: Sie kommen und verschwinden, gehören aber nicht zu uns."

„Vielleicht können wir lernen, probeweise alle Emotionen wie repräsentierende Wahrnehmungen aufzufassen. Wir verzichten so immer mehr darauf, uns mit ihnen zu verwechseln."

„In den Systemischen Strukturaufstellungen zeigt sich das Wissen zwischen uns. Alle wesentlichen Gedanken

andere

„Der gewöhnliche Mensch bedauert seine Fehler – der besondere seine Unachtsamkeit." (Aus dem *Tassawuf*)

„Das Gewissen ist ein systemisches Gleichgewichtsorgan."
(Bert Hellinger)

„Leiden ist leichter."
(Bert Hellinger)

„Wir können verstehen, was besser heißt, ohne zu wissen, was gut heißt." (Steve de Shazer)

„Die Tatsachen gehören alle nur zur Aufgabe, nicht zur Lösung."
(Ludwig Wittgenstein)

„Es ist nie zu spät, eine glückliche Kindheit gehabt zu haben."
(Milton H. Erickson)

„Die Lösung des Problems des Lebens merkt man am Verschwinden

Matthias Varga von Kibéd

„Bei der Systemischen Strukturaufstellungsarbeit fragen wir nicht mehr einfach, wer welche Eigenschaft hat. Es gilt vielmehr, Vorstellungen davon zu entwikkeln, unter welchen Bedingungen sich welche Eigenschaften bei wem zeigen."

„Ein Aspekt, den Bert Hellinger besonders verkörpert, ist eine tiefe Suche voll Staunens, wozu wir eigentlich da sind, wie wir gemeint sind, welches andere Geheimnis um uns selbst wir noch nicht erkannt haben. Das ist kein neugieriges Suchen, sondern so, wie wenn man die Augen öffnet für eine Landschaft, ganz weit, die man noch nie zuvor sah, und staunt."

„Die Schwerkraft für eine moralische Instanz zu halten ist nicht besonders hilfreich."

fließen letztendlich aus der Quelle dieses Wissens. Wir sind nur Gefäße dafür."

„Das Leben ist eine Heilungskrise."

dieses Problems." (Ludwig Wittgenstein)

„Manche Leute meinen, Therapie habe etwas Hartes und Bitteres zu sein. Vielleicht ist es ja so – aber nicht bei mir!!" (Virginia Satir)

„Wenn ich wüßte, wieviel zwei und zwei sind, würde ich sagen: vier!" (Mullah Nasreddin)

„Nicht an sich zu arbeiten heißt, den anderen keine Gelegenheit zu geben, eine bessere Version von uns kennenzulernen – und das wäre bedauerlich."

„Kopfschmerz ist kein Aspirinmangel."

„Auweh – der Babba hat no Probleme mit der Mannschaftsaufstellung ..."

Literatur

Andersen, T. (Hrsg.) (1990): Das reflektierende Team. Dortmund (Modernes Lernen).
Andreas, C. u. T. Andreas (1995): Der Weg zur inneren Quelle. Core-Transformation in der Praxis. Paderborn (Junfermann).
Baecker, D. (1994): Kalkül der Form. Frankfurt a. M. (Suhrkamp).
Bateson, G. (1979): Geist und Natur. Frankfurt a. M. (Suhrkamp).
Bateson, G. (1983): Ökologie des Geistes. Frankfurt a. M. (Suhrkamp).
Baxa, G.-L. (1998): Das Lernen des Nichtlernbaren. In: G. Weber (Hrsg.): Praxis des Familien-Stellens. Heidelberg (Carl-Auer-Systeme), S. 467–472.
Beaumont, H., C. Beaumont a. J. ten Herkel-Chaudhri (eds.) (1997): Touching Love. Bert Hellinger at Work with Family Systems. Heidelberg (Carl-Auer-Systeme).
Bley, J. u. L. Lewitan (Hrsg.) (1998): Leitfaden Psychotherapie in München. München (Goldschmidt).
Boszormenyi-Nagy, I. (1987): Foundations of Contextual Therapy. Collected Papers of I. Boszormenyi-Nagy. New York (Brunner & Mazel).
Boszormenyi-Nagy, I. u. G. Spark (1973): Unsichtbare Bindungen. Die Dynamik familiärer Systeme. Stuttgart (Klett-Cotta).
Brunner, E. J. (1990): Von der Familientherapie zur systemischen Perspektive. Berlin et al. (Springer).
Buber, M. (1992): Das dialogische Prinzip. Gerlingen (Lambert & Schneider).
Cusanus, N. (1952): De non aliud. In: E. Hoffmann (Hrsg.): Schriften des Nikolaus Cusanus. Heft 12. Hamburg (Felix Meiner).
Cusanus, N. (1964): Der verborgene Gott. De deo abscondito. In: L. Gabriel (Hrsg.): Nikolaus Cusanus: Philosophisch-theologische Schriften. Wien (Herder), S. 299–311.
Dörner, D. (1992): Die Logik des Mißlingens. Strategisches Denken in komplexen Situationen. Reinbek (Rowohlt).
Dörner, D., H. W. Kreuzig u. J. Reither (Hrsg.) (1999): Lohhausen. Vom Umgang mit Unbestimmtheit und Komplexität. Göttingen (Hans Huber).
Drees, A. (1995): Freie Phantasien in der Psychotherapie und in Balint-Gruppen. Göttingen/Zürich (Vandenhoeck & Ruprecht).
Erickson, M. H., E. L. Rossi u. S. L. Rossi (1978): Hypnose. München (Pfeiffer).
Erickson, M. H. (1998): Förderung des objektiven Denkens und neuer Bezugsrahmen durch Pseudoorientierung in der Zeit. In: E. L. Rossi (Hrsg.): Gesammelte Schriften von Milton H. Erickson. Heidelberg (Carl-Auer-Systeme), S. 178–181.
Essen, C. u. G.-L. Baxa (1998): Hilfe, was ist Hilfe? Zur Anwendung systemischer Aufstellungsarbeit bei Supervisionen und Konsultationen größerer (Hel-

fer-)Systeme. In: G. Weber (Hrsg.): Praxis des Familien-Stellens. Heidelberg (Carl-Auer-Systeme), S. 377–393.
Essen, S. (1990): Vom Problemsystem zum Ressourcensystem. In: E. J. Brunner (Hrsg.): Von der Familientherapie zur systemischen Perspektive. Berlin et al. (Springer).
Essen, S. (1998): „Woher hab ich das nur?" Ein Rückgaberitual für die Einzeltherapie. In: G. Weber (Hrsg.): Praxis des Familien-Stellens. Heidelberg (Carl-Auer-Systeme), S. 135–141.
Fischer, H. R. (1991): Sprache und Lebensform – Wittgenstein über Freud und die Geisteskrankheit. Heidelberg (Carl-Auer-Systeme).
Fischer, R. (Hrsg.) (1998): Also sprach Mulla Nasrudin. München (Droemer Knaur).
Franke, U. (1996): Systemische Familienaufstellungen. München (Profil).
Franke-Griksch, M. (1998): Vom Paar zur Familie – wenn sich ein Kind ankündigt. Systemische Arbeit und Familienstellen mit „schwangeren Paaren". In: G. Weber (Hrsg.): Praxis des Familien-Stellens. Heidelberg (Carl-Auer-Systeme), S. 230–238.
Fynn (1998): Hallo, Mr. Gott, hier spricht Anna. München (Scherz).
Garnier, J.-P. (1965): Nasreddin Hodscha, der türkische Till Eulenspiegel. München (Heimeran).
Gendlin, E. T. (1993): Die umfassende Rolle des Körpergefühls im Denken und Sprechen. *Deutsche Zeitschrift für Philosophie* 41: 693–706.
Gilligan, S. G. (1991): Therapeutische Trance. Das Prinzip Kooperation in der Ericksonschen Hypnotherapie. Heidelberg (Carl-Auer-Systeme).
Gilligan, S. G. (1999): Liebe dich selbst wie deinen Nächsten. Die Psychotherapie der Selbstbeziehung. Heidelberg (Carl-Auer-Systeme).
Hayakawa, S. I. (1990): Language in Thought and Action. San Diego (Harcourt).
Hellinger, B. (1995): Ordnungen der Liebe. Heidelberg (Carl-Auer-Systeme).
Hellinger, B. (1997a): Die Mitte fühlt sich leicht an. Vorträge und Geschichten. München (Kösel).
Hellinger, B. (1997b): Familienstellen mit Kranken. Dokumentation eines Kurses. Heidelberg (Carl-Auer-Systeme).
Hellinger, B. (1997c): Ordnungen der Liebe. Ein Kursbuch. Heidelberg (Carl-Auer-Systeme).
Hellinger, B. (1997d): Schicksalsbindungen bei Krebs. Ein Kurs für Betroffene, ihre Angehörigen und Therapeuten. Heidelberg (Carl-Auer-Systeme).
Hellinger, B (1997e): Verdichtetes. Heidelberg (Carl-Auer-Systeme).
Hellinger, B. (1998a): Haltet mich, dass ich am Leben bleibe. Lösungen für Adoptierte. Heidelberg (Carl-Auer-Systeme).
Hellinger, B. (1998b): In der Seele an die Liebe rühren. Familien-Stellen mit Eltern und Pflegeeltern von behinderten Kindern. Heidelberg (Carl-Auer-Systeme).
Hellinger, B. (1998c): Wo Schicksal wirkt und Demut heilt. Ein Kurs für Kranke. Heidelberg (Carl-Auer-Systeme).
Hellinger, B. u. G. Ten Hövel (1997): Anerkennen, was ist. München (Kösel).
Hoflehner, (i. Vorb.): Systemische Strukturaufstellungen in der Theaterpraxis.
Kim-Berg, I. u. S. D. Miller (1993): Kurzzeittherapie bei Alkoholproblemen. Heidelberg (Carl-Auer-Systeme).

Kim-Berg, I. u. S. D. Miller (1997): Die Wunder-Methode. Ein völlig neuer Ansatz bei Alkohol-Problemen. Dortmund (Modernes Lernen).

Korzybski, A. (1958): Science and sanity. An introduction to non-Aristotelian systems and general semantics. Lakeville, CT (International Non-Aristotelian Library).

Lange, R. (1998): Kreativität und Problemlösen. In: H. Tremel u. M. Ohmann (Hrsg.): Studiengang Öffentlichkeitsarbeit. Studienband Kreation. Frankfurt a. M. (Gemeinschaftswerk der evangelischen Publizistik).

Lauterbach, M. u. E. Pfäfflin (1998): Familienaufstellung und Psychodrama. In: G. Weber (Hrsg.): Praxis des Familien-Stellens. Heidelberg (Carl-Auer-Systeme), S. 352–359.

Ludewig, K. (1992): Systemische Therapie. Stuttgart (Klett-Cotta).

Matzka, R. u. M. Varga von Kibéd (1994): Motive und Grundgedanken der „Gesetze der Form". In: D. Baecker (Hrsg.): Kalkül der Form. Frankfurt a. M. (Suhrkamp), S. 58–85.

Milz, H. u. M. Varga von Kibéd (1998): Körpererfahrungen – Anregungen zur Selbstheilung. Zürich (Walter).

Molzberger, P. (1993): Synergetische Zusammenarbeit – ein Schwimmkurs für Führungskräfte. (Reihe Edition, Nr. 3) München (Graphic-Consult).

Moreno, J. L. (1991): Die Grundlagen der Soziometrie. Opladen (Westdeutscher Verlag).

Nagel, G. (1995): Radikal denken, sensibel umsetzen. *Blickpunkte* 1: 7. München (Graphic Consult & Nagel Corporate Marketing).

Neuhauser, J. (1998): Wie Liebe gelingt. Bert Hellingers Rundenarbeit mit Paaren. In: G. Weber (Hrsg.): Praxis des Familien-Stellens. Heidelberg (Carl-Auer-Systeme), S. 217–229.

O'Hanlon, W. H. (1991): Eckpfeiler. Hamburg (ISKO).

O'Hanlon, W. H. u. A. L. Hexum (1994): Milton H. Ericksons gesammelte Fälle. Stuttgart (Klett-Cotta).

Peirce, C. S. (1983): Phänomen und Logik der Zeichen. Frankfurt a. M. (Suhrkamp).

Prekop, J. (1998): Von der geglückten Verbindung des systembezogenen Ansatzes mit der Festhaltetherapie. In: G. Weber (Hrsg.): Praxis des Familien-Stellens. Heidelberg (Carl-Auer-Systeme), S. 257–265.

Prekop, J. u. B. Hellinger (1998): Wenn ihr wüsstet, wie ich euch liebe. München (Kösel).

Satir, V. (1996): Kommunikation, Selbstwert, Kongruenz. Konzepte und Perspektiven familientherapeutischer Praxis. Paderborn (Junfermann).

Satir, V., J. Barmer u. J. Gerber (Hrsg.) (1995): Das Satir-Modell. Familientherapie und ihre Weiterentwicklung. Paderborn (Junfermann).

Scheiblich, W. (Hrsg.) (1999): Bilder – Symbole – Rituale: Dimensionen der Behandlung Suchtkranker. Freiburg (Lambertus).

Schlimp, K. (2000): Systemische Aufstellungsarbeit mit Musikern. Wien.

Schlippe, A. von u. J. Schweitzer (1996): Lehrbuch der systemischen Therapie und Beratung. Göttingen (Vandenhoek & Ruprecht).

Schmidt, G. (1985): Systemische Familientherapie als zirkuläre Hypnotherapie. *Familiendynamik* 10: 241–264.

Schuon, F. (1981): Von der inneren Einheit der Religionen. Interlaken (Ansata).

Schwertfeger, B. u. K. Koch (1995): Der Therapieführer. München (Heyne).

Shah, I. (1975): The Pleasantries of the Incredible Mulla Nasrudin. London (Picador/Pan books).

Shah, I. (1987): The Exploits of the Incomparable Mulla Nasrudin. London (Octagon).
Shah, I. (1992): Die fabelhaften Heldentaten des vollendeten Narren und Meisters Mulla Nasrudin. Freiburg (Herder Spektrum).
Shazer, S. de (1992): Das Spiel mit Unterschieden. Heidelberg (Carl-Auer-Systeme).
Shazer, S. de (1995): Der Dreh. Überraschende Wendungen und Lösungen in der Kurztherapie. Heidelberg (Carl-Auer-Systeme).
Shazer, S. de (1996): „... Worte waren ursprünglich Zauber." Lösungsorientierte Therapie in Theorie und Praxis. Dortmund (Modernes Lernen).
Simon, F. B. (1992): Unterschiede, die Unterschiede machen. Berlin (Springer).
Sparrer, I. (1987): Grammatik der Körpersprache. Ludwig-Maximilians-Universität München, Fakultät für Psychologie (unveröffentl. Diplomarbeit).
Sparrer, I. (1997): Modifikationen der Grundprinzipien der Systemischen Familienaufstellungen beim Übergang zu Systemischen Strukturaufstellungen. In: *Hypnose und Kognition* 14 (1/2).
Sparrer, I. (1998a): Aspekte des Systemischen – Wie systemisch ist die Aufstellungsarbeit? *Praxis der Systemaufstellung. Zeitschrift der Arbeitsgemeinschaft Systemische Lösungen nach Bert Hellinger* 2: 19–24.
Sparrer, I. (1998b): Lösungsaufstellung, Neunfelderaufstellung und Zielannäherungsaufstellung: drei Formen der Verbindung von systemischer Aufstellungsarbeit und de Shazers lösungsorientierter Kurztherapie. In: G. Weber (Hrsg.): Praxis des Familien-Stellens. Heidelberg (Carl-Auer-Systeme), S. 360–364.
Sparrer, I. (1998c): Lösungsorientierte Kurztherapie und Strukturaufstellungsarbeit als zwei Formen der Systemischen Therapie. In: J. Bley u. L. Lewitan (Hrsg.): Leitfaden Psychotherapie in München. München (Goldschmidt).
Sparrer, I. (1999a): Heilsame Rituale und systemische Resonanz. In: W. Scheiblich (Hrsg.): Bilder, Symbole, Rituale. Freiburg i. Br. (Lambertus).
Sparrer, I. (1999b): Systemische Strukturaufstellungen zu psychosomatischen Erkrankungen. *Praxis der Systemaufstellung. Zeitschrift der Arbeitsgemeinschaft Systemische Lösungen nach Bert Hellinger* 2: 30–37
Sparrer, I. (2000a): Die Organisationsstrukturaufstellung und andere Systemische Strukturaufstellungen für Fragestellungen im Organisationsbereich. *Praxis der Systemaufstellung. Zeitschrift der Arbeitsgemeinschaft Systemische Lösungen nach Bert Hellinger* 1.
Sparrer, I. (2000b): Vom Familienstellen zur Organisationsaufstellung – zur Anwendung Systemischer Strukturaufstellungen im Organisationsbereich. In: G. Weber (Hrsg.): Praxis der Organisationsaufstellungen. Heidelberg (Carl-Auer-Systeme).
Sparrer, I. (i. Vorb. a): Konstruktivistische Aspekte der Phänomenologie und phänomenologische Aspekte des Konstruktivismus. In: G. Weber (Hrsg.): Derselbe Wind lässt viele Drachen steigen. Heidelberg (Carl-Auer-Systeme).
Sparrer, I. (i. Vorb. b): Wunder, Lösung und System. Lösungsfokussierte Systemische Strukturaufstellungen für Therapie und Organisationsberatung. Heidelberg (Carl-Auer-Systeme).
Sparrer, I. u. M. Varga von Kibéd (1995): Systemische Familientherapie: Strukturaufstellungsarbeit. In: B. Schwertfeger u. K. Koch (Hrsg.): Der Therapieführer. München (Heyne), S. 243–249.

Sparrer, I. u. M. Varga von Kibéd (1996): Theorie und Praxis der Systemischen Strukturaufstellungen (zwei Videokassetten). Dortmund (VCR).

Sparrer, I. u. M. Varga von Kibéd (1998a): Wie Systeme Systeme wahrnehmen: Körperliche Selbstwahrnehmungen bei Systemischen Strukturaufstellungen. In: H. Milz u. M. Varga von Kibéd (Hrsg.): Körpererfahrungen – Anregungen zur Selbstheilung. Zürich (Walter), S. 114–141.

Sparrer, I. u. M. Varga von Kibéd (1998b): Vom Familien-Stellen zur Systemischen Strukturaufstellungsarbeit. In: G. Weber (Hrsg.): Praxis des Familien-Stellens. Heidelberg (Carl-Auer-Systeme), S. 394–404.

Spencer Brown, G. (1997): Gesetze der Form. Lübeck (Bohmeier). [engl. Orig. (1967): Laws of Form. London (Allen & Unwin).]

Stegmüller, W. u. M. Varga von Kibéd (1984): Strukturtypen der Logik. Berlin et al. (Springer).

Steinbrenner, J. u. U. Winko (1997): Bilder in der Philosophie und in anderen Künsten und Wissenschaften. Paderborn et al. (Schöningh).

Stöger, W. (1992): Mehr als „nur" führen. Wenn Betroffene zu Beteiligten werden. (Reihe Edition, Nr. 6) München (Graphic Consult).

Sturm, H. P. (1996): Weder Sein noch Nichtsein. Der Urteilsvierkant (*catuskoti*) und seine Korollarien im östlichen und westlichen Denken. Würzburg (Ergon).

Ule, A. (1997): Operationen und Regeln bei Wittgenstein. München (Peter Lang).

Ule, A. u. M. Varga von Kibéd (1998): Transcendental Unity and the Intrinsic Connection of Logic, Ethics, and Aesthetics in the "Tractatus". *Acta Analytica* 21: 31–47.

Ule, A. u. M. Varga von Kibéd (i. Vorb.): Welt und Wirklichkeit in Wittgensteins Tractatus. In: W. Vossenkuhl (Hrsg.): Wittgensteins Tractatus. Berlin (Akademie-Verlag).

Ulsamer, B. (1999): Ohne Wurzeln keine Flügel. Die systemische Therapie von Bert Hellinger. München (Goldmann).

Varela, F. J., E. Thompson u. E. Rosch (1995): Der mittlere Weg der Erkenntnis. München (Goldmann).

Varga von Kibéd, M. (1989): Wittgenstein und Spencer Brown. In: P. Weingartner u. G. Schurz (Hrsg.): Philosophie der Naturwissenschaften. Akten des 13. Internationalen Wittgenstein-Symposiums, Kirchberg 1988. Wien (Hölder-Pichler-Tempsky), S. 402–406. [auch (1991): *Acta Analytica* : 127–133.]

Varga von Kibéd, M. (1990): Aspekte der Negation in der buddhistischen und formalen Logik. *Synthesis Philosophica* 10: 581–593.

Varga von Kibéd, M. (1994): Neue Denkstrukturen erleben. In: G. Haslinger et al. (Hrsg.): Chancen in der Krise. Dokumentation zum 1. GC-Führungssymposium 1994. München (Graphic-Consult).

Varga von Kibéd, M. (1995a): Fünf Arten des radikalen Wandels. *Blickpunkte* 1: 5 München (Graphic Consult & Nagel Corporate Marketing).

Varga von Kibéd, M. (1995b): Ganz im Gegenteil. Querdenken als Quelle der Veränderung. (Reihe Edition, Nr. 9) München (Graphic-Consult).

Varga von Kibéd, M. (1997): Wiedererkennen als Kontrolle und als Quelle von Vergangenheit und Identität. In: J. Steinbrenner u. U. Winko (Hrsg.): Bilder in der Philosophie und in anderen Künsten und Wissenschaften. Paderborn et al. (Schöningh), S. 99–112.

Varga von Kibéd, M. (1998a): Bemerkungen über philosophische Grundlagen und methodische Voraussetzungen der systemischen Aufstellungsarbeit. In: G. Weber (Hrsg.): Praxis des Familien-Stellens. Heidelberg (Carl-Auer-Systeme), S. 51–60.

Varga von Kibéd, M. (1998b): Die gemeinsame Form von Zeichen, Unterscheidungen und Paradoxien. Vortrag vom 1. Weltkongreß der Psychotherapie in Wien 1996 [Tonkassette]. Münsterschwarzach (Vier Türme).
Varga von Kibéd, M. (1998c): Die theoretischen Grundlagen systemischen Denkens [3 Tonkassetten]. Münsterschwarzach (Vier Türme).
Varga von Kibéd, M. (1998d): Systemisches Kreativitätstraining: Tetralemma-Aufstellungen und Aufstellungsarbeit mit Drehbuchautoren. In: G. Weber (Hrsg.): Praxis des Familien-Stellens. Heidelberg (Carl-Auer-Systeme), S. 504–509.
Varga von Kibéd, M. (1999a): Barrieren, Visionen, Strategien – der Rahmen für Innovation und Investition. In: IRD-Jahresbroschüre 1999 (Vorträge der 34. IRD-Jahrestagung, 26.–27. Januar 1999 in Luzern). Hanau (IRD), S. 41–52.
Varga von Kibéd, M. (1999b): Die Qual der Wahl – das Dilemma der Entscheidung. In: IRD-Jahresbroschüre 1999 (Vorträge der 34. IRD-Jahrestagung, 26.–27. Januar 1999 in Luzern). Hanau (IRD), S. 33–40.
Varga von Kibéd, M. (i. Vorb.): Unterschiede und tiefere Gemeinsamkeiten der Aufstellungsarbeit mit Organisationen und der systemischen Familienaufstellungen. In: G. Weber (Hrsg.): Praxis der Organisationsaufstellungen. Heidelberg (Carl-Auer-Systeme).
Walter, J. L. u. J. E. Peller (1995): Lösungsorientierte Kurztherapie. Dortmund (Modernes Lernen).
Watzlawick, P. (1974): Lösungen. Göttingen (Huber).
Watzlawick, P. u. G. Nardone (1994): Irrwege, Umwege und Auswege. Zur Therapie versuchter Lösungen. Göttingen (Huber).
Watzlawick, P., J. H. Beavin u. D. D. Jackson (1996): Menschliche Kommunikation. Göttingen (Huber).
Weber, G. (Hrsg.) (1997): Zweierlei Glück. Die systemische Psychotherapie Bert Hellingers. 10. Aufl. Heidelberg (Carl-Auer-Systeme).
Weber, G. (Hrsg.) (1998): Praxis des Familien-Stellens. Beiträge zu systemischen Lösungen nach Bert Hellinger. Heidelberg (Carl-Auer-Systeme).
Weber, G. (Hrsg.) (2000): Praxis der Organisationsaufstellung. Heidelberg (Carl-Auer-Systeme).
Weber, G. u. B Gross (1998): Organisationsaufstellungen. In: G. Weber (Hrsg.): Praxis des Familien-Stellens. Heidelberg (Carl-Auer-Systeme), S. 405–420.
Weber, G. u. H. Stierlin (1989): In Liebe entzweit – Die Heidelberger Familientherapie der Magersucht. Reinbek (Rowohlt).
Wiest, F. u. M. Varga von Kibéd (1998): Homöopathische Systemaufstellungen. In: G. Weber (Hrsg.): Praxis des Familien-Stellens. Heidelberg (Carl-Auer-Systeme), S. 446–459.
Wiest, F. und M. Varga von Kibéd (i. Vorb.): Homöopathische Systemaufstellungen. Anwendung und Analogien zu Organisationsaufstellungen. In: G. Weber (Hrsg.): Praxis der Organisationsaufstellungen. Heidelberg (Carl-Auer-Systeme).
Wittgenstein, L. (1984a): Philosophische Untersuchungen. In: L. Wittgenstein: Werkausgabe, Bd. 1. Frankfurt a. M. (Suhrkamp).
Wittgenstein, L. (1984b): Tractatus logico-philosophicus. In: L. Wittgenstein: Werkausgabe, Bd. 1. Frankfurt a. M. (Suhrkamp).
Wittgenstein, L. (1984c): L. Wittgenstein: Werkausgabe, Bd. 1. Frankfurt a. M. (Suhrkamp).

Über die Autoren

Matthias Varga von Kibéd, * 1950 in Bremen, Studium (Philosophie, Logik und Wissenschaftstheorie, Mathematik) an der Universität München, Promotion über Universalgrammatik, *Strukturtypen der Logik* (gemeinsam mit Wolfgang Stegmüller 1984), Habilitation über die Grundlagen der formalen Wahrheits- und Paradoxientheorie; arbeitete als Professor an den Universitäten München, Wien, Ljubljana, Graz, Konstanz, Maribor und Tübingen.
Derzeit apl. Prof. am Institut für Philosophie, Logik und Wissenschaftstheorie der Universität München, Lehrbeauftragter für philosophische Grundlagenfragen der Psychotherapie und Wahrnehmungstheorie am Institut für medizinische Psychologie der Universität München, für philosophische und methodologische Grundlagenfragen der Psychotherapie an der Akademie der Bildenden Künste München (Lehrgang Bildnerisches Gestalten und Therapie), für systemische Grundlagenarbeit an der Drehbuchwerkstatt der Hochschule für Fernsehen und Film in München.
1994 Mitbegründung des ISAF, 1996 SySt/Institut für systemische Ausbildung, Fortbildung und Forschung in München. Ein-

zelsupervision, Coaching, Institutssupervision und Seminartätigkeit sowie Lehrtätigkeit an diversen Aus- und Fortbildungsinstituten für systemische Therapie und systemische Beratung; Kooperationspartner der Unternehmensgruppe GC Gesellschaft für Consulting in München.

Insa Sparrer, * 1955 in Weiden; Diplompsychologin, studierte in München Psychologie und ist seit 1989 als Psychotherapeutin in freier Praxis tätig (Einzel-, Paar-, Familientherapie, Supervision). Aus- und Fortbildungen in Gesprächstherapie, Verhaltenstherapie, Hypnotherapie, Familientherapie und systemischer Therapie.

Schwerpunkt ihrer Arbeit ist es, entgegengesetzte Therapierichtungen in Theorie und Praxis zu verbinden, wie Gesprächs- und Hypnotherapie (klientenzentriert versus strategisch) oder systemisch-konstruktivistische Ansätze und systemisch-phänomenologische Ansätze. Die „Lösungsaufstellungen", eine Kombination der lösungsorientierten Kurztherapie nach Steve de Shazer mit systemischer Aufstellungsarbeit, stellen eine solche Verbindung dar.

1994 Mitbegründerin des ISAF; 1996 gründete sie zusammen mit Matthias Varga von Kibéd das SySt/Institut für systemische Ausbildung, Fortbildung und Forschung, an dem sie zusammen unter anderem die von ihnen gemeinsam entwickelten Systemischen Strukturaufstellungen lehren.

Insa Sparrer ist Kooperationspartnerin der GC Gesellschaft für Consulting in München, gibt Aus- und Fortbildungsseminare an verschiedenen Fortbildungsinstituten in Deutschland und Österreich sowie an der Hochschule für Fernsehen und Film in München.

Für Mitteilungen an die Autoren:

Insa Sparrer,
Matthias Varga von Kibéd
SySt
c/o Praxis Sparrer
Akademiestr. 21
80799 München
E-Mail: SySt1@t-online.de

Informationen über Publikationen und Veranstaltungsprogramme:

Galerie Avicenna
Helene Saal
Tel.: (0 89) 28 98-67 67
Fax: (0 89) 28 98-62 73
E-Mail: Avicenna@t-online.de

Gunthard Weber (Hrsg.)
Praxis der Organisationsaufstellungen

ca. 256 Seiten, Kt
ISBN 3-89670-117-7

Dies ist das erste Buch, das sich mit der Übertragung der Aufstellungsarbeit Bert Hellingers auf unterschiedlichste Aspekte von Organisationen befasst. Der Band enthält u. a. Beiträge von Hans und Heidi Baitinger, Guni-Leila Baxa und Christine Essen, Insa Sparrer, Matthias Varga von Kibéd, Gunthard Weber und Friedrich Wiest. Abgerundet wird das Buch mit einem Interview mit Bert Hellinger über Organisationsberatung und Organisationsaufstellungen.

Carl-Auer-Systeme Verlag • Weberstr. 2 • D-69120 Heidelberg
Tel.: (0 62 21) 64 38 0 • Fax: (0 62 21) 64 38 22
E-Mail: info@carl-auer.de • Internet: www.carl-auer.de

Praxis der Organisationsaufstellungen
Reihe: Werkstattschriften zu Systemischen Lösungen nach Bert Hellinger

Gunthard Weber (Hrsg.)
Praxis des Familien-Stellens
Beiträge zu systemischen Lösungen nach Bert Hellinger

538 Seiten, Kt, 3., überarb. Aufl. 2000
ISBN 3-89670-090-1

Der Band umfasst Vorträge und Beiträge über die Grundlagen und unterschiedlichen Anwendungsbereiche der Aufstellungsarbeit sowie einen Grundsatzvortrag von Bert Hellinger. In seiner Vielfalt gibt er einen exzellenten Überblick über den augenblicklichen Stand des Ansatzes und viele wertvolle Hinweise für die Praxis.

Carl-Auer-Systeme Verlag • Weberstr. 2 • D-69120 Heidelberg
Tel.: (0 62 21) 64 38 0 • Fax: (0 62 21) 64 38 22
E-Mail: info@carl-auer.de • Internet: www.carl-auer.de